BX STRATEGY

BXストラテジー 実践行動経済学2.0

人を動かす心のツボ

國分俊史＋伊原克将＋伊藤 言
EYストラテジー・アンド・コンサルティング――――［編著］

日本経済新聞出版

はじめに

【セクションサマリ】

・本書は、行動経済学の知見を企業経営の現場で活用するための実践的なツール（行動経済学2・0）としてまとめている。
・人が進化のなかで獲得した「本能」を無視した、AIDMAモデルなどの従来型のマーケティング手法とは異なり、人の心の性質に関する科学的な知見全体を起点として解決策を探っている。
・筆者らは一貫して「ビジネスとアカデミアを橋渡しできる専門性」の追求を重視しており、本書も一貫してこの視点で書かれている。
・本書の目的は、「どうすれば望ましい方向に人を動かせるか」という問いに答えることである。本書の前半（第4章まで）は人を動かすメカニズムを解説しており、後半（第5章以降）はそれをビジネスの現場で応用する筋道を示している。

本書は、これまでの行動経済学の書籍とは2つの点で一線を画す。

第一に、**従来のマーケティング手法**（AIDMAモデルなど）**が通用しない行動変容にも焦点を当てている点**が挙げられる。

消費者の購買行動プロセスを説明するAIDMAモデル（「Attention（注意）→Interest（関心）

→Desire（欲求）→Memory（記憶）→Action（行動）」という購買プロセスを想定）は、ビジネスの現場で頻繁に用いられてきた。

しかし、ＡＩＤＭＡモデルに従って、**例えば「脱炭素に向けた行動変容」を促そうとする試みは筋が悪い**。なぜなら、脱炭素に対する「関心」や「欲求」を喚起することは、「将来の不確実なリスクに対して今の行動を律するようにできていない」という私たちの本能を無視しており、極めてハードルが高いからである（第2章第2節参照）。

それにもかかわらず多くの企業は、**人が進化のなかで獲得した「本能」に抗うことは難しいという前提を理解しないまま**、従来型のマーケティング手法を使って社会課題解決型のビジネスを手掛けようとしている。そのため、なかなか「正解」を出せずにいる。

例えば、「社会課題解決に配慮した結果として、多少割高になった商品・サービスを買ってもらう」「脱炭素や環境に配慮した行動を促す」「不健康な行動を抑制する」「自社へのＥＳＧ（環境・社会・ガバナンス）投資を促進する」「従業員のウェルビーイングを高め離職を防止する」などが、社会課題解決型のビジネスの代表例として挙げられる。

こういった背景を踏まえ、本書では「**どうすれば人を望ましい方向に動かせるか**」という問いに対して、「本能」はもちろんのこと、その他にも人が持つ心の性質に関する科学的な知見全体を起点として解決策を見つけるアプローチによって、この問いに一定の答えを出すことを試みるとともに現実的な落としどころを探っている。

本書が類書と異なる点として、第二に、「○○バイアス」「○○理論」のような単なる理論・法則や事例の寄せ集めではなく、**企業経営の現場で活用可能な行動経済学の知見を体系化したうえで、現場**

で活用しやすいツール（フレームワーク）として収録している点が挙げられる。

本書の筆者らは現役の経営コンサルタントである。経営コンサルタントの役割は、クライアントが抱える経営課題を特定したうえで、専門的な知見からその課題を解決するためのインサイトを引き出し、解決までの道筋をつけることである。本書は単なるアカデミックな知識の羅列ではなく、「**経営課題を解くために行動経済学から、いかに筋の良いインサイトを引き出すか**」という問題解決を支援するコンサルタントの視点で書かれている。

同時に、本書の筆者らは現役の大学教員や研究者であり、真実を探求する強い好奇心を持ち、アカデミックな知見や作法に多大な敬意を払っている。そのため本書は、有名で面白い行動経済学の法則をビジネスに単に「使う」のではなく、「**科学的に信頼性が高い知見かどうかを見極めながら、なるべく〝人間の本質〟を明らかにしたい**」という意思にもとづいて書かれている。本書の議論の根拠となる論文や研究の出典情報は、巻末に可能な限り含めた。より専門性が高い方は、ぜひ出典をたどっていただきたい。

筆者らの大きな問題意識は、「**ビジネスとアカデミアの2つの溝を埋める**」ことである（終章参照）。例えば「どうすれば従業員のやりがいを引き出せるか」など、各種の経営課題を解こうとする際に、優秀なアカデミアの先人（研究者）が長い時間と労力をかけて蓄積してきた知見をビジネスに活用しないことは、人類や社会にとって大きな損失だ。なぜなら、「すでに一定の答えがある問いを解くために、ゼロから試行錯誤して無駄な時間を使う」ことに等しいからである。

しかし、アカデミックな知見を「**理解する難しさ**」、そしてアカデミックな知見を実際の現場の制約を踏まえて創造的に「**応用する難しさ**」ゆえに、ビジネスの現場におけるアカデミックな知見の活用はなかなか進まない。

具体的には、ビジネスとアカデミアには「人材」と「ツール」の両面で大きな溝が存在する。「人材」の面では、ビジネスのプロもアカデミアのプロ（研究者）も多くいるが、どちらか単体の専門性ではなく、両者を掛け算できるスキルを持った人材が不足している点が挙げられる。「ツール」の面では、アカデミックな知見をビジネスサイドが取り込む場合、後に否定された古い知見にもとづいている、もしくは単純化しすぎているなど科学的に信頼できる実践型ツールが不足している点が挙げられる。他方で、多くのアカデミックな論文や書籍は、あくまで「真実の探求」として書かれており、ビジネス上の課題解決に真摯に向き合った例は決して多くない。

筆者らは一貫して「**ビジネスとアカデミアを橋渡しできる専門性**」を追求している。これを推進することを目的として、所属するＥＹストラテジー・アンド・コンサルティング（ＥＹ）の内部にＢＸ**ストラテジー・チーム**を立ち上げた。[1] ＢＸとは、**行動科学トランスフォーメーション**（Behavioral Insight Transformation）の略称であり、「**行動経済学・心理学を起点として、企業のコミュニケーションのあり方を人の心に寄り添った形に変革**（**トランスフォーム**）**すること**」を指す。「起点とした」という表現がミソであり、信頼できるアカデミックな専門的知見を出発点としたうえで、あくまで企業の経営課題を実践的に解決することがゴールである。本書も一貫してこのＢＸ視点で書かれている。そして、読者が自分自身でＢＸを実践できるよう、行動経済学を現場で活用しやすい企業経営に使えるツール（行動経済学２・０）としてまとめた。

このような背景を受けて、本書では、まず第１章で「なぜ人は動いてくれないのか」を本能のメカニズムの観点から分析する。そのうえで第２章では、社会課題が生じるメカニズムと、ＢＸの市場規模や世界的なトレンドを説明する。第3章では、人を動かす心のツボ（行動変容のボトルネック）の見極め方を扱い、第4章ではそれらの心のツボをいかに押すか（人をどう動かすか）を解説する。

第5章以降では、筆者らが実際に携わったプロジェクトを中心に、BXアプローチによって実際の経営課題を解決する筋道と事例を示す。具体的には、「消費者の持続可能な開発目標（SDGs）行動を促す」（第5章）、「従業員のウェルビーイングを促す」（第6章）、「投資家のESG投資を促す」（第7章）、そして「不健康行動を抑制する」「企業の再生可能エネルギー（再エネ）利用を促す」ために「ルール形成によって社会を変える」（第8章）として、事例を収録している。

そして、近年、行動経済学の知見の再現性や有効性に疑問が投げかけられている点を想起した読者は、ぜひ補論「ナッジや行動経済学に渦巻く疑念」、そして終章「ビジネスとアカデミアの2つの溝を埋める」を読んでいただきたい。

なお、本書の題名『BXストラテジー　実践行動経済学2・0』は、「ナッジ」の概念を広く一般に知らしめ、ノーベル経済学賞を受賞したリチャード・セイラー教授の著書の題名（『実践行動経済学[2]』）にならったものである。アカデミックな視点としては、率直に表現して「とても畏れ多い」という気持ちである。しかし、ビジネスの視点としては、一人でも多くの方にBXに対する興味を持ってもらい、「**企業経営において誰もが当たり前に行動経済学や心理学のアカデミックな知見を活用できる時代に誘っていきたい**」という願いを込め、思い切って「実践行動経済学」を使用させていただくこととした。

また、本書は、行動経済学や心理学をはじめとした人の心・行動のメカニズムを明らかにする学問全体の知見を活用している。そのため、アカデミックな視点に立てば、本来は狭義の「行動経済学」

ではなく「行動科学」と呼称するのが正しい。だが、これについてもビジネスの視点に立ち、なるべく多くの方に手に取ってもらうために、読者に馴染みのある「行動経済学」という用語を冠として用いている。

本書はあくまで企業経営を変えるための本である。しかし、〝人間の本質〟に迫ることで、実は、読者の皆様の人生を変えるために必要な素材が揃っている点も最後に申し添えておきたい。本書を読めば、「自分が何者か」「なぜ人は思い通りに動いてくれないか」「どうすれば相手の心に寄り添えるか」といったことを、より明瞭に把握できる。これらを通じて今後訪れるリスクを回避したり、対人関係のなかで自分の価値を発揮したり、恋愛関係や夫婦関係を円滑に進めたり、子どもの可能性を豊かに引き出したりすることが、今まで以上にできるようになる。本書が読者の皆様にとって有益となることを信じている。

2023年9月

筆者一同

目次

第II部 行動経済学2.0で企業経営を変える

第5章 消費者を変える

第6章 従業員を変える

第7章 投資家を変える

第1章 なぜ人は動いてくれないのか

1 正論をぶつければ人は動くという勘違い

【セクションサマリ】

・人が思い通りに動いてくれないのは、「正論をぶつけることによって人を動かすことができる」という前提そのものが間違っているからだ。

人がなかなか思い通りに動いてくれない。これは、多くの経営者が日々経験している悩みだろう。例えば、つくった商品が売れない、DX（デジタル・トランスフォーメーション）によって新しいシステムを導入したのに従業員が利用しない、SDGsへの配慮というコンセプトを打ち出しても消費者がついてこないなど、人々が思い通りに動かないケースは枚挙にいとまがない。日々の生活でも、例えば食べすぎをやめるようにパートナーや子どものためを思って説得しても言うことを聞かないなど、思い通りにならないことばかりである。見方を変えると、経営上の課題や社会課題、あるいは私たちが日常で抱える課題の多くは、「人の行動をどのように変えればよいのか」という問いを解くことによって、解決の糸口を見出すことができる。

本書の題材である人の行動を変えるための技法、すなわち行動変容を促すための実践的なテクニックに立ち入る前に、一つ考えてみたい。なぜ人々は動いてくれないのか。

多くの場合、「正論をぶつけることによって人を動かすことができる」という前提を置いてしまっているからだと筆者らは考える。

例えば、「生活習慣病にならないように脂っこい食べ物は控えよう」「脱炭素によって地球環境を守るために再エネを利用しよう」「将来のために勉強しなさい」などといった主張は、まさに「正論をぶつけることによって人を動かすことができる」という前提を置いたコミュニケーションといえる。

2 正論で人が動かない理由

【セクションサマリ】

・人の関心・こだわりは、ヒト種の本能（進化的な背景）や個人の遺伝・経験によって形成されているため、正論をぶつけられたとしても簡単には変わらず、ときに反発される。

このような正論をぶつけるコミュニケーションが、多くの場合、心に響かず、人を動かさない理由は2つある。

第一に、人（ヒト種）の関心・こだわりは、ヒト種が進化した先史時代からの遺伝・経験を通じて長期間にわたってチューニングされてきた、「今・ここ・私」にとってのメリット・デメリットを重視する本能によって規定されている点が挙げられる。正論をぶつけられたくらいでは、簡単には変わらないのである。

身近な例として、どれほど将来的な健康への悪影響を説かれようとも、脂肪分や炭水化物を多く含むハンバーガーやラーメンを食べ続ける人は多い。これは、ヒト種が進化したサバンナ環境では、脂肪分や炭水化物を今摂取できることが生存の確率上昇と直結しており、それらを渇望するようにヒト種の本能が進化してきたためである。こういった本能に規定された関心・こだわりを簡単に変えることは難しい。

人の関心・こだわりに大きな影響を与える、個人の性格についても同じことがいえる。個人の性格の約4割は遺伝的に規定されており、親の教育の影響よりも、親から受け継ぐ遺伝子の影響が圧倒的に大きいことが、近年の複数の科学的研究から明らかとなっている[1]。性格のみならず、例えばリベラル（左派）か保守（右派）かといった政治的価値観についても遺伝的な影響度が約6割と大きい[2]。さらに、この遺伝的な影響は、人の経験が未熟な幼少期に大きいのではなく、人が年を取るにつれてより大きくなることが明らかにされている[3]。

このように、個人の一生涯のなかで関心・こだわりはなかなか変化しないため、本人の関心・こだわりを無理やり変えようとする、または無視した正論は得てして心に響かず、人を動かさない。

第二に、関心・こだわりが強いことに対して正論をぶつけられる、つまり否定されると、人の脳は自動的に反発するようにできている点が挙げられる。

学術的な専門用語では、これをリアクタンス（反発）[4]や認知的不協和[5]と呼ぶ。誰しも、正論をぶつけられて苛立った経験を持っていることだろう。人は、正論によって自らの自由が脅かされたと感じると、反発することによって自由を再び確立しようとする傾向を持つ。この傾向は、関心・こだわりが強い価値観が脅かされたときほど強くなる。したがって、正論を通じて誰かの関心・こだわりを根本から変えることは極めて難しい。

3 正論が生み出す社会の分断

【セクションサマリ】

・人の心の性質を無視して正論をぶつけ続けることは、社会の分断につながる。
・分断を避けるためには、例えばリベラル層（左派）と保守層（右派）に代表されるように、「個人の関心・こだわりは人によって異なる」ことを前提としたうえで、それぞれの関心・こだわりに寄り添った（正論をぶつけずに反発を生みづらい）コミュニケーション設計が求められる。

正論をぶつけることで、単に誰かの行動を変えることに失敗する例だけではなく、前述したリアクタンスが生じて当初よりも事態が悪化する例も散見される。

例えば、近年の最大の社会課題の一つである「社会の分断」は、人の心の性質を無視して正論を振りかざすことによって生じていると言っても過言ではない。実際に、ここ数年で誰もがＳＮＳなどで正論を主張（情報を発信）できるようになったことによって、社会そのものが相いれない考えを持つ人々に分かれていき、対立・緊張が深まっている。

米国社会では、主に民主党を支持するリベラル層と、主に共和党を支持する保守層の分断が強烈に進行していることが指摘されている。[6] 日本においても、主に立憲民主党・共産党・れいわ新選組などを支持するリベラル層と、主に自由民主党・日本維新の会などを支持する保守層の分断が同様に進んでいる可能性がある。[7]

リベラル層は「人や動植物の存在が傷つけられないこと」「搾取される人がおらず公正であること」を特に重視する一方で、保守層は「自分が所属する集団を裏切らないこと」「所属する集団における上下関係や地位・権威などの秩序を維持すること」「汚らわしくないこと」を特に重視することが科学的に明らかになっている。[8]

例えば、環境活動家のグレタ・トゥーンベリ氏は、「（CO_2排出を行うことで成立している社会システムによって）既得権益を得ている大企業などの資本家層による搾取」に対してまさに正論をぶつけることで注目を集めた。グレタ氏の「正論」は、「人や動植物の存在が傷つけられないこと」「搾取のない公正な世界」を重視するリベラル層には大きく響いた一方で、「自分が所属する集団を裏切らないこと」「所属する集団における上下関係や地位・権威などの秩序を維持すること」を重視する保守層の反発を生んだ可能性がある。

このように、互いの関心・こだわりが強い事象に対して正論をぶつけ合い、脳が自動的に反発することによって分断が生じてしまっているのである。

「社会の分断」を避けながら、持続可能な企業経営に向けて消費者・従業員・投資家を動かすには、正論をぶつけ合わない「人の心に寄り添った方向」へとコミュニケーションを変革していくことが不可欠といえる。

4 科学の力で人を動かす

【セクションサマリ】

・科学的なエビデンスにもとづいて人の心の性質を理解することは、コミュニケーションの効果を高めるだけでなく、社会の分断を防ぐことにも役立つ。

心に寄り添った方向へコミュニケーションを変革するために、科学的なアプローチが有効である。経験や勘よりも、科学的なエビデンスにもとづいて人々の「関心・こだわり」を把握した方が、精度が高いからである。

例えば科学は、慎重な人もいれば大胆な人もいるといった、人の性格をどのように捉えればよいかを教えてくれる。性格に応じてコミュニケーションを変えることで、より人を動かしやすくなる。実際に、科学的な性格の捉え方を活用して個人の性格にマッチさせた広告では、ミスマッチな広告に比べてFacebookでのクリック数が最大40%、購入数が最大50%増加したことが実証的な研究で報告されている[9]（第3章第3節参照）。

科学的なエビデンスにもとづいて人によって異なる「関心・こだわり」を把握すると、人が動きやすくなるだけではない。社会の分断を防ぐことにもつながる。

例えば、前述した通り保守層の心のツボは、「自分が所属する集団を裏切らないこと」「所属する集団における上下関係や地位・権威などの秩序を維持すること」「汚らわしくないこと」であることが科学的に特定されている。そこで、環境に配慮するように保守層を動かすには、地球や動植物の保護を訴求する心に寄り添わない「正論」ではなく、「環境にやさしいライフスタイルが国防（エネルギー安全保障）や自国の経済成長（発電技術のイノベーション）に結びつく」という心に寄り添ったコミュニケーションが必要なことがわかる。

実際にこのコミュニケーションが有効であることは、科学的な実験研究によって確かめられている。「化石燃料から再生可能エネルギーへの移行を支援することに興味がある」保守層の割合が、「米国のエネルギーシステムは不健全。過激派テロリズムに関連する国からの輸入に大きく依存している。そのことで国家の安全保障を危険にさらすことになる」という保守寄りのメッセージを読んだ場合には、「石油や石炭から排出される化石燃料は私たちの大気や水を汚染し、すべての生物を有害な毒素にさらし、自然のバランスを崩している。企業が化石燃料に固執するのは環境を不当に利用することで利益を得てきたからだ」というリベラル寄りのメッセージを読んだ場合と比較して、約2割増加するのである。[10]

実例としても、気候変動やESGに否定的とされる米国の共和党の上院議員が「中国にフェアに競争させるためには（再エネではない化石燃料に課税する）国境炭素税が必要」だとして、結果的に気候変動に配慮した主張をし始めているという。[11]

私たちは、政治的に異なる立場の人の人間性を否定しがちである。しかし、例えばリベラルも保守も、偏見の持ちやすさに差はない。保守層がLGBT＋など新たな価値観を持つ他者に偏見を持ちやすいのと同程度に、リベラル層は警察官や軍隊（日本でいえば自衛隊）などの権威的な存在に偏見を持ちやすいことが複数の実験的研究[12]から明らかになっている。

価値観の違いから互いを否定するコミュニケーションを取るのではなく、科学的なエビデンスを踏まえて、「生まれ持った価値観の違いが互いの道徳的な価値観の違いを生み出している」という前提を置くことができれば、社会の分断を乗り越える寛容さとブレイクスルーが生まれ得る。

このように、科学的に特定された心の性質を踏まえることで、他者の関心・こだわりが高いポイントや反発を生みにくいポイントをより正確に推測できるようになる。エビデンスにもとづいて定説・権威・常識・慣習・思い込みを排することで、はじめて人の心に寄り添った方向へコミュニケーションを変革することが可能となるのである。

5 実践行動経済学2・0とは

【セクションサマリ】

- 科学的なエビデンスにもとづいて人の心の性質を理解する学問が行動経済学や心理学をはじめとした「行動科学」であり、本書は行動科学全般の知見を活用して書かれている。
- 本書では、企業経営において人を動かすための実践的なツールやテクニックを「実践行動経済学2・0」と位置づけている。

さまざまな科学のなかでも、人の行動のメカニズムを解明し、それを動かすツールやテクニックとなる学問が「行動経済学」である。行動経済学とは、コンピューターのように常に合理的ではないリアルな人間の経済行動を研究する、経済学と心理学を掛け合わせた学問である。そのなかには、インセンティブに対する反応や商品・サービス購買の法則性などについての研究も含まれる。

正確にいえば、人を動かすための科学は行動経済学だけではない。科学的な検証（仮説モデルと実証データ）を踏まえて人の行動を説明し結論を導く学問はすべて、人を動かすための科学である。具体的には、行動経済学に加えて心理学、神経科学、社会学、文化人類学などがこれに含まれ得る。

これらの人の行動を科学する学問領域は、総称して「**行動科学**」と呼ばれることが通例である。実際に、世界的なトレンドとして、行動経済学に限定せず、心理学などの行動科学全般を活用することで経営・社会課題の問題解決を行うことがトレンドになりつつある。

詳細は第2章第1節で述べるが、例えばタクシーやフードデリバリーで有名なウーバーテクノロジーズは、社内に行動経済学チームではなく行動科学チームを組成したうえで、多様な学問的バックラウンドを持つメンバーによって顧客・従業員の行動変容と関連した問題解決を行っている。[13]また、行動変容に関連する科学的知見を政策の現場に適用する世界最先端のチームであるＢＩＴでは、行動経済学者と心理学者を中心とした多様なチーム構成を通じて問題解決を行っている。[14]

この世界的な潮流を踏まえ、本書でも行動経済学に限定せず行動科学全般を対象としたうえで、人を動かすためのツールやテクニックを紹介する。したがって、本書が対象とする領域は、学術的に正確には「行動科学」と呼称すべきである。他方で「行動経済学」が、本書が対象とする読者にとってより馴染みのある呼称であり、かつ経営に直接に関連する経済的な行動変容を扱う学問領域であることを踏まえ、本書では「行動経済学」の呼称を採用し、企業経営において人を動かすための実践的なツールやテクニックを「実践行動経済学２・０」と位置づけて紹介する。

第2章

行動経済学2・0の活用が11兆円市場の取り込みに貢献する

1 時代は行動経済学2・0に突入した

【セクションサマリ】

・先端的な英米の企業は行動科学を企業経営に本格的に取り込み始めており、真理を追究する行動経済学1・0の時代から、実際に企業経営に使える行動経済学2・0の時代に突入したと考えられる。

テクノロジーの進化によってさまざまな行動データの取得が容易になった結果、行動データのビジネスへの活用が劇的に進み、行動経済学は企業経営に使えるフェーズ（2・0）に到達した。

行動経済学を企業経営に組み込んでいる事例を俯瞰すると、そのアプローチには3つのレベルが存在する。ステージ1は、代表的なナッジをとりあえず適用する状態。ステージ2は、ナッジ理論を含

図表2-1　行動経済学的アプローチの台頭

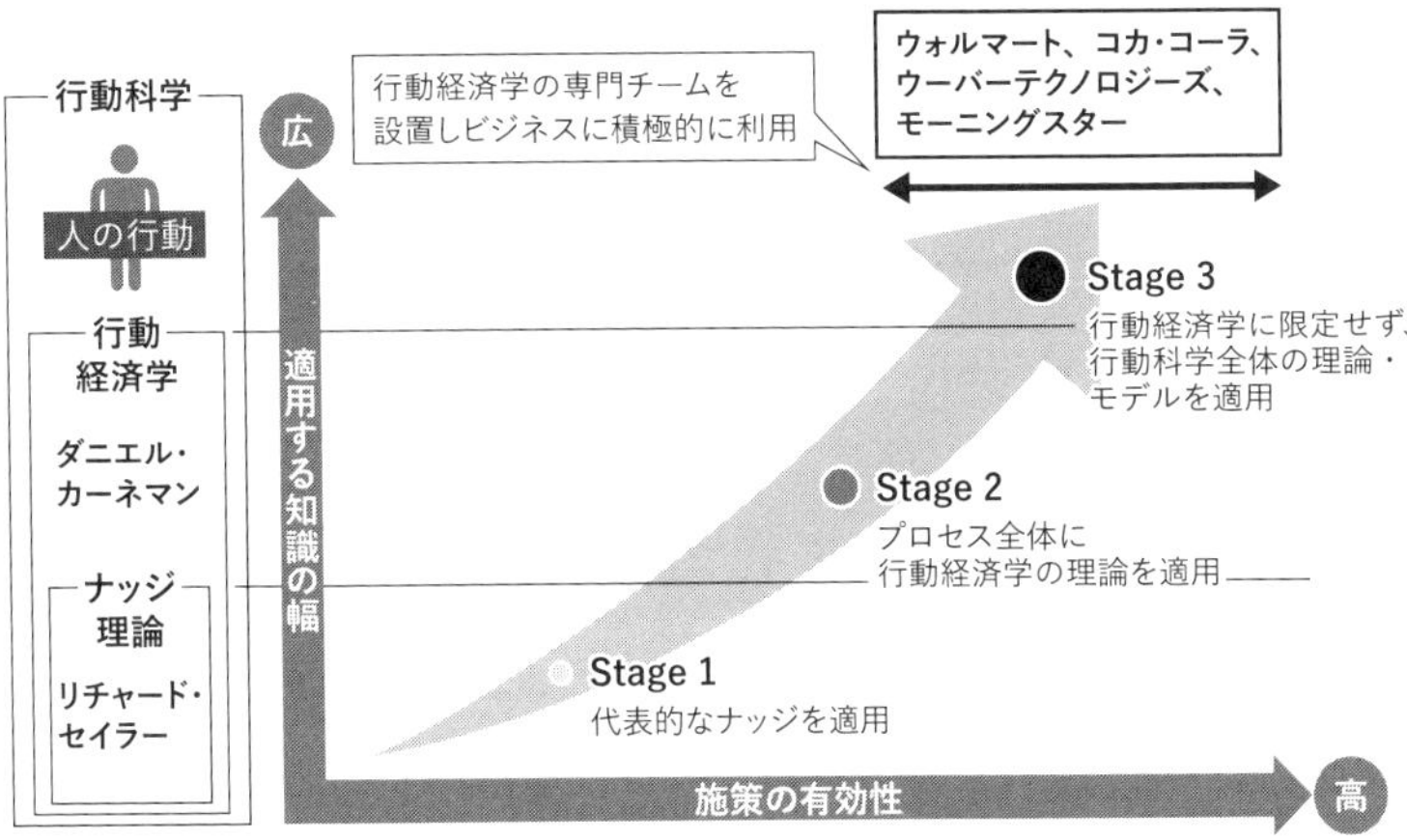

む行動経済学の知見を適材適所に適用する状態。ステージ3は、行動経済学に加えて心理学や神経科学などの知見を適材適所で応用する状態を指す(図表2－1)。

行動経済学2・0を企業経営に取り込むことは世界的なトレンドになりつつあるが、先端的な英米の企業は、行動科学の専門チームやCBO（Chief Behavioral Officer）を設置するなどすでにステージ3の状態に達しており、行動科学を企業経営に本格的に取り込んでいる。筆者らの調査によると、図表2－2および図表2－3のように英米では行動経済学専門チームを設置する事例や、図表2－3のようにCBOを設置する事例が存在する。なお、CBOとは、顧客や従業員の行動変容を促進するために、企業や組織内で行動経済学や心理学などの行動科学の知見を活用して戦略や施策を立案・実行する責任者を指す。

例えばウーバーの行動科学専門チームは、行動経済学や心理学を起点に地図情報を利用した追跡アプリ（EXPRESS POOL）をいち早く開発し、相乗りタクシーのマーケットを拡大している(図表2－4)。

ジョンソン・エンド・ジョンソン*4	モーニングスター*5	コモンウェルス銀行*6	ナスダック*7
総合医療・健康関連用品の輸入・製造販売	投資信託	銀行	証券株式
Behavior Science team	Behavioral Science Advisory Board	Behavioural Science team	Behavioural Science for Market Technology
4名	8名	(不明)	(不明)
行動経済学	行動経済学	行動経済学	行動経済学
(不明)	(不明)	2016	(不明)
行動科学にもとづいて、消費者の健康行動や予防行動を促進するためのツールやプログラムを開発・提供	行動科学にもとづいて、投資家のニーズ(例:リスク許容度や期待収益率の正しい評価をしたい)に合ったサービスやツールの開発を支援	行動科学にもとづいて顧客が自身の貯蓄意識の向上やローン返済を早めるためのサービス(アプリなど)を開発	市場参加者や規制当局に対して、安全性や効率性を高めるためのソリューションを提供

*4 Johnson & Johnson, Behavior Science, https://www.jnj.com/jjhws/behavior-science (2023年3月10日アクセス)
*5 Morningstar, Morningstar Behavioral Science Advisory Board, https://www.morningstar.com/company/behavioralinsights/advisory-board (2023年3月10日アクセス)
*6 Commbank Newsroom, Will Mailer Will is CBA's Chief Behavioural Scientist and he leads the Behavioural Science team, https://www.commbank.com.au/newsroom/contributors/Will-Mailer.html (2023年3月10日アクセス)
*7 Nasdaq, Wendy Jephso, https://www.nasdaq.com/about/our-people/wendy-jephson-0 (2023年3月10日アクセス)

図表2-2　行動経済学専門チームの設置例

社　名	ウォルマート*1	アマゾン・ドット・コム*2	ウーバーテクノロジーズ*3
業　種	小売業	小売業、卸売業	テクノロジー
組織名	Customer Experience Innovation team	People Experience and Technology Central Science Team	(Applied Behavioral Science team)
規　模	(不明)	(不明)	(不明)
主な学問領域	行動経済学	行動経済学、心理学、統計学、機械学習	行動経済学
設置年	(不明)	(不明)	2017
主な活動内容	行動科学にもとづいて、店舗デザイン、アプリ・ウェブ戦略、サービス体験などの改善を支援	行動科学にもとづいて、人事評価・報酬制度の改善、従業員のパフォーマンス向上などを支援	行動科学のアプローチにもとづいた製品やサービス体験（例：Uber EXPRESS POOL)の開発

*1 Walmart Careers, (USA) Associate Director, Insights Consulting — Human Experience Research, https://careers.walmart.com/us/jobs/WD1421012-usa-associatedirector-insights-consulting-human-experience-research (2023年3月13日アクセス)
*2 Amazon, Economist, PXT Central Science, https://www.amazon.jobs/en/jobs/2318388/economist-pxt-central-science?cmpid=bsp-amazon-science (2023年3月13日アクセス)
*3 Uber, How Uber Leverages Applied Behavioral Science at Scale, https://eng.uber.com/applied-behavioral-science-at-scale/ (2023年3月10日アクセス)

図表2-3　CBO（Chief Behavioral Officer）の設置例

社　名	レモネード*1	コカ・コーラ*2	バークレイズ*3	リリオ*4
業　種	保険	製造業（飲料）	総合金融（投資）	ソフトウェア開発
CBO	Dan Ariely	Cerita Bethea	Peter Brooks	Amy Bucher
就任年	2016	2018	2019	2022
主な学問領域	行動経済学	認知心理学	行動経済学、行動ファイナンス	行動経済学、心理学
主な役割	顧客の利益増幅のための商品（行動経済学を応用したP2P保険等）・サービスの開発を支援	認知心理学を専門分野として、ブランドマーケティングを牽引	ファンドの運用担当者に対して、非合理的な意思決定を回避するためのトレーニングプログラムを開発・提供	行動科学のアプローチから健康領域の製品・ソリューションを開発

*1 lemonade, blog, https://www.lemonade.com/blog/oh-behave/（2023年3月13日アクセス）
*2 Blacklist100, Cerita Bethea, https://www.blacklist100.com/list-2-industry-services/cerita-bethea（2023年3月13日アクセス）
*3 Barclays, How behavioral finance is helping investment managers minimize risks, https://home.barclays/news/2017/03/how-behavioural-finance-is-helping-investment-managers-minimise-risk/（2023年3月13日アクセス）
*4 Lirio, Amy Bucher, Ph.D, https://lirio.com/our-team/amy-bucher-phd-cbo/（2023年3月13日アクセス）

当時のウーバーにおいて、タクシーの相乗りサービスの待ち時間中のキャンセルが多いことは経営上の大きな課題となっていた。この課題に対して、同社の行動科学専門チームは、「（タクシーの）待ち時間の手持ち無沙汰状態」がキャンセルの本質的な原因になっていることを心理学における過去の研究にもとづき特定した。さらに、これを解消するためには待ち時間の決定プロセスのわかりやすさが重要であり、加えて目標（タクシー）が近づくにつれてより我慢できるようになるという人の心のクセも特定している。

ウーバーは、これらの科学的なエビデンスにもとづきアプリ

図表2-4　ウーバーテクノロジーズによる行動経済学2.0の適用事例

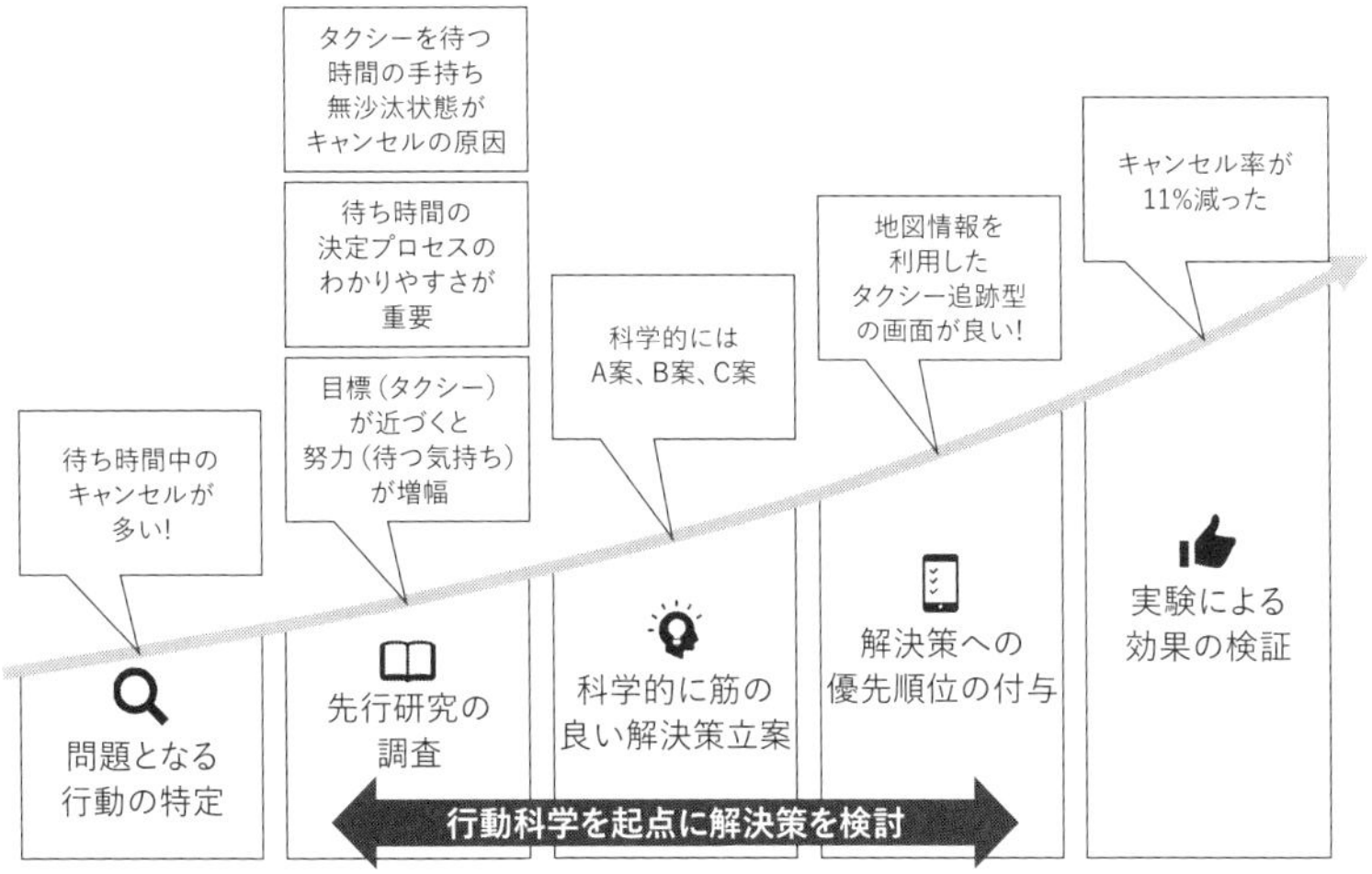

（出所）Uber, How Uber Leverages Applied Behavioral Science at Scale, https://www.uber.com/ja-JP/blog/applied-behavioral-science-at-scale/（2021年１月19日アクセス）にもとづいてEY Japan作成

を改修することでキャンセル率を11％減らすことに成功している。

その他にもウーバーは、乗客を運ぶドライバーのモチベーションの向上を目的として行動科学の知見を随所で活用することで収益率向上を果たすなど、行動科学の活用が企業経営に対して大きな影響を与えている。

このように時代は行動経済学２・０に突入しており、感度の高い先端的な企業は、行動経済学や心理学などの行動科学的知見を本格的に企業経営に組み込み、一定の成果を上げている。

2 行動経済学2・0が社会課題解決の切り札に

【セクションサマリ】

・社会課題解決型の事業構造に転換しなければならないなかで、社会課題解決の切り札である行動経済学2・0を企業経営に組み込むことは不可欠といえる。

・私たちの本能は「今・ここ・私」に関する出来事に敏感に反応するが、現代文明社会は、「今・ここ・私」よりも「将来・遠い場所・誰か」のために行動することを要求する特徴を持つ。

・この「ねじれ」が社会課題を生み出す根本的な原因となっている。食べすぎ・飲みすぎのように本能が過敏に反応して依存行動が発生しやすい場合と、環境破壊のように本能が欠落して望ましい行動が生じづらい場合の2パターンが存在する。

・AIDMAモデルなどの従来のマーケティング法則（正論によってニーズを高めるアプローチ）を適用し解決することは極めて困難であり、人の本能を科学的に理解し、心に寄り添うコミュニケーションに変革するBX（Behavioral Insight Transformation：**行動科学トランスフォーメーション**）が不可欠である。

社会課題解決型の事業構造への転換は、今や企業経営において避けることができない重要アジェンダとなっている。特に2016年のパリ協定の発効が、気候変動対応を企業における重要な経営課題に押し上げ、最近では「ＳＤＧｓ」「ＥＳＧ」「持続可能性（サステナビリティ）」「新しい資本主義」というキーワードで資本主義を見直す議論が活発化しているほどである。

気候変動を代表例とする近年深刻化している社会課題を解決するには、企業経営に人を動かすための科学的なアプローチを適用すること（行動経済学２・０）が極めて有効である。なぜならば、社会課題の多くは「人が思い通りに動かない」から生じており、科学的に特定された心の性質を踏まえることによって「人を動かす」糸口が見えれば、解決に大きく近づくからである。

まず、社会課題の発生メカニズムを、科学的に特定された私たちの本能を切り口として分析する。

社会課題は私たちの本能（衝動的欲求）の特徴から生じる

多くの社会課題は、私たちの本能（衝動的欲求）が持つ特徴から生じている（図表２－５）。

私たちの本能は、①生きたい（生存的欲求）、②仲間になりたい・上に立ちたい（社会的欲求）、③子孫を残したい（繁殖的欲求）、④生存的・社会的・繁殖的な欲求を満たせるチャンスに備えたい（成長的欲求）という４つの領域で主に反応する（第３章第２節参照）。

そのうえで、私たちの本能は、ヒトという種が進化するなかで大半の時間を占めたサバンナ環境に適応するように基本的に形づくられており、進化の歴史のなかではごく短い現代文明社会で生きることには最適化されていない[1]。

具体的には、サバンナ環境では身近な人とのやり取りが主であり、狭い範囲で日々を生き延びることが重大な関心事だった。したがって、私たちの本能は「**今・ここ・私**」にとってメリットやデメリットがある**出来事には反応しやすい**が、「**将来・遠い場所・誰か**」にとってメリットやデメリットが

ある出来事には反応しにくい特質を持つ。

しかし、**現代文明社会は、**しばしば**「将来・遠い場所・誰か」のために行動することを要求する**特徴を持つ。この「ねじれ」が、社会課題を引き起こす行動の大きな原因となっている。社会課題の原因となるこの「ねじれ」には、本能が過敏に反応するパターンと、本能がほとんど反応しない（欠落）パターンの2種類が存在する。

以下、それぞれを説明する。

本能が過敏に反応していることで生じる社会課題

第一のパターンは、**本能が過敏に反応しすぎた結果として依存行動が発生するパターン**である。

例えば、不健康だとわかっていても、私たちは脂っこい、あるいは甘い食べ物や飲み物を取りすぎてしまう。人が進化したサバンナ環境では、脂質や糖分を「今」できるだけ摂取することで生存の確率が向上した。一方で、文明の発達によって、脂質や糖分の摂取

図表2-5　社会課題を発生させる本能の正体

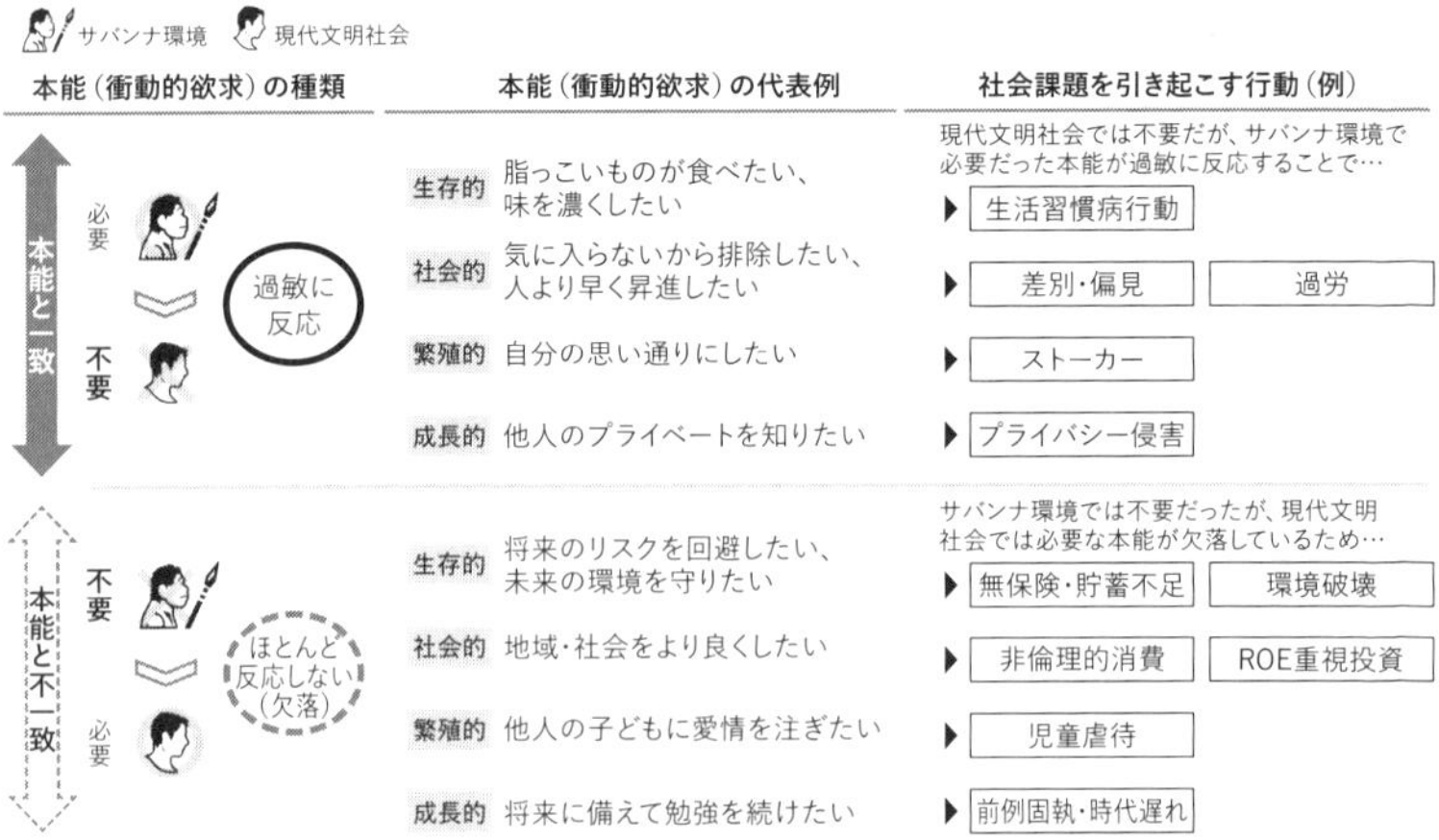

が極めて容易になった現代文明社会では、脂質や糖分をできるだけ摂取したいという本能が過敏に反応した結果として、生活習慣病などの問題が生じてしまう。「将来」起こる可能性がある生活習慣病などを防ぐために、脂質や糖分の取りすぎを「今」控えるよう正論を言われたとしても、本能は対応しきれない。そのため、健康に関する社会課題が生じるのである。

本能が過敏に反応した結果として生じる社会課題は、健康問題に限定されない。例えば、多様な価値観や属性を持つ他者と交流することが必須となった現代文明社会において、集団の秩序を乱す異質な人間を協力関係から排除したいという本能が過敏に反応した結果として、差別・偏見の問題が生じる。

また、電気の発明によって真っ暗な夜間でも労働が可能となった現代文明社会において、集団内で地位・評判を向上させたいという本能が過敏に反応した結果として、過労の問題が生じる。人権という概念が確立された現代文明社会において、自分の思い通りに求愛したいという本能が過敏に反応した結果として、ストーカー問題が生じる。個人情報の痕跡が至るところに残る現代文明社会において、生存や繁殖のチャンスに備えて「知りたい」という本能が過敏に反応した結果として、プライバシー侵害の問題が生じる。

本能が欠落していることで生じる社会課題

第二のパターンは、**本能が欠落している結果として行動が生じないパターン**である。

例えば、地球温暖化を阻止することが将来的には重要だとわかっていても、私たちは割高な環境配慮型の製品をわざわざ買おうとしない。2022年に国内で実施された調査によれば、「価格が多少高くても、環境や社会問題に取り組む企業の製品を買う」人はわずか4・6％にすぎない。[2]

人が進化したサバンナ環境では、「今・ここ・私」のメリット・デメリットを追求する行動が生存と繁殖の確率を高めた。文明や科学の発達によって、CO_2を排出することで「将来・遠い場所・誰か」に致命的な影響があることが明らかになったとしても、「将来・遠い場所・誰か」のデメリットに反応する本能を私たちは持ち合わせていない。将来に反応する本能が欠落している結果として、環境破壊問題（温暖化問題）が生じてしまうのである。

本能が欠落していることで生じる社会課題は、環境破壊問題に限定されない。例えば、長生きすることが当たり前となった現代文明社会において、将来のリスクに備える本能が欠落している結果として、無保険や貯蓄不足の問題が生じる。

また、現在の自分の行動が「将来・遠い場所・誰か」に与える影響を無視できない現代文明社会において、それらを考慮する本能が欠落している結果として、非倫理的消費（エシカル消費の定着不足）や企業の短期利益を追求した投資（ROE重視投資）の問題が生じる。

自分と同じ遺伝子を共有しない義理の子を受け入れる慣習が発展した現代文明社会において、遺伝子を共有しない子どもに一方向的な愛情を注ぎたいという本能が欠落している結果として、児童虐待問題が生じる（義理の親による子殺しの確率は、両親とも遺伝子を共有する実の親である場合の約70倍である）[3]。

役立つ知識や最適な行動が目まぐるしく移り変わる現代文明社会において、現状うまくいっているのに将来の変化に備えてやり方を変えたいという本能が欠落している結果として、前例固執や時代遅れになるという問題が生じる。

欠落している本能を醸成する道のりは極めて困難である。その意味で、ＡＩＤＭＡモデルなどの正論を通じてニーズを育てることを前提とした従来のマーケティング法則が通用しづらい領域だといえるだろう（「はじめに」参照）。

行動経済学2・0（BX）の対象

以上をまとめると、近年深刻化している社会課題は、「本能が過敏に反応してしまう市場（本能過敏市場）」と「本能が欠落している市場（本能欠落市場）」が無視され続けた結果として発生していると解釈できる（図表２－６）。

これらの社会課題を解決するには、本能過敏市場に対する「本能抑制アプローチ」と本能欠落市場に対する「本能補完アプローチ」の２つのアプローチを採用することが不可欠である（図表２－７）。

本能抑制アプローチとは、例えばつい食べすぎ・飲みすぎてしまう本能を抑制する方法を開発するなど、「本能が過敏に反応してしまう」結果として生じる社会課題を解決するために本能の過敏反応を抑制するアプローチを指す。特定保健用食品（トクホ）や機能性表示食品などのいわゆる健康食品や、糖質オフやプリン体ゼロ、弱アルコールのような過剰飲酒を抑制する飲料のように、健康被害（体に取り込まれるリスク）を軽減可能な商品・サービスを「いかに販売拡大し、生活習慣病行動を抑制できるか」といった経営課題に対して、本能抑制アプローチが求められる。これについては、詳細な事例を第５章第１節で説明する。

本能補完アプローチとは、例えば「環境にやさしい」で動かそうとするのではなく、大多数の消費者がつい再エネを使いたくなる本能（例：「我が子の教育のため」）を発掘するなど、「本能が欠落し

図表2-6　社会課題を発生させる本能の正体

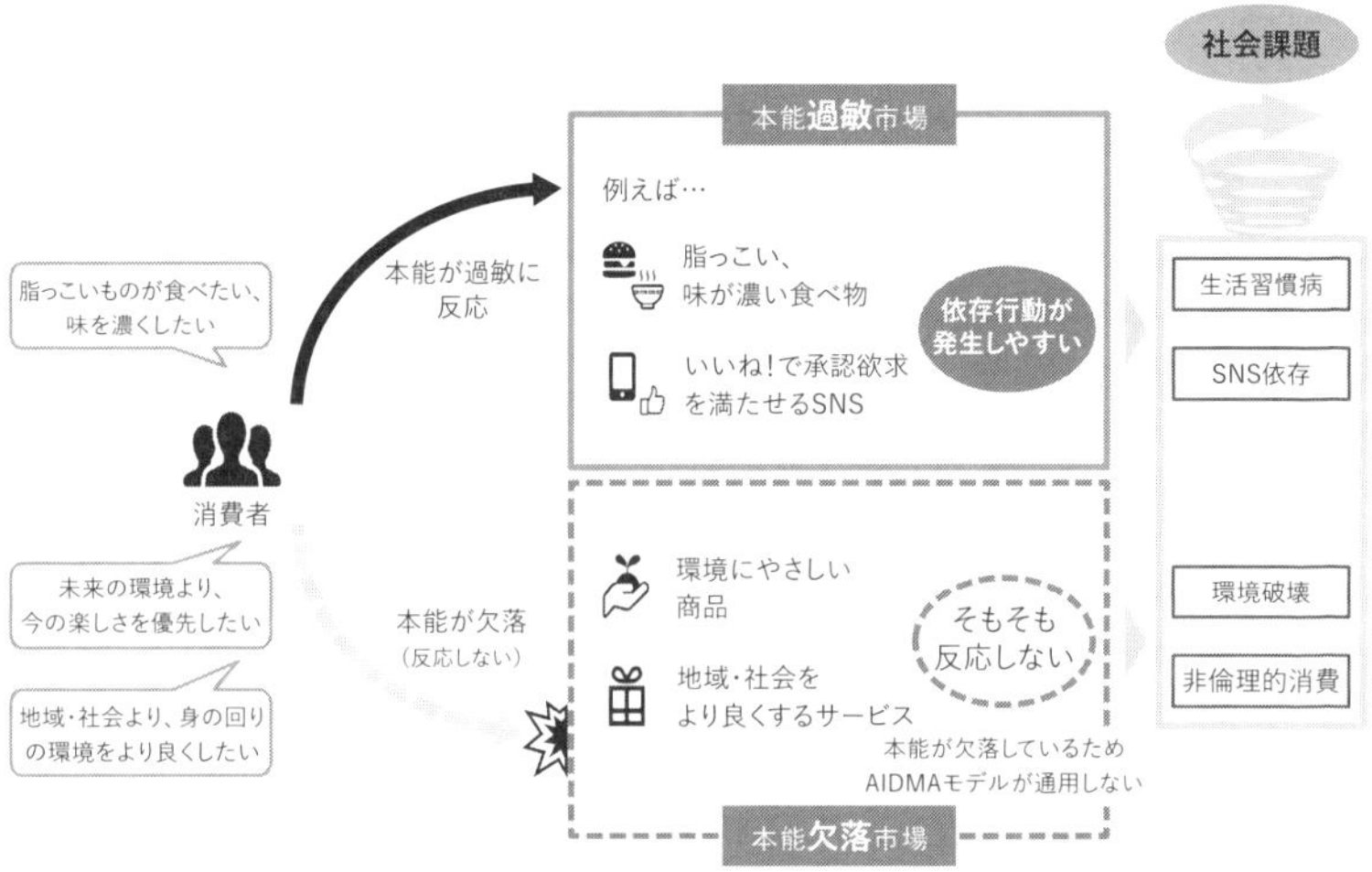

図表2-7　社会課題解決のための2つのアプローチ

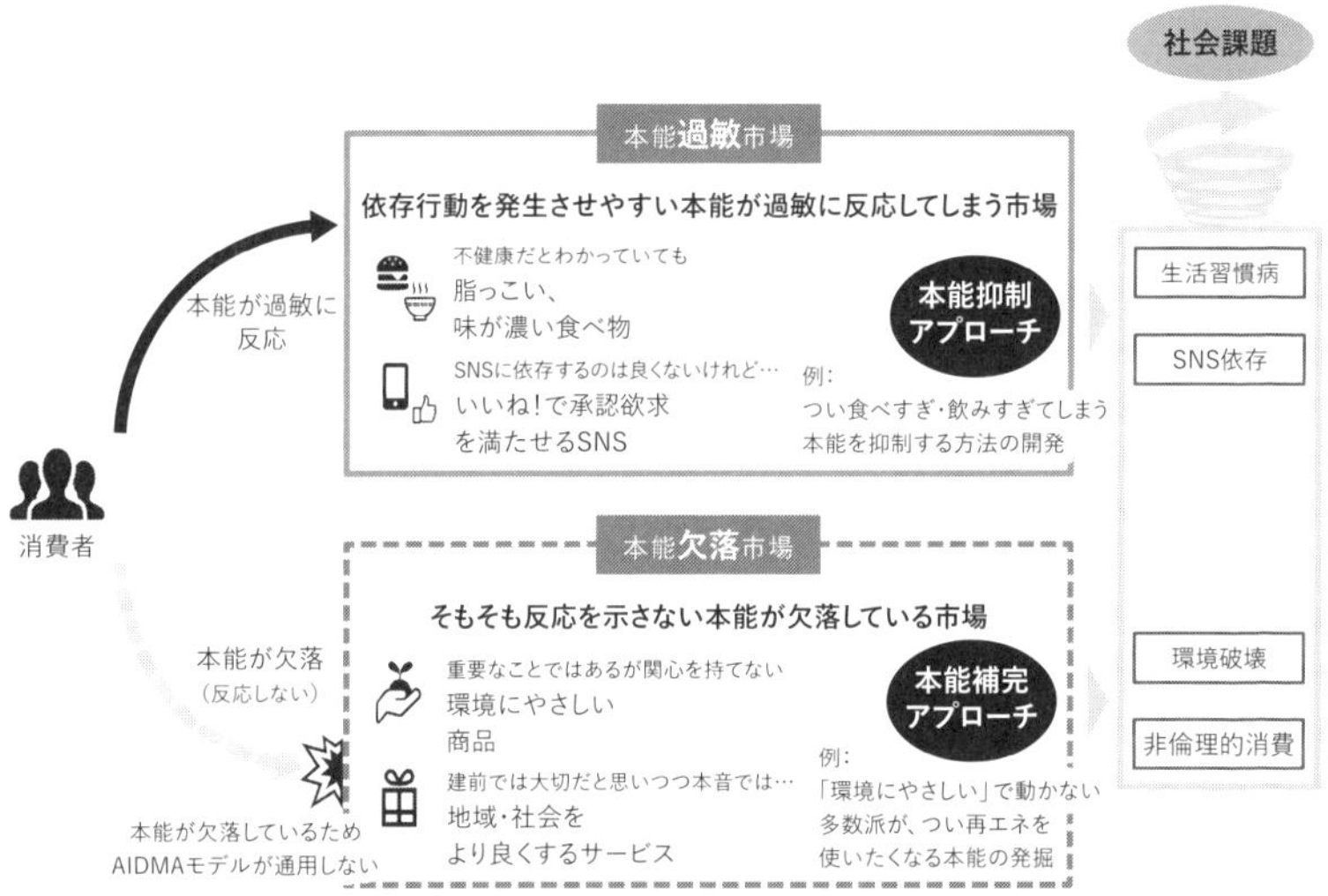

ている」結果として生じる社会課題を解決するために別の強力な本能で補完するアプローチを指す。
経営課題に置き換えると、フェアトレード商品や地産地消商品、太陽光・風力に代表される再エネ電力といったエシカル商品を「いかに販売拡大し、エシカル消費を促すことができるか」といった経営課題に対して、本能補完アプローチが求められる。この詳細については、第5章第2節で具体的事例を説明する。

これら2つのアプローチを企業経営に取り込むためには、少なくとも人の本能を科学的に理解し、本能と一致する（心に寄り添う）コミュニケーションを取っていくことが不可欠となる。つまり、「行動経済学2・0を起点としてコミュニケーションのあり方を変革すること」が求められる。これを筆者らは、BX（Behavioral Insight Transformation：**行動科学トランスフォーメーション**）と定義している。

3　行動経済学2・0によって11兆円市場を取り込む

【セクションサマリ】

・BXを通じた社会課題解決型の行動への転換によって創出可能な市場規模は、11兆129億円と試算できる。

市場には本能過敏市場と本能欠落市場が存在し、これらが社会課題発生の原因になっていることを述べた。このような社会課題の発生を抑制するための社会課題解決型の行動への転換によって生み出される（BXによって創出可能な）市場は、筆者らの試算によると11兆1229億円となる（図表2－8）。

試算に当たっては、「社会課題を解決する行動に関連する市場規模」×「行動変容による市場規模の拡大率」として算出している。

「社会課題を解決する行動に関連する市場規模」については図表2－8の「社会課題を解決する行動」を対象とし、それぞれの行動が図表2－9の対象となる市場を拡大させると仮定している（例：これまで健康を意識しない消費行動をしていた人が、行動科学を用いたアプローチにより健康食品を購入するようになるなどして市場規模が拡大）。

「行動変容による市場規模の拡大率」については、次の3つのステップを経て一律10％と仮定した。

まず、複数の研究（メタ分析と呼ばれる複数の研究結果の統合的な解析結果）を踏まえると、行動科学的な手法を用いた施策には、平均して約15％の行動変容効果があることを第一の基準値とした。具体的には下記の通りだ。

・ナッジを用いた介入施策の平均的な行動変容効果は16・6％（440の介入結果を統合[4]）
・ナッジ以外の介入手法も含んだ身体活動の平均的な行動変容効果は16・6％（224の介入結果を統合[5]）
・介入研究に限定されないが、社会心理学分野全体の効果の中央値は14・1％（6447の実証結果を統合[6]）
・行動変容効果を％に換算する際には、学術的に効果の大きさを計算するときに利用されるCohenのU_3という指標を採用

図表2-8　行動経済学2.0によって創出可能な市場

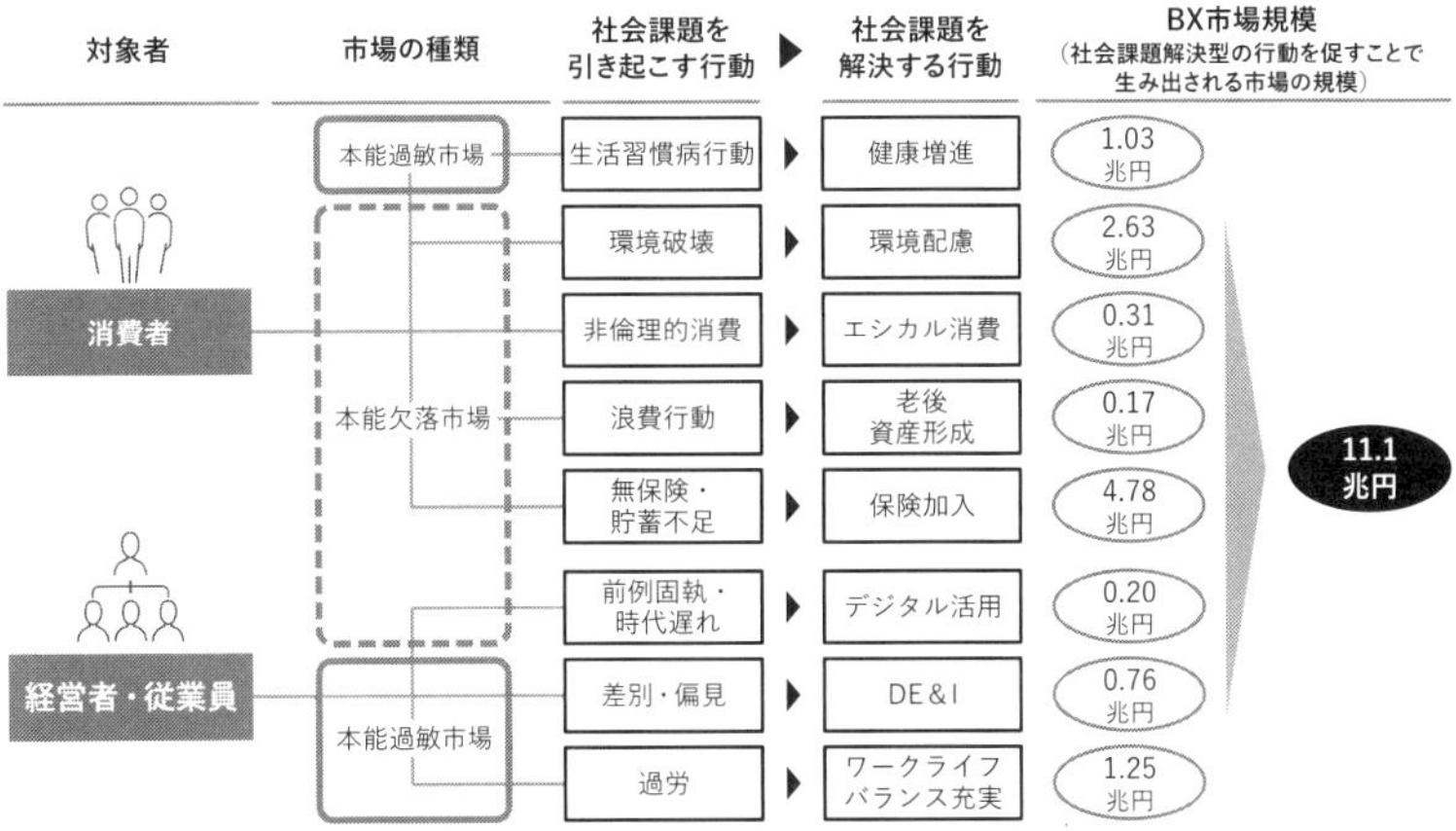

図表2-9　BX市場（社会課題解決型の行動を促すことで生み出される市場）一覧

社会課題を解決する行動	社会課題を解決する行動に関連する市場
健康増進	ヘルスケア（健康保持・増進に働きかけるもの）
環境配慮	クリーンエネルギー利用（家庭用ソーラーシステム、新エネ売電ビジネス）、省エネルギー化（次世代省エネルギー住宅、省エネラベル付き冷蔵庫・エアコン・液晶テレビ、LED照明）、エコカー、リサイクル素材（廃プラスチック製品、PETボトル再生繊維、レアメタルリサイクル）、資源有効利用製品（中古自動車・家電・住宅、エコマーク認定文房具、電子書籍）、エコカーレンタル、カーシェアリング、長寿命建築、国産材使用（建築用・容器・家具・装備品）、エコツーリズム、環境教育
エシカル消費	フェアトレード、植物性代替食品、サステナブルフード、プラントベースフード、オーガニック加工食品、自然派・オーガニック化粧品、地産地消、自転車
老後資産形成	iDeCo（個人型確定拠出年金）
保険加入	自動車保険、損害保険（自動車以外）、生命保険
デジタル活用	業務効率化、サイバーセキュリティ、情報セキュリティ
DE&I	女性活躍、LGBT+ 活躍
ワークライフバランス充実	ウェルネス市場

次に、学術的な実証ではなくリアルな現場で大規模な介入を行うと行動変容効果が弱まることを示唆する研究も出始めているため、第一の基準値である15％という推定値を下方修正する必要があると仮定した。具体的には、下記の通りだ。

・カーボンニュートラル（温暖化阻止）行動を促進するための介入のフィールドでの平均的な行動変容効果は約7・1％（430の介入結果を統合[7]）

・一部のナッジをフィールドで適用した際の平均的な行動変容効果は約1・4％（126の介入結果を統合[8]）

・行動変容効果を％に換算する際には、同じくCohenのU_3という指標を採用[9]

最後に、下方修正した結果として「行動変容による市場規模の拡大率」を一律10％と仮定した。そのうえで、①一律とした点、②10％という数値を置いた点について補足する。

まず、①について、「対象とする行動×適用する行動科学的な手法」の組み合わせごとに市場の拡大率を推定することは可能だが、この場合、あらゆる組み合わせを想定する必要がある。今回は、一律にメタ分析の結果を基準値として採用する方法が最もシンプルかつ特定の組み合わせを偏重してしまうバイアスを避けられる点で、市場規模の概算に適していると考えた。

次に、②について、10％という数値を置いたことに前述した以上の根拠はない。すなわち、「対象とする行動×適用する行動科学的な手法」についてそれぞれが置かれた個別の文脈を捨象した際に、中心的な傾向としてどの程度の行動変容効果が得られそうかの推定値を、メタ分析という学術的に頻繁に用いられる手法から得られた複数の見込み値をもとに導いた。

もちろん、「対象とする行動×適用する行動科学的な手法」の個別の組み合わせを考慮することで、より厳密な推定値を導出することも可能である。一方で、ここで重要なのは、ＢＸを企業経営に取り込む必然性を示すことである。仮に推定値が11兆円ではなく、メタ分析で示された効果の下限値である1・4％を採用して約10分の1の1・6兆円であったとしても、企業がＢＸを経営に取り込むことの理由になるはずだ。重要なことは数値の正確性ではなく規模感（市場規模のオーダー）であるため、このような試算方法を採用した（ただし、市場規模に厳密性が求められるケースがあることは否定しない）。

以上を踏まえると、企業経営にＢＸを取り込まないということは、この数兆円規模の市場を取りこぼす可能性があることを意味する。本書では、このような社会課題解決型の行動への転換によって生み出される市場を取り込むための行動経済学2・0のツールを余すことなく紹介している。

繰り返しになるが、行動経済学はすでに企業経営に使えるレベル（2・0）に到達しており、これが企業の重要な経営課題を解決するためのツールとなり得ることに先端的な欧米企業は気づいている。第2章第1節において取り上げたウーバーの相乗りタクシーアプリがその代表例といえる。

そのうえで、社会課題解決型の事業構造への転換が今や企業経営において避けることのできない重要アジェンダとなっていることを踏まえると、行動経済学2・0によってＢＸ市場を取り込む重要性は、今後ますます高まっていく可能性が高いのである。

コラム①――BXを通じたコミュニケーションの変革とルール形成

BXを通じたコミュニケーションの変革によって解決しやすいのは、本能の過敏な反応によって生じる社会課題よりも本能の欠落によって生じる社会課題である。

例えば、たとえ将来の環境に配慮する本能が欠落していたとしても、自分の子どもの教育上良いことをしたいという本能は強力なため、省エネ行動を子どもの教育上の問題として位置づけ直すことで本能の欠落を補い得る。

他方で、食べすぎ・飲みすぎてしまう本能は「今・ここ・私」が過敏に反応する強力な衝動であるため、たとえ「我が子の笑顔を将来も守るために健康でいよう」などと別の「今・ここ・私」と関連する本能を持ち出して抑制しようとしても、上書きすることは難しい。そのため、本能が過敏に反応することで生じる社会課題の解決に向けては、まず法律の制定や規制などの**ルール形成**が有効である。

例えば、麻薬は一度摂取すると本能の過敏反応を止めることが困難であるため、法律によって厳重に規制されている。同様に飲酒運転の撲滅は、厳罰化によって大きく進展した[10]。本能の過敏な反応を抑制しなければ、明確な罰を与えられ社会生活の維持が困難になるという強烈な「脅し」を受けてはじめて、人は本能の過敏反応を抑制することができるのである。

ただし、本能の過敏な反応を抑制するための「脅し」は大きな効力を発揮するものの、その「脅し」を使わなくてもよいようにBXによってコミュニケーションを変革していくことも、また有効といえる。

例えば、車を運転する予定があれば多くの人は飲酒を我慢できる。車の運転を定常的に目的として設定して禁酒せざるを得ない状況をつくりだすことで、禁酒はより容易に達成し得るだろう。また、いきなり禁煙は難しくても、電子タバコへの移行を経た方が禁煙を達成しやすい[11]ように、適度な「甘え」を認めることで人は本能をより抑制しやすくなる（第8章第2節参照）。

加えて、多くの社会課題の背景には、本能の過敏な反応と本能の欠落という2つの問題が同時に潜んでいるため、BXによるコミュニケーション変革は多くの社会課題の解決に有効である。

例えば、前述したように生活習慣病などの健康問題は、脂っこいものや甘いものなどを食べすぎ・飲みすぎてしまう本能が過敏に反応した結果、生じる社会課題である。それと同時に、将来のために運動したり、野菜や減塩食品などの健康に良い食品を摂取したりしたいと思う本能が欠落していることも原因となって健康問題は生じている。

現代文明社会における多数の社会課題は、悪い行いをする本能が過敏に反応すると同時に、良い行いをする本能が欠落しているため生じてしまう。

このように、**多くの社会課題には本能の過敏な反応と本能の欠落の両側面が関連**するため、たとえ**ルール形成によって行動を変えようとする場合であっても、科学の力で本能を理解し、BXによって人の心に寄り添っていくことが不可欠**なのである。

第 I 部

行動経済学2.0のツール

第3章 人を動かす心のツボの見極め方

1 人を動かす心のツボの既存のマップ（理論・モデル）の問題点

【セクションサマリ】

・人には、行動を促す心のツボ（アクセルとブレーキ）が存在する。
・人を動かす心のツボについては、COM－BモデルやUTAUTモデルなどに代表される行動変容モデル（心のツボに関するマップ）として整理されている。
・しかし、既存の行動変容モデルはそれぞれ得意不得意があり、ビジネス・政策場面で汎用的に適用できる行動変容モデルは存在しない。

本章では人を動かす心のツボ（どのような条件が揃えば人が動くか）を解き明かす。「心のツボ」とは、人を動かすために押すべきトリガー、つまり行動変容のアクセルとブレーキのことである。人

図表3-1　代表的な行動変容モデル

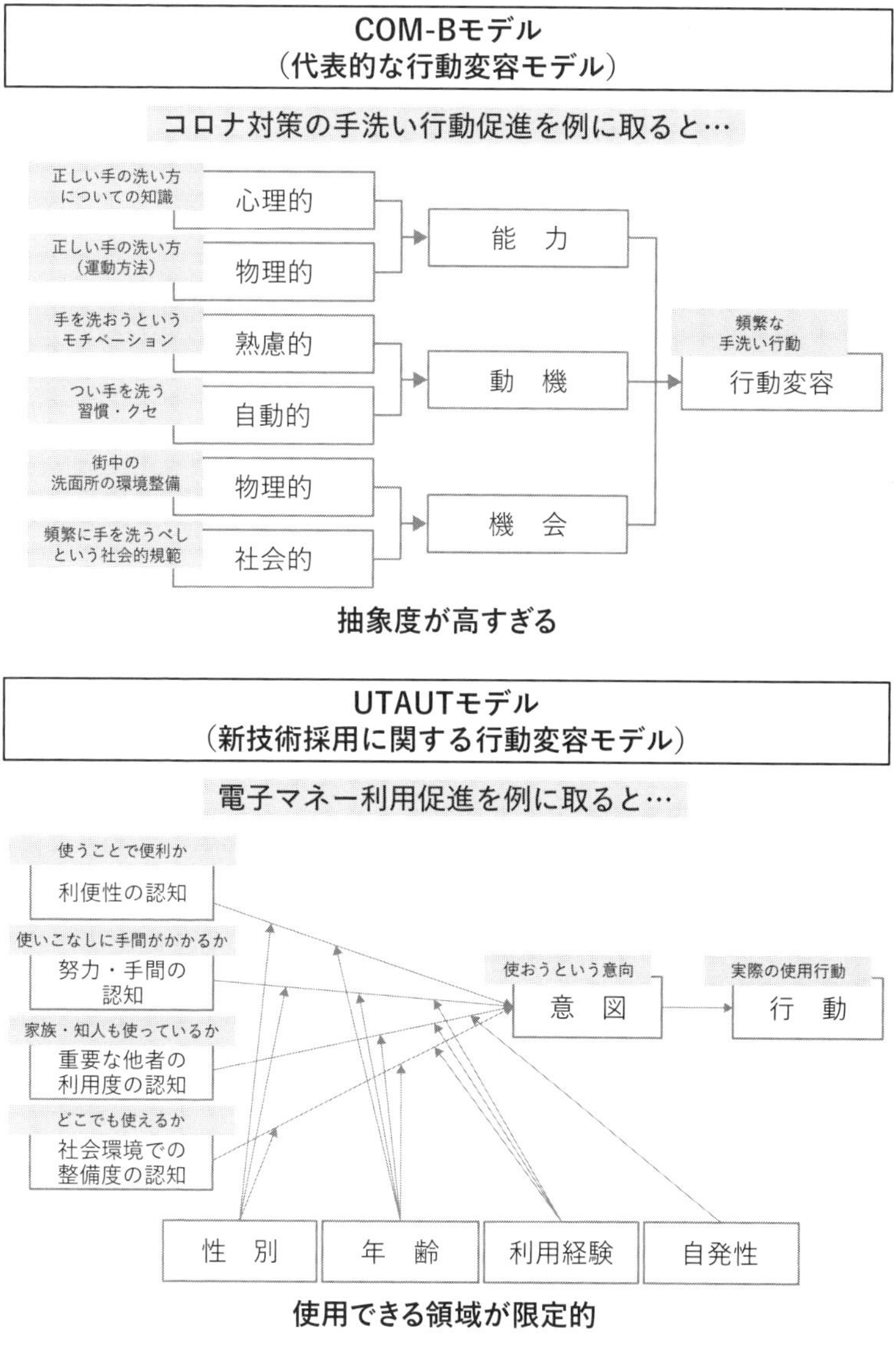

を動かしたいならば、行動変容に対して最も有効な人の心のツボを突く必要がある。そのためには、部分的ではなく人を動かすための心のツボを体系化したマップ（理論・モデル）にもとづいて、現在どのような心のツボを押せている、もしくは押せていないかを診断したうえで、次にどのツボを突くべきかを決めることが求められる。

このような人を動かす心のツボに関する科学的なマップは複数存在する。

全般的な行動変容モデルの代表例であるＣＯＭ－Ｂモデル[1]（図表３－１上）によれば、行動しようとした際に行動できる「能力」、行動したい気持ちである「動機」、行動するチャンスである「機会」の3点セットが揃った際にはじめて人が動く。

例えばコロナ対策の手洗い行動を例に取れば、「能力」は手の正しい洗い方についての知識（心理的能力）や運動方法（物理的能力）、「動機」は手洗いしたい気持ち（熟慮的動機）や手洗いの習慣（自動的動機）、「機会」は洗面所等の環境整備（物理的機会）や手洗いを他者から促されるかなどの社会的規範（社会的機会）を意味する。なお、ＣＯＭ－Ｂモデルは、能力（Capability）、機会（Opportunity）、動機（Motivation）、行動変容（Behavior）の頭文字を取って命名されている。

ＣＯＭ－Ｂモデルは行動変容場面に汎用的に適用できるものの、それぞれの心のツボを抽象的に描いているため、ビジネスや政策の現場ではやや使いにくい。例えば、「熟慮的動機」（行動したい気持ち）や「自動的動機」（つい行動してしまう習慣やクセ）といわれても、どうすればそれらの動機を醸成できるかの手がかりが見えづらい。

また、領域特化型の行動変容モデルも存在する。例えば、ＤＸや電子マネーのような新技術採用の行動変容に特化した行動変容モデルの代表例であるＵＴＡＵＴモデル[2]は、新技術を使うと便利になるという期待（利便性の認知）、使いこなしに手間がかからないという期待（努力・手間の認知）、家族・知人も新技術を使うだろうという期待（重要な他者の利用度の認知）、どこでも新技術を使えるという期待（社会環境での整備度の認知）の4点セットが揃った際に新技術の利用行動が促されるとする（図表3－1下）。なおUTAUTモデルは、「技術の受容と利用に関する統一理論（Unified theory of acceptance and use of technology）」の頭文字を取って命名されている。

たしかに同モデルは新技術の導入場面では使いやすいが、ビジネス・政策場面で汎用的に適用できる行動変容モデルではない。例えば、従業員の営業活動を促進したい際にこのモデルは適用できない。

このように、人を動かす心のツボに関するいずれの科学的なマップにも得意不得意がある。また、それぞれのマップで扱われている心のツボが少し異なる（どのマップも部分的である）ため、特定のモデルのみを参照すると人を動かす心のツボについて抜け・漏れが生じやすい。例えば、UTAUTモデルに含まれる「重要な他者の利用度の認知」は、COM－Bモデルに明示的に含まれていないが、新技術採用に向けた行動変容以外でも重要な意味を持ち得る（例：手洗い行動をするかどうかに家族・知人の手洗い行動が大きく影響する）。

2　人を動かすトリガーは4つの心のツボにあった（新たに開発したARMSモデル）

【セクションサマリ】

・本書では、人を動かすための心のツボを体系化したARMSモデルを提案する。

・ＡＲＭＳモデルは25以上の科学的な行動変容の理論・モデルを分析・統合し、人を動かす心のツボを漏れ・ダブりなく整理している。
・「ついつい」（自動応答性）、「やろう」（実現意思）、「したい」（動機）、「できそう」（自己効力感）という４つの心のツボが存在すると仮説立てている。
・行動が生じるプロセスは２つ存在する。「ついつい」をトリガーとする自動応答的なプロセスでは、努力や熟慮を必要とせずに行動が生じる。「したい」をトリガーとする熟慮的なプロセスでは、「できそう」と「やろう」も同時に押されないと行動が生じない。

これらの背景を受け、筆者らは25以上の科学的な行動変容の理論・モデルを分析・統合したうえで、人を動かすための心のツボを体系化したマップであるＡＲＭＳモデルを独自開発した（図表３－２、図表３－３）。

開発の際には、複数の理論・モデルに共通して現れる頑健な心のツボを漏らさず抽出することと、あらゆるビジネスや政策の現場で使うことができるよう、細かすぎず粗すぎず扱いやすい抽象度で心のツボを描くことにこだわった。

以上のようなプロセスを経て筆者らは、人を動かすトリガーは、「ついつい」「したい」「できそう」「やろう」の４つの心のツボにあるという結論にたどり着いた。ＡＲＭＳモデルの呼称は、この４つの心のツボである「ついつい」（自動応答性：Auto-response）、「やろう」（実現意思：Realization）、「したい」（動機：Motivation）、「できそう」（自己効力感：Self-efficacy）の頭文字を取って命名している。

図表3-2　人を動かす心のツボを体系化したマップ（ARMSモデル）

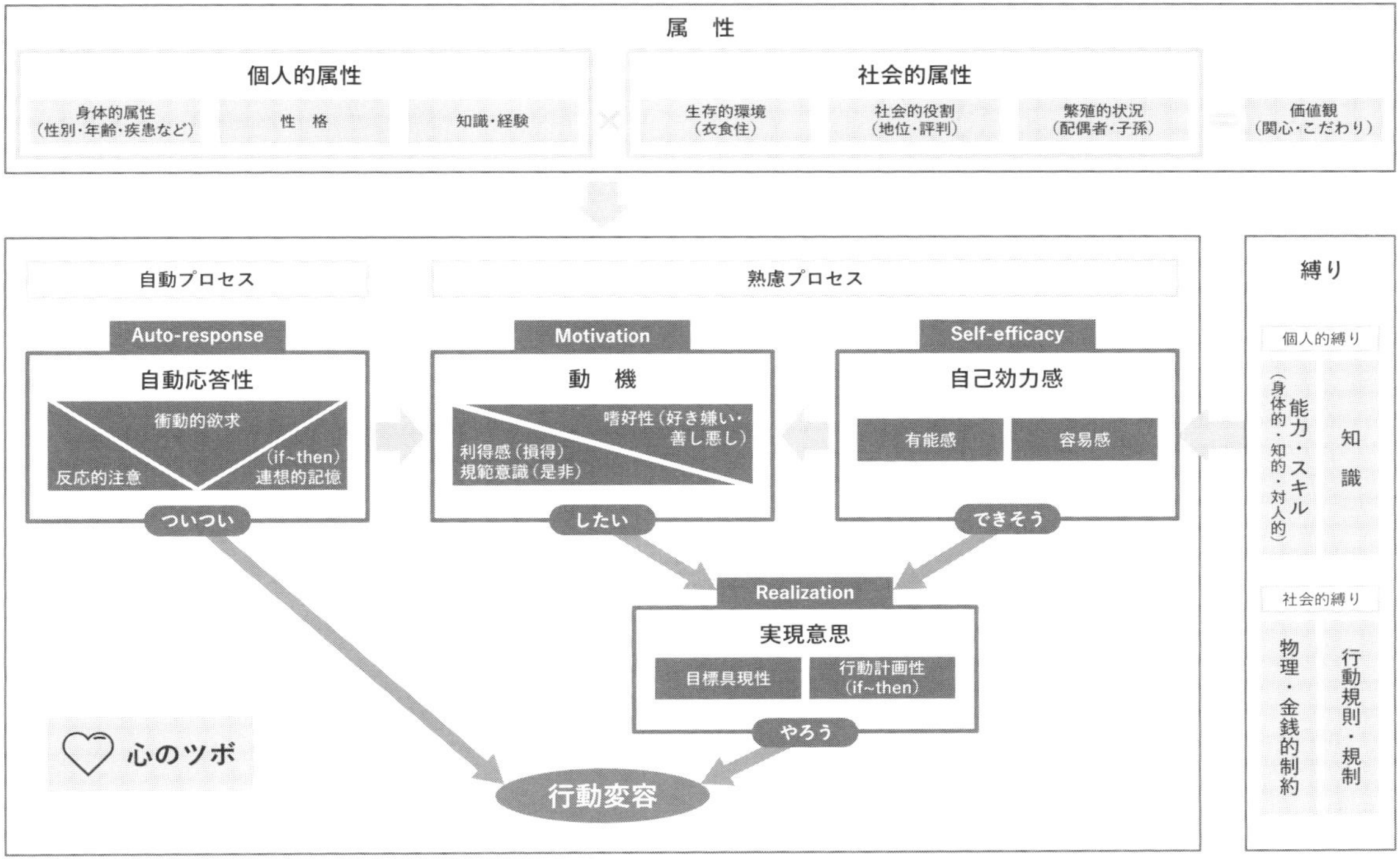

図表3-3　ARMSモデルの心のツボの詳細

心のツボ		説明
自動応答性	反応的注意	目につく刺激に注意を向けた結果として、つい行動するパターン （例：レジ前の足形ステッカー⇒ソーシャル・ディスタンス）
	連想的記憶	ぱっと思いつく連想（過去の記憶）や習慣にもとづいて、つい行動するパターン （例：大晦日⇒蕎麦）
	衝動的欲求	衝動的な本能（生存的・繁殖的欲求）の結果として、つい行動するパターン （例：子どもの教育上良いことをしたい⇒節電等の家庭内での品行方正な行動）
動機	利得感	行動することは得であり損ではないから「したい」という感覚 （例：給料が上がる・人事評価が良くなる⇒仕事）
	規範意識	重要な他者や多数派の行動は「是」であるため、同じ行動を「したい」という感覚 （例：参考情報を得る〔行列店に入店〕、暗黙の規範を守る〔有休取得しない〕）
	嗜好性	損得や是非を抜きにしても「したい」という感覚 （例：やりがいを感じる・楽しい・価値観に合う⇒給料が低くても働きたい）
自己効力感	有能感	自分の能力を考慮した際に、自分でも行動「できそう」という感覚 （例：会話が得意⇒司会を引き受ける）
	容易感	行動が面倒ではないため、自分でも行動「できそう」という感覚 （例：登録手続きが楽⇒電子マネーの利用）
実現意思	目標具現性	行動によって達成したい目標の明確性・具体性（KPI＝中間目標が設定されているか） （例：「痩せたい」ではなく、「1週間で0.2kg 痩せる」）
	行動計画性	行動する意思を、具体的な計画（if〜then〜ルール）に落とし込めている程度 （例：「毎日走る」ではなく、「予定がない限り、19時から東京タワー外周を2周走る」）

以下にARMSモデルの4つの心のツボの全体像を示す。

コロナ禍でソーシャル・ディスタンスを取る重要性を告知されなくても、スーパーのレジ前に足形のステッカーが貼られていれば、私たちはついその位置に並んでしまう。結果的にソーシャル・ディスタンスが保たれる。これが「ついつい」の心のツボが押された例である。

ARMSモデルでは**自動応答性**と呼んでいるが、「ついつい」行動してしまう状態を生み出す心のツボを通じて努力や熟慮をしなくても行動が生じることになる。既存の習慣（例：大晦日といえば年越し蕎麦）や衝動的欲求（例：食欲や恐怖）に起因する行動も「ついつい」から生じる行動の一例である。

他方で、ポスターなどの張り紙を通じて感染予防上のメリットを説得され、レジ前に距離を保って並ぶ場合もあるだろう。これが、「したい」（**動機**）の心のツボが押された例である。行動することによるメリット・デメリットの比較、行動する（しない）ことで周囲の人々にどう見られるか、行動することにわくわくするかなどを熟慮したうえで、動機（行動したい気持ち）が芽生える。

「ついつい」ではなく「したい」を起点として行動が生じる場合、2つの注意点が存在する。第一に、「できそう」（**自己効力感**）の心のツボも同時に押されている必要がある。例えば、レジ前で距離を保って並ぶ行動は難しくないが、入念な手洗い行動を要請された場合は、面倒、あるいはきちんとした手洗い方法がわからないという理由で行動変容がより生じにくくなる。たとえ「したい」という心のツボが押されても、「できそう」の心のツボも押されないと行動は生じない。

第二に、「やろう」（**実現意思**）の心のツボも同時に押されている必要がある。例えば「職場に到着したらまず1階のトイレで手洗いする」のような具体的な計画がないと、手洗いを忘れてしまうことがよくある。「ついつい」ではなく「したい」を起点とした行動の場合、目標が具体的に設定されている、次のアクションが見えているなど、「やろう」の心のツボが押されていることも不可欠である。

反対に衝動的に「ついつい」行動してしまう場合は、自分でも「できそう」か、「やろう」という具体的な目標があるかはボトルネックにならず、「ついつい」だけで行動が生じ得る。

「ついつい」（自動応答性）には3つのパターンがある

本項以降では4つの心のツボの詳細を説明する。人が努力しなくても行動できる「ついつい」（自

動応答性）という心のツボには、３つのパターンが存在する（図表３－２）。

(1)反応的注意

「ついつい」の第一は、目につく刺激に注意を向けた結果としてつい行動してしまうパターンである。ARMSモデルではこれを**反応的注意**と呼んでいる。レジ前に足形のステッカーを貼ることでソーシャル・ディスタンスを促す例はすでに紹介した。その他の代表例として、オランダのスキポール空港で男性用の小便器の中央に小バエを描くことにより大幅な清掃費削減に成功したケースが挙げられる。

私たちは、以下の情報が提示された際についつい注意を引きつけられてしまう。主なものを挙げれば、他との差を際立たせる情報（特徴的な色・方位・サイズ・動き・音など）、人物・動物を示す情報（顔・手・足・犬など）、方向を示す情報（矢印・視線・指さしなど）、過激・予想外な情報（脅威・性的刺激・新奇なもの・タブー関連など）、個人の属性に一致する情報（自分の氏名・顔・所属など）、強いこだわり・関心に関連する情報（推しのアイドル・将来の夢関連など）である。

(2)連想的記憶

「ついつい」の第二は、ぱっと思いつく連想（過去の記憶）や習慣にもとづいてつい行動してしまうパターンである。ARMSモデルではこれを**連想的記憶**と呼んでいる。例えば大晦日といえば年越し蕎麦、バレンタインといえばチョコレートなど、私たちはさまざまに連想的記憶を刺激する仕掛けに大きく影響されながら消費活動を行っている。

消費活動のみならず、私たちの行動全体が「連想しやすさ（思い出しやすさ）」に大きな影響を受ける。

例えば、民間ジェット機が米国ニューヨーク中心街にある2棟の高層ビルに衝突し、２９７７人が亡くなった２００１年９月11日の米同時多発テロでは、衝撃的な映像が繰り返しテレビで再生された。その結果として「飛行機＝危険」という連想的記憶が成立し、飛行機の乗客数が減り、移動に自家用車を使う人が増えた。

しかし、移動に伴う危険性は、実際には飛行機よりも車の方が１７０倍高い。[3] 移動を飛行機から車に切り替えたことによって、２００２年末にかけて（９・11テロ事件後の約1年間で）最大で１５９５人の米国人が本来落とすべきではなかった命を落としたと推定されている。[4] 連想的記憶による間接的な行動変容を考慮すれば、９・11テロ事件による本当の犠牲者数は約５０００人に迫るのである。

ある事象の情報を見聞きしたときに別の行動をどの程度連想するかは、主に過去の経験によって決まる。実際の経験やニュースなどを通じてその関係をより多く一緒に見聞きしている場合に、より連想しやすくなる。例えば、大晦日と蕎麦を長年一緒に示された結果、私たちはつい「大晦日」という言葉から「蕎麦」を連想してしまう。

また、連想関係は狙って拡張することが可能である。例えば、私たちは「バレンタイン（2月14日）」から「好きな人に贈るチョコ」を連想するが、マーケターは「自分へのご褒美としてのチョコ」を宣伝によって刷り込み、「チョコ全般」に連想を拡張することを狙っている。さらに、「お世話になっている人に贈るチョコ以外のプレゼント」として、「ちょっとしたプレゼント全般」に連想を拡張する動きも見られる。

ただし、連想関係が成立しやすいペアとしにくいペアが存在する点に注意が必要である。例えば、ヘビやクモ、昆虫に対する恐怖や逃避行動は大して学習しなくてもすぐに獲得できる（容易に恐怖症を発症する）。他方で、鳥の空からの攻撃（フンの落下や人間の食べ物の強奪）や空襲（空から落下する爆弾）に対して、恐怖や逃避行動を連想するのは難しい。[5]

これはおそらく、ヒト種が進化したサバンナ環境では、ヘビやクモ、昆虫が生存を脅かすケースと比較して、空からの落下物が生存を脅かすケースの発生確率が低かったためである。実際に、第二次世界大戦後に、空襲に対する持続性の恐怖症が発生した確率は非常に低いといわれており、空襲が続くうちに英国や日本、ドイツでは、民間人はパニックになるどころか、自分がいる近場から離れた航空機には次第に無関心になっていったという。[6]

また、昨今のウクライナ情勢においてドローンが空から爆弾を落下させる動画を見たことがある人は、塹壕に隠れた兵士が驚くほど爆弾に気づかず無力にこの世を去ることに対して、ショックを受けるだろう。

私たち人間は、何を経験するかによって自在に変化できる存在（白紙＝タブラ・ラサ）ではなく、生物として進化的な制約を受ける存在であるため、連想的記憶を形成しやすいペアであるかに留意することは重要である。人を動かす際には、BXアプローチによって人の心の性質を科学的に理解したうえで、連想的記憶の成立しやすいコミュニケーションを設計することが有効である。なお、連想的記憶の活用については、太陽光パネルの利用促進を狙った第5章第2節の事例も参照してほしい。

(3) 衝動的欲求

「ついつい」の第三は、食欲や恐怖のような本能にもとづいてつい行動が生じるパターンである。私

図表3-4　衝動的欲求の全体像

ライフステージ	衝動的欲求 区分	方向性	種別	欲求の詳細（達成したい状態）	典型的な消費行動例	感情例
生き延びる	生存的欲求	充足	生理	身体機能維持	ジャンクフード、運動・フィットネス	空腹感、不快感
		回避	安全	侵害・事故リスクの回避	セコム等防犯サービス	恐怖
			衛生	感染リスクの回避	感染対策グッズ	嫌悪、気持ち悪さ
			備蓄	その他突発的リスクの回避	金融商品、日用品のストック	達成感、満足感
			秩序	リスクを回避する環境づくり	住居、家具・家電	整然感
社会的関係をつくる	社会的欲求	充足	関係充実	協力関係づくり	ビジネス、会食、SNS、クラウドファンディング	孤独感、感謝
		回避	地位・評判	協力関係を有利に進めるための事実づくり	能力：高級・映え、温かみ：SDGs配慮	誇り、妬み
			関係保持	協力関係からの排除回避	流行品のとりあえず買い、年賀状、お歳暮	恥、罪悪感
			正義	協力関係の悪用者の排除	ゴシップ（週刊誌等）	不公正感、軽蔑
遺伝子を残す	繁殖的欲求	充足	性愛	性愛的な充足	アイドル応援	興奮、欲望
			魅力	良質な配偶者を獲得するための事実づくり	能力：化粧・高級・映え、温かみ：誠実さ	魅力的、モテたい
			配偶関係充実	良好な配偶関係づくり	高機能家電、指輪	愛
			血縁者繁栄	子孫・血縁者の繁栄	出産・子育て・教育（受験）	愛おしい、可愛い
		回避	配偶者保持	配偶者の不貞や別れの回避	アンチエイジング消費（筋トレ・エステ等）	嫉妬
好機に備える（二次的）	成長的欲求	充足 回避	知識	知識の獲得	読書、ネットサーフィン、映画観賞	興味深い、退屈
			能力	能力・技の研鑽（身体的・知的・対人的）	○○体験、習い事	興味深い、退屈

（出所）Kenrick et al. (2010). Renovating the Pyramid of Needs: Contemporary Extensions Built Upon Ancient Foundations. *Perspectives on Psychological Science*, 5(3), 292–314; Aunger, R., & Curtis, V. (2013). The Anatomy of Motivation: An Evolutionary-Ecological Approach. *Biological Theory*, 8(1), 49–63などの複数の行動科学理論にもとづいて作成

たちは、生存（生き延びることや社会的に優勢になること）と、繁殖（配偶相手を見つけることや子孫を産み繁栄させること）に関わる事象に衝動的に反応する（心を突き動かされるままについ行動に移してしまう）。ARMSモデルではこれを**衝動的欲求**と呼んでいる。衝動的欲求は人を突き動かす強力な心のツボであるため、特に詳しく説明する。

先に、連想関係の成り立ちやすさに濃淡があることを述べた。これは、ヒト種が進化したサバンナ環境において生存や繁殖に強く関連した事象、すなわち衝動的欲求（本能）が関連した事象で連想関係が成り立ちやすくなっているということである。

「人はどのような本能や欲求を持つのか」ということについては、多くの研究者が分類を行ってきた。例えば、マズローの欲求の階層理論は非常に有名である。同理論にもとづけば人間は、①生理的欲求（食欲などの生命活動維持に関する欲求）、②安全の欲求（秩序や安全・安心な生活に対する欲求）、③社会的欲求（愛情や集団への所属に関する欲求）、④承認欲求（他者から高く評価されたいという欲求）、⑤自己実現欲求（自分の能力を発揮し、自分の価値観に適合した価値を創造したいという自分らしさに対する欲求）の5大欲求を持っており、基礎的な低次の欲求が満たされるたびに一つ上の欲求を持つようになるという。

しかし、同理論は現代から見ると妥当性への疑問が投げかけられており[7]、ビジネスや政策の現場での使い勝手が良いとは決していえない。そこで筆者らは、根源的欲求に関する近年の科学的知見を踏まえ、ビジネスや政策の現場で使いやすい形にて衝動的欲求をフレームワーク化した（図表3－4）。

マズローの欲求の階層理論と比較すれば、人は生存と繁殖の確率を最大化する方向に動機づけられているとする、進化生物的な観点が含まれている点が大きく異なっている。なお、マズローの欲求の階層理論との詳細な比較に興味がある読者は、コラム②「マズローの欲求の階層理論とARMSモデル（衝動的欲求）との関係」をご覧いただきたい。

ここから、衝動的欲求の全体的な性質について解説する。まず私たちは、①生き延びる（**生存的欲求**）、②社会的関係をつくる（**社会的欲求**）、③遺伝子を残す（**繁殖的欲求**）、④好機に備える、つまり生存的・社会的・繁殖的な欲求を満たすチャンスが巡ってきた際にうまく活かせるように備える（**成長的欲求**）という4つの衝動的欲求を持っており、これらを刺激されたときについ行動してしまう性質がある。

これら4つの欲求は、「欲求を満たしたくなる順序」と「欲求が満たされたと感じる基準」について大きな特徴を持っている。

まず「欲求を満たしたくなる順序」について、私たちは概して、「①生き延びる→②社会的関係をつくる→③遺伝子を残す」という順で欲求を満たしたくなる性質を持っている。[8] 生存するうえでの安定と、社会的な居場所をある程度得ないと、魅力的な異性との配偶や子どもの出産を求めるようにならないということである。

ただし、これは厳密な順序ではなく、このような順番で生起することが多いというだけである。例えば、生存するうえでの安定が満たされるかどうかは戦時中か途上国かなど、どのような状態にある国に住んでいるかに大きな影響を受けるが、たとえ生存的欲求を満たしにくい国に住んでいたとしても、人によっては他者から尊敬されたいという社会的欲求を強く抱く。[9]

他方で、「④好機に備える」ための欲求については①〜③の欲求と独立しており、どのような状態であっても満たしたくなる性質を持っている。

私たちは驚くほどの好奇心を持っている。例えば小さな子どもは、普段とは様子が異なるあらゆる物や出来事に興味を持ち、実際に触れることでそれがなぜなのかを知ろうとする。大人である私たちも例外ではない。真っ白な部屋のなかで何もせず1日過ごすことに、多くの人は耐えられないだろう。生存的・社会的・繁殖的な欲求を満たすチャンスが巡ってきた際に備えて知識やスキルを磨くために、私たちは常に「知りたい」「意味のあることをしたい」という欲求を持つ。

次に「欲求が満たされたと感じる基準」について、衝動的欲求は、比較対象として選んだ他者と自分を比較することで、欲求が満たされているかどうかを絶対的にではなく相対的に判断しようとする特徴を持つ。

例えば、自分の年収が９００万円だとした際に、同僚の多くが年収６００万円ならば心穏やかでいられる。他方で、たとえ自分の年収が１２００万円だとしても、同僚の多くが１５００万円稼いでいるならば心穏やかではいられないだろう。実際に私たちの幸福度は、所得の額面（いくら稼いでいるか）よりも、所属する集団のなかでの序列（所得格差）によって決定される。[10]

どのような環境にあっても常に他者よりも生存と繁殖上、有利な行動を模索し自分の遺伝子を相対的に増やせるように、私たちの幸福度（衝動的欲求が充足される程度）は絶対的にではなく、他者との比較を通じて相対的に決定されるようにできている。自分が比較対象として選んだ他者よりも劣っていると感じた場合に、幸福度が低下し、人は衝動的欲求を満たすべくつい動いてしまうのである。

ここからは、それぞれの衝動的欲求の中身を詳しく説明する。

①生存的欲求

私たちはホメオスタシス（恒常性）を求める。ホメオスタシスとは生理機能が一定に保たれた状態のことであり、空腹を感じる、喉が渇く、痛みを感じるなどホメオスタシスが損なわれると、それを回復しようという欲求が顕在化する（**生理欲求**）。また、私たちは満ち足りた衣食住を強く求め、脂肪や砂糖を多く含む高カロリー食品を好む。これは体内に脂肪を蓄えることで、一時的に栄養不足となっても大丈夫なようにあらかじめ備えようとするためである。

また私たちは、予測できないリスクを防ぐことができる、安全で衛生的な環境を求める（**安全欲求、衛生欲求**）。衛生欲求で注目すべきは、感染症を回避したいという強い欲求で、これはヒト種が進化するうえで感染症を回避できるか否かが生存と繁殖の確率をクリティカルに左右したからである。さらに、乱雑でむき出しの環境よりも住居などの秩序が保たれた環境を求める（**秩序欲求**）。そして、単に目先のリスクを回避しようとするだけでなく、資源が不足した場合に備えて貯蓄などを通じて蓄えられるものを蓄えようとする（**備蓄欲求**）。

生存的欲求にもとづいて人が動く際には、恐怖、空腹感などの不快感、嫌悪感や気持ち悪さ、満足感などの感情が大きな役割を果たす。

②社会的欲求

私たちは、非血縁関係にある（同じ遺伝子を共有していない、家族ではない）他者とギブアンドテイク（他者に何かをしてあげた結果として何かをしてもらうという社会的交換）の関係を築こうとする。これは、私たちが自分ひとりで生存することは難しいためである。

具体的には、集団への所属（例：友人・知人関係やコミュニティへの所属）、社会的な交換（例：

賃金と労働の交換である仕事）、地位・評判の獲得（例：仕事を通じた社会的な成功や社会的貢献を通じた名声）などを求めるようになる（**関係充実欲求、地位・評判欲求**）。また、一度所属した集団から排除されないように、同じ集団の他者にどう見られているかを注意深くモニタリングするようになる（**関係保持欲求**）。

さらに、正義（例：ルールを破る不正者に対する制裁）を求める気持ちも社会的欲求の一種である。ギブアンドテイクの関係が悪用され、不正に搾取されることを防ぐために、私たちはしばしば「正しさ」を求める（**正義欲求**）。例えば、政治家のカネの問題、所得格差、地球温暖化などの環境問題に不十分な対応を行う大企業や資本家の行動を糾弾したりする。あるいは、自分が直接の被害者ですらないのに、不倫したり交通事故を起こしたりした著名人に社会的制裁を加えようとする。

私たちの多くはゴシップが大好きだが、これはゴシップがギブアンドテイク関係を悪用した不正な人物に関する情報を社会的に共有し、間接的に自らの身を守るためのものだからである。直接的なギブアンドテイク関係では「顔」を覚えることが重要である一方で、ゴシップを通じた間接的なギブアンドテイク関係では、地位・評判を社会的に共有するための「名前」が重要だ。人間の言語はゴシップ（評判情報）を共有するために進化したという説もあるほどである[11]。なお、専門用語では直接的なギブアンドテイク関係を「直接的互恵性」、評判を介した間接的なギブアンドテイク関係を「間接的互恵性」と呼ぶ。

このようなギブアンドテイクの関係は、一度だけではなく何度もやり取りを繰り返す見込みが高いほど、ギブ（何かをしてあげる際のコスト）とテイク（何かをしてもらう際のベネフィット）の一時的なアンバランスを許容しやすくなる[12]。

図表3-5　社会的欲求を満たす2つの方向性

社会的欲求	充足	1 関係充実	協力関係づくり	ビジネス、会食、SNS、クラウドファンディング	孤独感、感謝
	回避	2 地位・評判	協力関係を有利に進めるための事実づくり	能力：高級・映え、温かみ：SDGs配慮	誇り、妬み
		3 関係保持	協力関係からの排除回避	流行品のとりあえず買い、年賀状、お歳暮	恥、罪悪感
		4 正義	協力関係の悪用者の排除	ゴシップ（週刊誌等）	不公正感、軽蔑

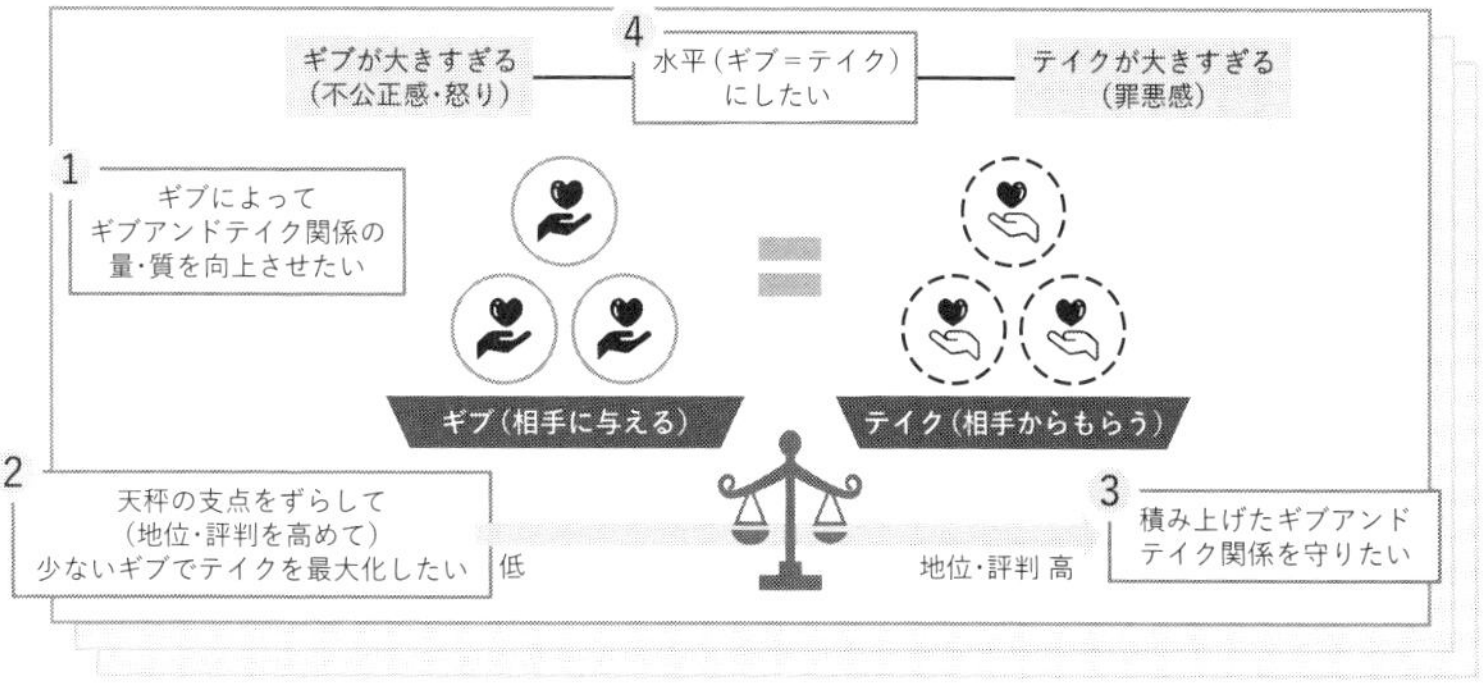

（出所）Kenrick et al. (2010). Renovating the Pyramid of Needs: Contemporary Extensions Built Upon Ancient Foundations. *Perspectives on Psychological Science*, 5(3), 292–314,; Aunger, R., & Curtis, V. (2013). The Anatomy of Motivation: An Evolutionary-Ecological Approach. *Biological Theory*, 8(1), 49–63. などの複数の行動科学理論にもとづいて作成

例えば、友人や同僚とは何度もやり取りを行うため、見返り度外視で一時的に相手に尽くすことに対する抵抗感は少ない。親友とは、何度もギブアンドテイクを繰り返す見込みに確信が持てるので、見返りを求めるまでのタイムラグが非常に長くても許容できる、血のつながっていない相手のことである。[13]

なお、社会的欲求を満たす方向性は大まかに2つ存在する（図表3－5）。1つ目は、相手に多く与えることで自分がいざ困った際に助けてもらおうとする「いい人」戦略である。相手にギブする量を増やすことで、テイクを最大化させることを狙う方向性である。これは「関係充実欲求」が強い方向性である。

2つ目は、自分の地位・評判を高めることで一度のギブからなるべく多くのテイクを相手から引き出そうとする「すご

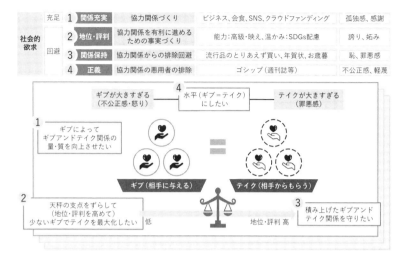

い人」戦略である。自分が優秀で影響力や権力を持っていることを集団内の評判として広めることで「この人と一緒に何かしたい」「この人にはかなわない」と思わせ、コストパフォーマンス良くギブアンドテイクを行うことを狙うのである。これは「地位・評判欲求」が強い方向性である。

また、この方向性を採用する人は「関係保持欲求」も同時に強いことが多く、集団内で自分に対する悪評が立っていないか、注意深くモニタリングする傾向を持つ（専門的にいえば、「地位・評判欲求」と「関係保持欲求」の相関係数は0・43であり、2割近くオーバーラップする）[14]。

いずれにせよ、ギブとテイクが不釣り合いだと感じられるとき、人は罪悪感（テイクが大きすぎる場合）や不公正感・怒り（ギブが大きすぎる場合）を覚えるのである。

社会的欲求にもとづきギブアンドテイクの関係をつくるために人が動く際には、孤独感や感謝、誇りや妬み、恥や罪悪感、不公正感や軽蔑などの感情が大きな役割を果たす。

③繁殖的欲求

生存するうえでの安定と社会的な居場所をある程度得ると、私たちは魅力的な異性との配偶（**性愛欲求**、**魅力欲求**、**配偶関係充実欲求**）、配偶者の不貞の回避（**配偶者保持欲求**）、子どもや孫などの子孫の獲得および子孫の繁栄（子どもや孫の生存と、社会的な成功や配偶上の成功）を求めるようになる（**血縁者繁栄欲求**）。

これは、自分の個体としての成功だけでなく、自分の死後も自分と同一の遺伝子のコピーを最大化できるように生物共通で方向づけられているためである。

繁殖的欲求にもとづいて人が動く際には、興奮や欲望、魅力的やモテたい、愛、愛おしいや可愛い、嫉妬などの感情が大きな役割を果たす。

社会的欲求にもとづく非血縁者との人間関係はギブアンドテイク（ギブとテイクが釣り合っていることが不可欠）であったのに対して、繁殖的欲求にもとづく血縁者や家族との人間関係は一方通行（一方的なギブ関係）でも成立する点に注意が必要である。[15]

例えば、親は子どもに教育費や生活費などの援助を行うが、多くの場合では援助額相当の返還を子どもに求めずに、子への援助は一方通行のギブとなる。これは、親が生物として自分の死後（個体としての死後）も自分と同一の遺伝子のコピーを最大化できるように方向づけられているため、現世でのテイク（子から親への援助額相当の返還）よりも子ども自身の生存や社会的な成功、および配偶上の成功こそが親にとっての遺伝的なリターンとなり得るためである。働きバチが女王バチに「尽くす」のは同じ遺伝子を共有しており、「尽くす」ことで結果的に自分の遺伝子を最大化できるためである。同じように、血縁者間の交換関係がギブアンドテイクである必要は科学的に存在せず、親世代から子世代の一方的な援助関係が成立し得る。

なお、繁殖的欲求は、血のつながりの濃さ（専門用語で「血縁度」）にシビアに影響される。血縁度は、ある特定の遺伝子を共有している確率（遺伝的な類似度）を表す。例えば、親子や兄弟の関係であれば2分の1（50％）、祖父母と孫の関係であれば4分の1（25％）、いとこの関係であれば8分の1（12・5％）である。

進化生物学者のジョン・ホールデンはこう叫んだという。[16]「兄弟2人、もしくはいとこ8人を助けるためならば、私はいつだって川に飛び込んで命を投げ出す用意がある！」。兄弟は2分の1の血縁度であり、いとこは8分の1の血縁度であるため、自分の命（血縁度100％）と引き換えにするには兄弟ならば2人が助かり、いとこならば8人が助かることが遺伝的な等価交換となるのである。

同じように、鳥は血縁度に応じて相手を援助する程度を変化させる（血縁度が高い相手に対してより一方的に餌を分け与える）。[17] 人間も例外ではない。どの文化においても、私たちは、血のつながりがより濃い相手であるほど見返りを求めずにギブしようとする。[18]

また、同じ血縁度でも、自分のお腹から子どもが生まれるところを目視している点で、父系のつながりよりも母系のつながりの方が（浮気などではなく）遺伝的つながりの確実さを信頼できるため、母系の祖父母は父系の祖父母よりも孫をより親密な存在だと感じ、より多く援助しようとする。[19] さらに、孫も父系よりも母系の祖父母をより親密な存在だとみなしやすい。

このように配偶関係を結んで発展させ、子ども・孫を得たい、そして血のつながりの濃さに応じて一方的に援助したい（単なる貸し借りではなく、同じ遺伝子を共有する血縁者の利益を全体として最大化させたい）という欲求が繁殖的欲求なのである。

なお、専門用語では血のつながりを介したギブアンドテイク関係を「血縁淘汰」と呼ぶ。

④成長的欲求

生存的・社会的・繁殖的欲求を充足できるチャンスがいざ巡ってきた際に逃さないよう、私たちは常日頃からさまざまな対象に興味を持つことで知識を得たり、自分の能力や技を磨いたりして備えようとする（**知識欲求**、**能力欲求**）。例えば、生存を目的として健康についての情報を得たり、社会的な成功を目的として自己啓発本を読んだり、モテを目的として最新のトレンド情報を得たりして、自分磨きをしようとする。

端的な例は幼少期の子どもであり、常に目新しいものを探し求め、触るなどして試行錯誤し、知識と能力や技を一つでも多く獲得しようとする。成長的欲求にもとづいて人が動く際には、興味深いや退屈などの感情が大きな役割を果たす。

コラム②――マズローの欲求の階層理論とＡＲＭＳモデル（衝動的欲求）との関係

マズローの欲求の階層理論と、ＡＲＭＳモデルにおける衝動的欲求の関係について少し触れておきたい。

マズローの言う「生理的欲求」と「安全の欲求」は、衝動的欲求の生存的欲求に含まれる。

マズローが示した「社会的欲求（愛と所属への欲求）」のうち、仕事や友人・知人関係などの非血縁関係を求める欲求は社会的欲求に含まれ、配偶者を得て子孫を残すという家族・血縁関係を求める欲求は繁殖的欲求に含まれる。

また、「承認欲求」は友人・知人・仕事の同僚などの主に非血縁関係にある他者に認められたい、地位・評判を得たい、集団から排除されたくないという欲求であるため、社会的欲求に含まれる。

他方で、マズローの言う「自己実現欲求」は多義的な概念である。

マズローの「生理的欲求」「安全の欲求」「社会的欲求」「承認欲求」はある人にその時点で欠けているものを満たす「欠乏動機」であるの

に対して、「自己実現欲求」は、生涯にわたって人が存在をかけて追求すべき「存在動機」だと指摘する研究者もいる。[20] すなわち、生涯をかけて生きる意味やアイデンティティを求めることを指すため、本能（衝動的欲求）とは別の「人間らしい欲求」として解釈できる。だが、あくまで本能や衝動的欲求の働きの一部として解釈することも同時に可能である。

「人間らしい欲求」としての解釈を行うならば、「自分らしさを実現したい」という側面は、本能（衝動的欲求）ではなく熟慮的動機（嗜好性：第3章第2節参照）に関連するものであるため、そもそも衝動的欲求に該当しない。

一方で、「本能（衝動的欲求）」として解釈するならば、人はあくまで本能（衝動的欲求）が満たされた際に達成感や「自己が実現した」感覚を抱くのであり、それ以上に実現すべき自己やアイデンティティなどないと考えられる。

実際に、多くの人にとって「自己が実現した」と感じられウェルビーイング（幸福）が向上する状況とは、衝動的欲求における社会的欲求が充足される（社会的な成功や正義が実現される）場面か、繁殖的欲求が充足される（配偶関係・子孫を残すうえで成功する）場面か、これらの成功に備えて大きく前進する（新たな知識や発見を得たり、スキルを習得したりする）場面であることが、近年の研究から特定されているのである。[21]

「したい」（動機）には3つのパターンがある

次に、「ついつい」ではなく熟慮したうえで芽生える、行動したい気持ちについて詳細を説明する。

「したい」（**動機**）という心のツボには、３つのパターンが存在する（図表3－2）。

(1)利得感

「したい」が芽生える第一のパターンは、**行動することは得であり損ではない**と感じられる場合である。ARMSモデルではこれを**利得感**と呼んでいる。行動することによるメリットとデメリットを比較した結果、メリットがデメリットを上回ると感じられる場合に人は行動を起こす。例えば、人を動かそうとする際にはポイント還元などのインセンティブがしばしば用いられる。このインセンティブは、主に利得感の心のツボを押すことを狙っている。**金銭的報酬**や**社会的評価**（例：昇進や高い人事評価）などによって、利得感の心のツボを押すことができる。

行動した際のメリットを増やすかデメリットを減らす、あるいは行動しない際のメリットを減らすかデメリットを増やすことによって人は動く。例えば、健康診断を早く受けるとボーナスが増えたり、健康診断を受けないと人事評価が下がったりする場合などである。

(2)規範意識

「したい」が芽生える第二のパターンは、**自分にとって重要な他者や多数の人が行動しており、行動することが是であり非ではない**と感じられる場合である。ARMSモデルではこれを**規範意識**と呼んでいる。例えば、大多数の人々がマスクをしているとマスクを外すことに躊躇するだろう。私たちはしばしば、他者の振る舞いに影響を受けて、行動するかしないかを決めている。

厳密にいえば、２種類の規範意識が存在する。

1つ目は、情報的影響を通じた規範意識である。**情報的影響**とは、簡単にいえば、**自分の判断に自信が持てない場合に他者の行動を参考にすることによる影響**である。例えば、ランチをどの飲食店で食べるかを決める際に行列ができているお店があれば、そのお店は美味しいはずだと考え行列に並ぶようなケースである。

2つ目は、規範的影響を通じた規範意識である。**規範的影響**とは、簡単にいえば、**悪目立ちして集団から排除されたくない、集団の期待に応えたいと考えることによる影響**である。たとえ有給休暇を取得する権利が残っていたとしても、有給休暇を完全に消化しないことが同僚の通例であるため、自分も取得しないようなケースである。

コロナ禍におけるマスクの例に戻れば、大多数がマスクをしているため自分もマスクをした方が安全だろうという情報的影響と、大多数がマスクをしているのに自分がマスクをしないと白い目で見られるだろうという規範的影響の2種類を通じて、私たちの規範意識の心のツボが押されていると考えられる。

(3) 嗜好性

「したい」が芽生える第三のパターンは、**行動することそれ自体が損得や是非を抜きにしても楽しい、やりがいがある**と感じられる場合である。ARMSモデルではこれを**嗜好性**と呼んでいる。

心理学では、利得感（報酬の獲得や罰則の回避）や規範意識（他者からの否定的な評価の回避）にもとづく動機は、自分自身の外部にある刺激が行動の起点になるという意味で「外発的動機」と呼ばれる。それに対して嗜好性（やりがい）にもとづく動機は、自分の内面にある使命感や好奇心などが行動の起点になるという意味で「内発的動機」と呼ばれる。[22]

嗜好性の心のツボが押されるかどうか、つまり私たちがやりがいを感じるかどうかは、3つの条件によって決定される。それは、ある行動を行う際に自分の行動は自分で選び決めているという**自律感**、自分の能力でも貢献できるという**有能感**、行動することで他者や集団と緊密な関係を確立できるという**つながり感**の3条件である。[23]

例えば、たとえ同じ給与だとしてもやりがいを感じやすいのは、上司の命令にただ従うのではなく自分で決められる裁量の余地が大きく（自律感）、自分でもうまくこなすことができる内容で（有能感）、B2Cなど仕事の結果として喜ぶ顧客を直接目にすることができたり、顔見知りの同僚と仲たがいせず一緒に仕事できたり、自分と似た境遇にいる人など大事な人のためになる仕事をしたりしている場合である（つながり感[24]）。

嗜好性につながる3つの条件は、嗜好性以外の他の心のツボとの関連で解釈することも可能である。自律感は、衝動的欲求の社会的欲求に含まれる地位・評判欲求（地位・評判を得たいという欲求）を核として、本能（衝動的欲求）を満たす行動をどの程度自分で自由に行えるか（制約がなさそうか）の度合いで主に決まる。つながり感は、衝動的欲求のなかでも特に社会的欲求の関係充実欲求（他者との関係を充実させたいという欲求）をどの程度満たせそうかの度合いで決まる。他方で、有能感は、次に説明する「できそう」（自己効力感）の度合いで決まる。

「できそう」（自己効力感）を押すには2つの条件が必要

「ついつい」ではなく「したい」を起点として行動が生じる場合、「できそう」（**自己効力感**）の心のツボも同時に押されている必要がある。「したい」と同時に「できそう」だと感じられる場合に人は行動するのである。「できそう」という心のツボを押すためには、2つの条件の両方が満たされている必要がある（図表3－2）。

⑴ **有能感**

「できそう」の心のツボを押すための第一の条件は、自分の能力を考慮した際に自分でもできそうと感じられることである。ARMSモデルではこれを**有能感**と呼んでいる。例えば、会議で手を挙げて発言し目立つことが人事評価上重要だという利得感を感じていたとしても、的を射た発言をする能力に自信が持てず有能感が低い場合、つい発言を控えてしまうだろう。

有能感を高く感じられるかは、主に4つの要素を通じて決まる。[25]

第一に、**自身の過去の成功体験**である。過去にうまく行動できたケースが多い場合、有能感が高まる。

第二に、他者がうまく行動している様子を観察することで得られる**代理経験**である。他の人がうまく行動できたケースを見聞きするほど、有能感が高まる。

第三に、**社会的な説得**である。「君なら大丈夫」という上司からの暗示や、人事評価上の高いフィードバックなどがこれに相当する。

第四に、**生理的・感情的な状態**である。例えばドキドキするなど不安を感じる場合は、有能感が低下する。

(2)容易感

「できそう」の心のツボを押すための第二の条件は、行動が面倒ではなく容易だと感じられることである。ＡＲＭＳモデルではこれを**容易感**と呼んでいる。たとえ自分に行動を成功させる能力があると感じていても、面倒だと感じるならば人は行動を起こさない。

例えば、「〇〇Ｐａｙ」という新しい電子マネーを使うと還元率が高いという利得感を感じており、「〇〇Ｐａｙ」を利用するための手続きを自分で完遂できるという有能感を感じていたとしても、身分証明書の準備などの登録手続きが煩雑な場合、結局登録しないままになるだろう。

「やろう」（実現意思）には２つのパターンがある

「ついつい」ではなく「したい」を起点として行動が生じる場合、「できそう」に加えて「やろう」（実現意思）の心のツボも同時に押されている必要がある。

いつか「したい」と思っていても、具体的な「やろう」がないために、やらないまま忘れられている行動が数多く存在するだろう。実際に、人は、行動しようという意図を持った際に必ず行動を起こすわけではない。行動する意図（実現意思）を持つことと、その後実際に行動することは、28％程度しか関連しないことが、複数の研究のメタ分析から明らかになっている。[26]

「ついつい」ではない「したい」を起点とした行動を起こすには、いつ、どこで、どのように行動するかを明確にし、「やろう」という行動のトリガーを設定する必要がある。この「やろう」という心のツボを押すためには、次の２つの条件の両方が満たされている必要がある[27]（図表３－２）。

(1)目標具現性

「やろう」の心のツボを押すうえで満たすべき第一の条件は、行動によって達成したい目標が明確で具体的なことである。ＡＲＭＳモデルではこれを**目標具現性**と呼んでいる。

例えば、「痩せよう」という漠然とした最終的な目標を設定するだけでなく、「まず今月末までに2kg痩せる」というより明確で具体的な目標を設定し、「もう26日なのにまだ1kgしか痩せていない」のように具体的目標に対する進捗をモニタリングした場合に人はより動く。

すなわち達成すべき大目標（ＫＧＩ：Key Goal Indicator）が抽象的な場合は、大目標を達成するうえで中間指標となる下位目標（ＫＰＩ：Key Process Indicator）を適切に設定して下位目標に対する進捗状況をモニタリングすることが、「やろう」の心のツボを押すうえでまず不可欠である。

(2)行動計画性

「やろう」の心のツボを押すうえで満たすべき第二の条件は、行動する意思を時空間情報と紐づけて具体的な計画（if-then ルール）に落とし込むことである。ＡＲＭＳモデルではこれを**行動計画性**と呼んでいる。

例えば、「まず今月末までに2kg痩せる」という具体的な目標を設定した際に、「毎日走る」という漠然とした行動計画を立てるよりも、「仕事の打ち合わせやプライベートの予定がない限り平日の19時から東京タワーの外周を2周ジョギングする」のように時空間情報を伴った具体的な行動計画（「もし○○ならば△△しよう」という if-then ルール）を立てた方が行動を実行する可能性が高まることが、複数の研究を通じて明らかとなっている。[28]

これは、「どのような状況に遭遇した際にいかなる行動を行うか」のルールを具体的に決めるという意味で、「実行意図」「if-then プランニング」「アクション・プランニング」などと呼ばれる。[29]

行動を開始する詳細なトリガー条件と行動の内容をなるべく具体的に事前に設定することによって、実際にその条件に遭遇した際に、計画された行動を自動的に開始・実行させるという「自動操縦状況」をいかに設定できるかが、行動を実行するうえでの鍵となるのである。

3　人によって心のツボの押し方が大きく異なる

【セクションサマリ】

・人のタイプ（ペルソナ）に応じて、心のツボの押し方を変える必要がある。個人的属性と社会的属性の2種類の属性が存在し、これらの違いによって心のツボの反応しやすさが変わる。

・個人的属性と社会的属性の組み合わせが行動を直接左右する価値観（関心・こだわり）に影響を与え、結果として心のツボの反応のしやすさを変化させる。

・行動変容に影響する価値観の違いについては、大まかに充足型と回避型の2つのタイプに分けられる。

・充足型は「幸せを満たそう」とし、利得や理想を重視し、リスクや変化にオープンである。回避型は「不幸を回避しよう」とし、損失の回避や義務の履行を厳密に行うことでリスクや変化を避け動揺せずに生活できる平穏を重視する。

・この価値観は生活や人間関係、恋愛・家族の各領域で異なるこだわりや行動傾向を生み出し、リベラル（左派）か保守（右派）かという政治的な姿勢にも影響する。

個人的属性と社会的属性が心のツボの反応しやすさを変える

ここまで、人を動かすうえで全員に共通して押すべき心のツボを確認してきた。しかし、心のツボの反応しやすさ（特にどの心のツボを押せば動くか）には当然個人差が存在する。

例えば、新しいことにオープンで積極的にリスクを取る人と現状維持を好む保守的な人では、反応しやすい心のツボは異なるだろう。同じような違いは、幼子を育てる親と余生を楽しむ高齢者の間にも認められるだろう。ここでは人のタイプ（ペルソナ）によって心のツボの押し方がどう異なるかを説明する。

ARMSモデルは、**属性**の違いが心のツボの反応しやすさの個人差を生み出すという考え方にもとづいて体系化されている（図表3－2）。属性には、社会的に置かれた状況とは独立して個人が持つ**個人的属性**と、社会的に置かれた状況次第で大きく変化する**社会的属性**の2種類が存在する。以下、それぞれを説明する。

(1)個人的属性

個人的属性には、性別・年齢・疾患などの**身体的属性**、**性格**、および**知識・経験**の3つが含まれる。

身体的属性については、例えば子どもの出産に要する生物学的なコストが男性の方が女性よりも小さいため、男性は地位・評判をより強く求める一方で血縁者を養育したいという欲求が弱い[30]。

また、高齢者は、配偶者を獲得したいという欲求、地位・評判を求める欲求、そして所属する集団から排除されたくないという欲求が弱い。[31] 他方で、将来に備えるためではなく現在を享受するために何か意味があることをしたいという気持ち[32]や、ネガティブな状態を回避したいという欲求[33]、そして興奮やスリルよりも穏やかでポジティブな状態を求める気持ちが強い[34]（利得感や嗜好性が反応しやすいポイントが変化する）。

性格については、５次元で性格の違いを捉えるビッグファイブ理論が科学的に広く用いられている。同理論によれば、報酬に対する感受性（外向性）、罰に対する感受性（神経症傾向）、几帳面さや完全主義の程度（誠実性）、新しいものへのオープンさ（開放性）、そして他者への共感性（調和性）に大きな個人差が存在する。[35]

性格は遺伝的な影響が約４割と大きく、親の育て方はほぼ影響しない。[36] また、属性によって特徴的な性格も存在する。例えば、富裕層に特徴的な性格をおそらく最も包括的に調査したドイツの研究[37]によれば、富裕層は、①新しい情報やアイデアを探し求めて取り入れるなど、認知的に柔軟で活動的であり（外向性と開放性が高い）、②人格の安定性が高く（神経症傾向の値が低く、誠実性の値が高い）、③自分を信じる傾向が強い（調和性が低く、「独自性を追求する」「他者に対する優越性を追求する」という自己愛傾向が強い）ことが示されている。

性格が押すべき心のツボを変化させる例として、調和性が高い性格を持つ人では、行動するかどうかを決める際に自分の損得（利得感）の影響が弱まり「他者とのつながり」というやりがい（嗜好性）の影響が強まることがあり得るだろう。

例えば、富裕層は先述した通り調和性の低さが特徴であるため、利得感の影響が強まり「他者とのつながり」という嗜好性の影響が弱まることが予想される。

⑵社会的属性

次に、**社会的属性**には、**生存的環境**（衣食住など生存的欲求がどの程度満たされる環境に暮らしているか）、**社会的役割**（獲得している地位・評判など社会的欲求がどの程度満たされているか）、**繁殖的状況**（配偶者の有無や子孫の繁栄など繁殖的欲求がどの程度満たされているか）の3つが含まれる。

所得の大小は、衣食住の質を高める（生存的環境）、社会的な評価を高める（社会的役割）、配偶者からモテる・子孫に多く投資できる（繁殖的状況）ことを通じて、3つの社会的属性すべてを変化させる。

繁殖的状況が押すべき心のツボを変化させる例として、子どもを持つと、子どもが5歳以下の場合に特に養育に対する関心が強くなったり、女性に限って地位・評判を求める欲求が低下したりする[38]（それぞれの衝動的欲求の反応のしやすさが変化する）。

このように、まずは個人的属性や社会的属性に応じて各種の心のツボの反応しやすさが変化するのである。

価値観（関心・こだわり）が心のツボの反応しやすさを変える

それに加えて、個人的属性と社会的属性の掛け算として「環境に悪影響を与えることはしたくない」などの行動とより直接的に関連する**価値観**（**関心・こだわり**）が生じる場合がある。価値観は、各種の心のツボの反応しやすさに大きな影響を与える。

例えば、環境意識が高い価値観を持つ高齢層のペルソナとして、生まれつき調和性が高い性格を持つ人が（個人的属性－性格）、高齢になり「意味のあることをしたい」という意識が強まり（個人的属性－年齢）、退職して社会的役割が希薄になっているなかで（社会的属性－社会的役割）、孫が生まれたという出来事をきっかけに（社会的属性－繁殖的状況）、「環境に配慮したい」という価値観を深め、結果としてモノを買う際に損得（利得感）よりも環境配慮（嗜好性）の心のツボが大きく反応するケースが考えられる。

個人的属性と社会的属性の掛け算として価値観が形成されると、その後の行動に大きな影響を与えるようになるのである。

幸せを満たそうとする充足型の人と不幸を避けようとする回避型の人が存在する

さまざまな価値観が存在し、それに対応して価値観についての科学的な研究も数多く存在する。[39] そこで、ここでは行動変容を促す仕掛けを考えるうえで特に重要な、根源的な価値観の違いに絞って詳しい説明を行う。

複数の研究にもとづきさまざまな価値観を構造的に整理すると、「幸せを満たそうとする充足型vs不幸を避けようとする回避型」という一つの対立軸が現れる。充足型か回避型かによって価値観が大きく異なるため、心のツボを押す場合でも押し方を変える必要がある。

充足型の人は、**行動に伴う利得を重視し**、**将来の理想的な幸せを最大化**しようとする。**回避型**の人は、**行動に伴う損失の回避を重視し**、**現在の平穏を乱す不幸を最小化**しようとする。[40]

例えば、見知らぬ人と新たに人付き合いをするかを決める際に、充足型の人は新たな出会いで広が

図表3-6　充足型・回避型タイプの価値観の特徴

価値観の領域	充足型の特徴（将来の理想的な幸せを最大化）	回避型の特徴（現在の平穏を乱す不幸を最小化）
生活	理想的な環境の実現にこだわる	安全や衛生にこだわる
人間関係	利他的に行動し、新しい協力関係をつくっていくことにこだわる	自分の評価（地位・評判）を高めて、協力関係を維持していくことにこだわる
恋愛・家族	既存のパートナー関係を維持・発展させることと、家族や子孫を繁栄させることにこだわる	新たなパートナーを手に入れることと既存パートナーを守ることにこだわる

るチャンス（利得）を重視する。他方で、回避型の人は、新たな出会いに伴う危険や搾取などのリスクを予防すること（損失回避）を重視する。

このように充足型の人はリスクを取り不確実性が高い大きなリターンを狙う傾向を持つのに対し、回避型の人はリスクを回避し不確実性の低い小さなリターンを狙う傾向を持つ。

この対立軸は、研究によってさまざまな呼ばれ方をしている。例を挙げれば、「不安なき成長型vs不安回避的な自己防衛型」[41]「促進型の目標志向vs予防型の目標志向」[42]「行動活性型vs行動抑制型」[43]「ライフヒストリーにおける遅い（晩期成熟）戦略vs早い（早期成熟）戦略」[44]「信頼型vs安心型」[45]などである。

進化的な3つの本能（衝動的欲求）に対応して生活（生存）、人間関係（社会）、恋愛・家族（繁殖）のそれぞれの領域において、充足型の人と回避型の人で重視する価値観が異なる[46]（図表3－6）。

まず、生活の領域において、充足型の人は理想的な環境の実現にこだわる傾向が強い。楽しいことや刺激・快楽を求めやすく、新しいものや変化にオープンである。回避型の人は、安全で衛生的な状態を確保することにこだわる傾向が強い。理想の追求やドラマティックな感動よりも、動揺せずに生活できる平穏を重視する。回避型の人は、この世界は基本的に危険に満ちており、自分は疾患に対して脆弱だという信念が強い傾向を持つためである。

次に、人間関係の領域において、充足型の人は利他的に行動し新しい協力関係をつくっていくことにこだわる傾向が強い。他者と協力し、ギブアンドテイクの関係を長期間にわたって維持・拡張することで、得られる機会を最大化しようとする。

回避型の人は、自分の評価（地位・評判）を高めて協力関係を維持していくことにこだわる傾向が強い。自分の権力や名声を高め上下関係をつくることで、他者に対するギブ（利他）よりもテイク（利己）をより多く獲得し、短期的な協力関係を通じた利得を最大化しようとする。これは、回避型の人が、他者が協力的な振る舞いをすることに対する一般的な信頼が低く、不安型の愛着スタイルを持ち、他者を支配することで社会関係を維持しようとする短期志向的な傾向を持つためである。

最後に、恋愛・家族の領域において、充足型の人は既存のパートナー関係を維持・発展させることと、家族や子孫を繁栄させることにこだわり、長期的なパートナーシップを志向する傾向を持つ。それに対し、回避型の人は新たなパートナーを手に入れることと、手に入れたパートナーを守る（奪われないようにする）ことにこだわる。これは、回避型の人は不安型の愛着スタイルを持ち、短期的なパートナーシップを志向する傾向を持つためである。

生活、人間関係、恋愛・家族のそれぞれの領域における価値観は、ある程度相互に関連している点に注意が必要である。例えば、人間関係の領域において高い地位・評判を求める人は、恋愛・家族の領域において短期的なパートナーを得ることを志向しやすい。[47]

このような充足・回避の価値観は、政治的な姿勢にも関連する。[48] 概して幸せを満たそうとする充足型の人は、たとえ不確実だろうと現状の変革を志向し、理想の実現を重視するリベラル（左派）になりやすい。他者と対等なギブアンドテイク関係を長期的に維持することを重視するため、この理想はときに不平等や搾取の是正を志向する正義感となる。例えば、「CO_2排出で既得権益を得ている大企業などの資本家層による搾取」を糾弾する環境活動家のトゥーンベリ氏が代表例として挙げられる。

他方で、不幸を避けようとする回避型の人は、現在の平穏を乱す不幸を最小化しようとするため、社会的な伝統や既存の仕組みを守ることを重視する保守（右派）になりやすい。自らの地位・評判を高めたうえで他者と上下関係があるギブアンドテイク関係を築くことを重視するため、不平等や搾取の是正に対してリベラルな人よりも関心が薄く、現状の上下関係の肯定を通じて社会を安定させようとする傾向を持つ。

相手の属性を見極めたうえで心のツボを押すことで、人は動きやすくなる

これまで述べてきたように、属性ごとに反応しやすい心のツボは異なる。したがって、人を動かすためには、コミュニケーション相手の属性に合わせて押すべき心のツボを変える（コミュニケーションを工夫する）ことが求められる。

個人的属性について性格を例に挙げて説明する。外向性（報酬に対する感受性）や開放性（新しいものへのオープンさ）などの個人の性格にマッチさせた広告の場合、ミスマッチな広告に比べて、クリック数は最大40%、購入数は最大50%増加したことが実証研究で報告されている。[49]

この場合のマッチさせた広告とは、例えば外向性が高い人に「誰も見ている人などいないと思って踊れ（でもちゃんと見ていますよ）」、外向性が低い人に「美は叫ぶ必要はない」というキャッチコピ

ーを用いて女性の美容化粧品を宣伝する広告を指す（ミスマッチな広告はその逆である）。

　また、社会的属性については、子育てをしている人や治安が悪い地域に住む人の方が「安全」であることを訴求する商品・サービスをより積極的に購買するといったケースを、日常的に目にするはずである。

　さらに、価値観について充足型と回避型の価値観タイプの違いに着目した事例を挙げて説明する。充足型の人に「健康を促進しよう」という利得型のメッセージを、回避型の人に「病気を予防しよう」という損失回避型のメッセージを出した方が、その逆の場合よりも健康行動が増加することを複数の実証研究が示している[50,51]。

　このように、充足型の人には将来の理想的な幸せを最大化する方向に、回避型の人には現在の平穏を乱す不幸を最小化する方向に心のツボを押してあげることで、行動変容が生じやすくなるのである。

4　押すべき心のツボの見極め方（ARMSモデルの活用）

【セクションサマリ】

・動かしたい相手の行動変容ステージに応じて、押すべき心のツボが変化する。
・行動変容ステージは、「①知らない」「②知ってはいるが興味がない」「③興味はあるが行動しない」「④行動する」の4つのステージに分けられる。
・①から③への移行には、まず「ついつい」（自動応答性）の心のツボを「3秒の訴求」として刺激したうえで、「したい」（動機）という熟慮的な心のツボ（「3分の訴求」）を押すことが求められる。③から④への移行には、「できそう」（自己効力感）、「やろう」（実現意思）の心のツボを押す必要がある。

・行動変容を促すには、「個人的縛り」や「社会的縛り」と呼ばれる制約条件を考慮することも求められる。「個人的縛り」は能力面での制約であり、「社会的縛り」は機会面での制約を指す。これらの制約は心のツボとは独立して作用し、行動変容を阻害する。

動かしたい相手の行動変容のステージによって押すべき心のツボが変わる

本章の最後に、押すべき心のツボの見極め方（ARMSモデルの活用方法）について触れておきたい。動かしたい相手の行動変容のステージ（段階）によって押すべき心のツボが変化するため、ステージを見極めたうえで押すべき心のツボを決定することが不可欠である。

(1) 4つの行動変容ステージ

行動変容のステージと、行動変容のステージごとに適した施策に関して、代表的なモデルが複数存在する。例えば、マーケティング分野で最も代表的なAIDMAモデルは、「Attention（注意）→Interest（関心）→Desire（欲求）→Memory（記憶）→Action（行動）」という行動変容ステージを想定し、ステージごとにマーケティングで狙うべきポイントが異なるとしている。[52]

他方で、健康分野で最も代表的な行動変容ステージモデル（TTM）は、「無関心期（6カ月以内に行動を変える予定なし）→関心期（6カ月以内に行動を変える予定あり）→準備期（1カ月以内に行動を変える予定あり）→実行期（行動を変えて1カ月未満）→維持期（行動を変えて6カ月以上）」とい

図表3-7　行動変容のステージ

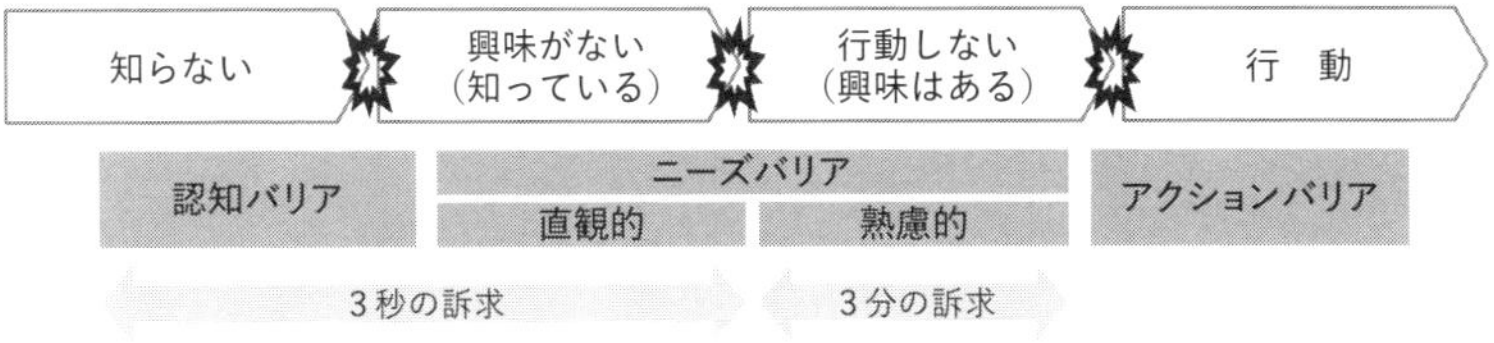

う行動変容ステージを想定し、ステージごとに訴求ポイントが異なるとしている[53]。

行動変容ステージに関するさまざまなモデルが存在するが、介入手法の使い分けが必要なほど、質的に異なった各行動変容ステージが存在することを裏づける実証的な証拠は乏しい。そのなかで、消費者の心の動きを分析した結果、「知ってはいるが興味がない段階→興味はあるが行動しない段階→行動する段階」の3段階の想定がシンプルで必要十分だとする研究がある[54]。

そこで、本書では同知見をベースにしたうえで、そもそも行動することを「知らない」という認知以前のステージを加えた4段階のモデルを採用する（図表3－7）。

(2)認知バリアと直観的なニーズバリアの突破時に押すべき心のツボ

新商品をマーケティングする場合を想定してみよう。まず、消費者を新製品について「知らない」から「知ってはいるが興味がない」段階に移行させるために、認知バリアを突破する必要がある。また、「知ってはいるが興味がない」から「興味はあるが行動しない」段階に移行させるためにニーズバリアを突破する必要がある。

さまざまな情報が氾濫するなかで消費者の認知バリアやニーズバリアを突破するには、「つい見てしまう」「つい聞いてしまう」「つい開いてしまう」

「つい忘れられない」「つい興味を持ってしまう」など、消費者の直観に訴えかける「ついつい」（**自動応答性**）の心のツボを押すことが重要である。言い換えれば、3秒で消費者の気を引ける訴求（3秒の訴求）が肝要である。より具体的には、3秒で消費者の注意を引くことができること（**反応的注意**）、3秒でイメージできる連想や習慣と紐づけられること（**連想的記憶**）、進化的に持つ本能に訴えかけ3秒で心を動かせること（**衝動的欲求**）の3点の心のツボを押すことが不可欠である。

例えば、２０２２年に売り切れが続出したヤクルト１０００は、目につきやすい赤いパッケージを通じて反応的注意、「ヤクルト＝乳酸菌＝健康に良い」「１０００＝通常よりも効果が高そう」という連想的記憶、「ストレス緩和や睡眠の質の向上ができそう」や「売り切れる前に買っておこう」という衝動的欲求（生存的欲求）の心のツボを押すことで3秒の訴求に成功し、結果的に大ヒットしていると解釈できる。

(3) 熟慮的なニーズバリアの突破時に押すべき心のツボ

また、「知ってはいるが興味がない」から「興味はあるが行動しない」段階に移行させるために、熟慮的なニーズバリアを突破する必要がある場合も存在する。

例えば、洗剤のように低価格で消費者が持つ関心・こだわりが低い商品の場合、「ついつい」を通じて直観的に興味を持たせるだけで行動（例：商品の購入）に至るケースも多い。

他方で、車や保険のように高価格で消費者が持つ関心・こだわりが高い商品では、直観的な興味に加えて「したい」（**動機**）の心のツボを押し、じっくり考えたうえでなお興味を持てる（買いたい）と思わせるための訴求（3分の訴求）が必要である。[55] より具体的には、使うとお得であること（**利得**

感）、周囲の人も使っている・評価していること（**規範意識**）、そして使うとわくわくできたり自分の価値観が満たされたりすること（**嗜好性**）を訴求する必要がある。

低価格で消費者が関心・こだわりを持ちにくい商品の代表例として、ファブリーズという消臭剤は、「洗いにくい布製品のニオイを除去できる」という衝動的欲求（生存的欲求）や「スプレー＝設置型の消臭剤と異なり直接噴霧できる」という連想的記憶を刺激する直観的なプロモーション（3秒の訴求）に成功することでヒットしたと考えられる。

他方で、高価格で消費者がつい関心・こだわりを持ってしまう商品の代表例として、大型薄型テレビは手に届く価格であること（利得感）や大画面で家族揃って映像を楽しめること（嗜好性）など、動機に働きかけるプロモーション（3分の訴求）があったからこそ結果的に多くの家庭に普及したと解釈できる。また、エアコンや冷蔵庫などの大型家電を省エネ型に買い替える際には、例えば「先進的」という3秒の訴求だけでなく、省エネ型に買い替えることで節約できる金額が実際にどの程度か（利得感）を多くの人は気にするだろう。

(4)アクションバリアの突破時に押すべき心のツボ

さらに、消費者を「興味はあるが行動しない」から「行動する」段階に移行させるためには、アクションバリアを突破する必要がある。アクションバリアを突破するには、まず自分でも「できそう」（**自己効力感**）という心のツボを押す必要がある。具体的には、行動することが面倒ではなく（**容易感**）、自分でも理解したり使ったりすることができそうだ（**有能感**）と感じさせるべきである。

それに加えて、いつか「したい」と思っていてもやらないまま忘れられてしまうことを防ぐために、

「やろう」（**実現意思**）という心のツボを押す必要がある。具体的には、次に何を達成すべきかについての中間目標を明確に設定し（**目標具現性**）、いつどこで何をするかについての具体的なイメージや行動のトリガーを埋め込む必要がある（**行動計画性**）。

例えば、マイナンバーカードは、取得によって2万円分もポイントがつくにもかかわらず、アカウントを取得するのに役所に出向かなければならないという点でアクショントリガーを突破できなかったため、全国民に対する普及が遅くなったと解釈できる。

動かしたい相手の行動変容のステージ（段階）によって押すべき心のツボが変化するため、ステージを見極めて押すべき心のツボを決定することは、効果的な行動変容施策を選択するうえで重要となる。

行動に対する制約条件（縛り）の考慮も必要

動かしたい相手がどの行動変容ステージに置かれているかに加えて、行動を阻害するさまざまな制約条件を考慮することも必要である。

例えば車を運転したいという気持ちが強くても、加齢による身体能力の衰えや、自動車教習所で学んだことがないための運転方法の知識不足など、能力面での制約がある場合には運転行動が生じない。このような能力（行動に必要な身体的技能や知識・知能）面での制約のことを、ARMSモデルでは**個人的縛り**と呼んでいる。

同様に、車を持っていない場合や車を買ったり借りたりする資金の不足という物理・金銭的な制約がある場合、18歳未満もしくは過去の交通違反により運転免許を持てないなどのルール・規制上の制約がある場合にも、運転行動が生じない。このような機会（物理的・社会的に行動可能な状況）面での制約のことを、ARMSモデルでは**社会的縛り**と呼んでいる。

これら2つの縛りは、心のツボとは独立して行動変容を制約する条件として作用する。人が動かない場合、押すべき心のツボが押せていないから動かないのか、それともこれら制約によって縛られているがゆえに動かないのかを、切り分けて特定することが不可欠である。

どうしても心のツボを押せない場合には、縛りに働きかけることによって人を動かせる可能性の余地があるともいえるだろう。例えば、再エネ利用を義務づける法律や規制（社会的縛り）をつくるなど、新たなルールを形成することによって人々の環境意識を高めなくても環境配慮型の行動変容を促すことが可能である。

ただし、1920年代の米国における禁酒法のように、納得感、つまり人々の心のツボが押されている程度が低い場合は、規制やルールなどの社会的縛りの実効力が乏しくなる点に注意が必要である。

なお、良いルールと悪いルールの違いについては、心に寄り添ったルールのつくり方を説明した第8章第1節もお読みいただきたい。

第4章 心のツボの押し方

1 人の考え方を変えることは難しい

【セクションサマリ】

・人の考え方は、進化的に規定された生物学的な特徴や遺伝・経験によって形成された個人的な特徴があるため変わりにくい。人の考え方を変えるアプローチは難度が高いという前提を持つべきである。

前章では「心のツボ」、つまり人を動かすために押すべきトリガー（行動変容のアクセルとブレーキ）について説明を行った。本章では、これら心のツボの押し方、つまりどうすれば行動変容のアクセルとブレーキを踏むことができるかを取り扱う。

誰かを動かしたいとき、私たちはその人の「考え方」を変えようとしがちである。しかし、人の「考え方」は簡単に変えることができない。例えば、「自分の考え方を変えようとしても難しい」「部下の考えを変えようとしても難しい」「政治的な考え方の異なる相手と意見を合わせることは難しい」など、人の考え方や意識を変える難しさは多くの人が経験したことがあるだろう。

なぜ難しいのか。人の関心・こだわりや考え方は、生物であるヒト種の特徴として進化的に規定されており、遺伝・経験によって長期間にわたって確立され、短期的には変化しない性質を持っているためである。ヒト種に共通して変わりづらい点と個人の特徴（属性）として変わりづらい点が存在するため、それぞれ説明する。

(1)ヒト種に共通して変わりづらい点

第一に、**ヒト種に共通する進化的に備わった特徴は変わりにくい**。第3章第2節で衝動的欲求（人の本能）を説明した際に述べたように、生存と繁殖に影響する関心・こだわりはなかなか変わらない。

例えば、いくら不健康だとわかっていても、私たちは脂っこい食べ物や味の濃い食べ物などをつい食べすぎ・飲みすぎてしまう。これらの行動は、たしかに容易に栄養を摂取できる現代文明社会では非適応的（本能の過敏な反応）である。しかし、ヒト種が長い時間をかけて進化した栄養摂取が困難であったサバンナ環境では適応的（本能の適切な反応）であったため、容易に変化しない。

また、いくら将来の地球環境に悪いとわかっていても、私たちは高価な環境配慮品よりも環境に無配慮で安価な商品・サービスを選択してしまう。

この行動は、たしかに遠い将来の環境に対する影響が科学的に可視化された現代文明社会では非適応的（本能の欠落）である。しかし、ヒト種が長い時間をかけて進化した日々を生き延びること（目先の利益）が主な関心であったサバンナ環境では適応的であったため、容易に変化しない。人は近視眼的にできているため、遠い将来の不確実な利益に対して関心・こだわりを持つことは難しいのである。生き延びる（生存的欲求）、社会的関係をつくる（社会的欲求）、遺伝子を残す（繁殖的欲求）、生存的・社会的・繁殖的な好機に備える（成長的欲求）という本能と関連する考え方や関心・こだわりは変化しにくいため、これらを変えようとするアプローチは科学的に筋が悪い。

(2)個人の特徴（属性）として変わりづらい点

第二に、**個人として持つ特徴（属性）も変わりにくい**。これは、関心・こだわりを形成するうえで、遺伝的な影響や長期にわたる経験の影響が甚大であるためである。

例えば、性格（報酬に対する感受性、罰に対する感受性、几帳面さや完全主義の程度、新しいものへのオープンさ、他者への共感性）は人によって大きく異なるが、遺伝率（人による違いを遺伝的な影響で説明できる割合）が約4割と高く、親の家庭内でのしつけや教育の影響はほとんど認められない[1]。性格に限らず、例えば死刑制度や同性婚に賛成するか、環境問題を重要と考えるかなど政治的な価値観も遺伝率が3〜6割と高く、親の教育の影響は軽微である[2]。さらに、年を取るごとに遺伝の影響は強くなる[3]。

性格であれ政治的価値観であれ親と子どもの考え方が似ているのは、一緒に暮らすからではなく、主に親と子どもが同じ遺伝的な基盤を共有しているためである[4]。親ですら日々のコミュニケーションによって子どもの性格・価値観をあまり変えられない状況を踏まえると、研修などの短期間のコミュニケーションや啓発によって個人がもともと持つ特徴と矛盾する方向に意識・考え方を変えることは、かなり難しいといえるだろう。

２　人の考え方を変えなくても行動は変えることができる

【セクションサマリ】

・行動を変えることができるのであれば、必ずしも人の「考え方」を変える必要がないという前提を持つべきである。
・「考え方」を変えずに行動を変えるには、「ついつい」「できそう」の心のツボを押すナッジ的アプローチと、相手がすでに持つ関心・こだわりに促したい行動を紐づける本能補完アプローチがある。
・関心・こだわりが高くない行動を促す場合は前者、高い行動を促す場合は後者のアプローチが効果的である。

前述した通り、科学的な観点から分析すると「考え方」を変えようとするのは難しく限界がある。しかし、人を動かすことを目的とした際に、**「考え方」を変えることはあくまでＫＰＩ（中途段階のゴール）**であり、**行動を変えることがＫＧＩ（最終的に達成すべきゴール）**であるため、**「考え方」を変える必要は必ずしもない**。

相手の「考え方」や関心・こだわりを無理に変えようとせずに、行動を変えることに焦点を当てた場合、２つのアプローチが考えられる。

１つ目は、セイラー教授のノーベル経済学賞受賞で注目されたナッジのように、**「考え方」**を変えず

図表4-1　行動変容アプローチの適材適所（ナッジの限界）

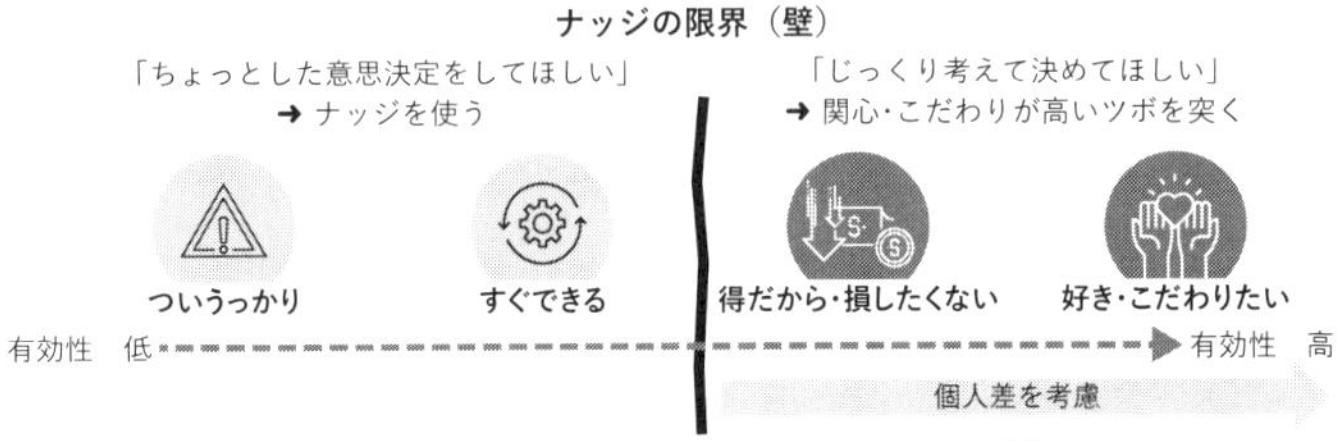

	ナッジ		今・ここ・私との紐づけ	
レベル（有効性）	Level 1. ついついを狙う	Level 2. デフォルトを調整する	Level 3. インセンティブの与え方を工夫する	Level 4. 別の価値と紐づける
押さえる心のツボ	自動応答性（ついつい）	自己効力感（できそう）	動機（特に損か得か、是か非か）	動機（特に好き嫌い、善悪）
施策イメージ	男性用便器の中央に小バエのマーク	手に取りやすい位置に取ってほしいモノを置く	心理特性や性格によって報酬・罰の与え方を変える	対象者の関心事（子どもの教育など）と紐づける
	ナッジ的アプローチ		本能補完・抑制アプローチ	

ちょっとした意思決定にはナッジ的アプローチを、
じっくり考える意思決定には「今・ここ・私」と紐づける
本能補完・抑制アプローチを

に**「ついつい」「できそう」を通じて行動を変えることを狙うアプローチ**である。例えば、レジ前に足形のステッカーを貼ることでソーシャル・ディスタンスを促す、男性用の小便器の中央に小バエを描くことにより清潔なトイレ利用行動を促す、特定のプランをデフォルトの選択肢（標準プラン）とすることで加入を促すなどである。

2つ目は、**相手がもともと持つ関心・こだわり（「今・ここ・私」に関連する自分事）に行動を紐づけることで、人の「考え方」に寄り添って行動を変えることを狙うアプローチ**である。例えば、脱炭素（CO_2の排出量を減らすこと）に懐疑的な保守の人に再エネ利用を促したいとする。この際に、環境配慮の重要性を正論として説くのではなく、国防（エネルギーの輸入を減らし、分散型の発電施設を増やすことは安全保障上有利）や経済成長（再エネの先端技術の輸出は金脈となる）という目的を実現するための手段として再エネを利用しよう、と説得するなどである。

1つ目のナッジ的なアプローチは、レジへの並び方など3秒で人が動くような関心・こだわりが低いちょっとした行動を促すうえでは非常に有効である。しかし、例えば電力プランの新規契約や保険への加入など、3秒では人が動かない関心・こだわりが高い行動を変えたい場面では効きにくい（図表4－1）。

人はちょっとした意思決定ならば「ついつい」「できそう」で動く。しかし、関心・こだわりが高い意思決定の場合、「したい」という気持ち（熟慮的動機）を抱かないとなかなか動かない。関心・こだわりが高い意思決定を促す際には、2つ目のアプローチが必要となるのである。

以下の節で、それぞれのアプローチを詳しく説明する。

3　ナッジで「ついつい」「できそう」という心のツボを押す

【セクションサマリ】

・ナッジとは、「考え方」を変えずに「ついつい」「できそう」の心のツボを押す「人の心のクセを利用した、選択や行動に影響を与える情報の提示手法」を指す。

・ナッジの代表的なフレームワークとして、ＥＡＳＴとＭＩＮＤＳＰＡＣＥの2つが挙げられる。

・EASTはEasy（簡単にする）、Attractive（注意を引く・魅力的にする）、Social（社会的にする）、Timely（タイムリーにする）という人を動かすうえで押さえるべき4つのポイントを整理する一方で、MINDSPACEはナッジの詳細なフレームワークである。
・ナッジには、魔法のような効果は期待できないが、数%から最大20%程度の行動変容効果がある。なかでもデフォルト活用ナッジを筆頭とした行動に働きかけるナッジの効果が最も高く、認知や感情に働きかけるナッジの効果は小さい。
・ナッジ的アプローチには限界がある。1つ目の理由は、強力なデフォルト活用ナッジが適用できる場面は少ないからである。2つ目の理由は、ナッジが「ついつい」「できそう」を押すことで行動を変えることを狙うアプローチであるため、関心・こだわりが高い意思決定には効きにくいためである。
・ナッジの利用シーンについては、適材適所を見極める必要がある。

レジ前の足形ステッカーのように、「考え方」を変えずに「ついつい」「できそう」を通じて行動を変えることを狙うナッジ的アプローチについて詳しく説明する。

行動経済学のナッジ理論を使ったアプローチは、行動科学を使った行動変容の代表例である。ナッジ（nudge）とは軽く肘で突くことを意味しており、「人の心のクセを利用した、選択や行動に影響を与える情報の提示手法」を意味する。なお、学術的には「選択を禁じることも、経済的なインセンティブを大きく変えることもなく、人々の行動を予測可能な形で変える選択アーキテクチャーのあらゆる要素」と定義されている。[5]

ナッジは、「即時的に・少ない費用で・着実な効果を期待できる」点が着目され、2010年頃から世界各国でナッジ・ユニットの設置が進み、公共政策での利用が拡大した。また、2017年に米シカゴ大学のセイラー教授がノーベル経済学賞を受賞したことで一躍有名となり、ビジネスの領域も含めて広く使われるようになった。

ナッジを使いこなすためのさまざまなフレームワークが存在する。本書では、そのなかでも代表的な2種類のフレームワークを紹介したい。一つは、**ナッジ活用の大まかな指針として役立つ**EASTであり、もう一つは、**より詳細にナッジを使いこなす際に役立つ**MINDSPACEである。MINDSPACEという詳細なフレームワークをビジネス・政策の現場の人間が使いこなすのは難しいという声を受けて、よりシンプルなEASTが開発された経緯がある。そのため、EASTを丁寧に説明したうえで、MINDSPACEには補足的に触れることとする。

EAST――押さえるべき4つのポイント

EASTフレームワークは、2012年にナッジの政策応用に関する専門家集団である英 Behavioural Insights Team（BIT）によって開発された。[6] 狙った行動を促すうえで押さえるべき重要な4つのポイントが端的にまとめられているため、心のツボを押す施策を考える際の大まかな指針として役立つ。

4つのポイントとは、Easy（**簡単にする**）、Attractive（**注意を引く・魅力的にする**）、Social（**社会的にする**）、Timely（**タイムリーにする**）である。これらの頭文字を取ったものである。

(1) Easy（簡単にする）

Easy（簡単にする）とは、「**できるだけ少ない労力で行動できる状態を整える**」という意味である。ARMSモデルでいえば、主に「できそう」の心のツボを押すナッジである。細かく分けると、3つの工夫の仕方が存在する。

第一に、**デフォルト**（**初期設定**）の**工夫**である。例えば、死後の臓器提供への同意について、デフォルトで「提供」にチェックがついているオプトアウト型（提供しない場合はチェックを外す労力を割く必要がある）だと82％の人が同意するのに対して、オプトイン型（提供する場合はチェックを入れる労力を割く必要がある）だと42％の人しか同意しないことが実験的に確かめられている。また、全体的な傾向として臓器提供への同意率が高い国はオプトアウト型である一方で、同意率が低い国はオプトイン型である。[7]

第二に、デフォルト以外のやり方を通じて**サービスを受ける際**の「**手間**」を**軽減する工夫**である。例えば、ビュッフェにおいてトングなどの食品を取りやすいカトラリーが置いてある場合には、スプーンなどの取りづらいカトラリーが置いてある場合と比較して、食品の消費量がトータルで16・5％増加することが実験的に確かめられた。[8]

また、カフェのメニューでカテゴリー（セクション）の真ん中に記載されているメニューは、目を通すのが大変であるため、カテゴリーの冒頭または末尾に記載されているメニューと比較して、食品の消費量がトータルで約10％減少した。[9]

このナッジを用い、健康な食品を摂取する手間を減らし摂取を促したり、不健康な食品を摂取する手間を増やし摂取を抑制したりすることが可能である。

第三に、**複雑で詳細なメッセージを明確かつシンプルにする工夫**である。例えば横浜市は、納付書による納税から納付率の高い口座振替による納税に切り替える行動変容を狙って実証実験を行った。一般的な行政チラシと比較して重要なポイントが簡素に整理されたチラシを送付することで、口座振替納付への申込率を約9%高めることに成功した。[10]

このように、好ましい行動に対する労力や手間を省く一方であまり好ましくない行動に対する労力や手間を増加させることで、「できそう」という心のツボを押し、狙った行動を促しやすくなるのである。

(2) Attractive（注意を引く・魅力的にする）

Attractive（注意を引く・魅力的にする）とは、「**つい注意を向けてしまう、魅力的な仕掛けを埋め込む**」という意味である。ARMSモデルでいえば、主に「ついつい」の心のツボ（特に反応的注意や衝動的欲求）を押すナッジである。細かく分けると、2つの工夫の仕方が存在する。

第一に、**注意を引く工夫**である。例えばアイルランドの官公庁は、封筒に手書きの付箋を貼ることで調査への回答率を19・2%から36・0%に高めた。[11] 手書き文字は通常の文字よりも注意が向きやすいため、注意を引いた結果として調査への回答行動が増加したのである。EASTフレームワークのなかでは、「どうすれば注意を引けるか」が構造的に整理されていない。しかし、我々はARMSモデルのなかで「反応的注意」として整理を行っている（第3章第2節参照）。

第二に、**報酬と罰（インセンティブ）を心理的な効果が大きくなるように設計する工夫**である。例えば、たとえ同額でも、利得（例：1万円もらう喜び）よりも損失（例：1万円失う悲しみ）の方が心理的なインパクトが大きいという心のクセを私たちは持つ。これを逆手に取って、利得（例：ある行動をすると得をすること）ではなく損失（例：ある行動をしないと損をすること）を強調する**損失回避ナッジ**が広く知られている。

日本国内でも、がん検診の受診率向上を目的として八王子市が次のような実証を行っている。「今年度大腸がん検査を受けた人は来年度も検査キットをもらえる」という利得表現と、「今年度大腸がん検査を受けなかった人は来年度に検査キットをもらえない」という損失表現が実験的に比較された。その結果、利得表現と比較して損失表現が約7％大腸がん検査の受診率を高めた。[12]

損失回避ナッジは、サービス設計にも活用可能である。インセンティブを、人々が何かをした際に与えるご褒美ではなく、人々が何かをしなかった場合に科される罰として設定することでより行動が生じやすくなる。

例えば、減量に関する最近の研究では、自分のお金を「人質」として実験用の口座に入金し、目標を達成した場合にのみ返金するようにしたものがある。7カ月後、このグループは開始時の体重と比較して体重が減少した。[13]また、国内の大手生命保険会社である住友生命保険は、健康行動をするたびに保険料の割引率が大きくなるのではなく、当初から大きな割引率を与えたうえで一定の健康行動を行わないと割引率が悪化する損失回避ナッジを利用した割引プログラムを展開している。[14]

インセンティブの心理的な効果を大きくする別の工夫として、**クジの利用**が挙げられる。私たちは、当選の確率よりも、かかっている賞金の大きさに注目する傾向がある。[15]特に、1億円の年末ジャンボ宝くじの当選のように、可能性は低いが想像しやすい出来事の確率を過大評価しがちである。そのため、原資が一定であるならば、全員に等しく報酬を与えるよりも一部の人に想像しやすいより大きな報酬を与える方が、効果的であることが多い。[16] これはギャンブルを助長することにつながるが、宝くじを利用した貯蓄商品など、より良い行動を生み出すためにも利用可能である。

さらに、インセンティブの与え方の別の工夫として**心の会計ラベルの活用**が挙げられる（専門用語では「心的会計」や「メンタル・アカウンティング」と呼ぶ[17]）。例えば、５００円の缶ビールは日常生活のなかでは高価に感じられるが、旅先のホテルではそれほどではない。これは、同じ缶ビール代の５００円が「食費」という日常の心の会計ラベルから、「旅行費」という非日常な心の会計ラベルに移行したためである。

私たちはお金を純粋な金額としては捉えず、使用目的ごとに色をつけたうえで安い・高いを判断している。そのため、金額は同じでも心の会計ラベルを変化させることで、消費行動が変わり得る。実際に英国では、本当は使途を限定していないにもかかわらず政府のある給付金を「冬季燃料代」と表示したところ、現金として示した場合よりも、燃料費にお金を使う受給者が大幅に増加した。[18]

(3) Social（社会的にする）

Social（社会的にする）とは、「**社会的な影響の力を活用する**」という意味である。ＡＲＭＳモデルでいえば、主に「ついつい」の心のツボ（特に衝動的欲求の社会的欲求）と「したい」の心のツボ（特に規範意識）を押すナッジである。細かく分けると、２つの工夫の仕方が存在する。

第一に、**他の大多数の人が行動していることを納得させる工夫**である。これは、自分の判断に自信が持てない場合に他者の行動をつい参考にする心のクセ（規範意識に対する情報的影響）や、悪目立ちして集団から排除されたくない、集団の期待に応えたいと考える心のクセ（規範意識に対する規範的影響）を狙ったものである（第3章第2節参照）。

例えば、納税率の向上を狙った英国の実験では、「期限内に納税してください」という従来型のメッセージでの納税率が約70％であったのに対して、「同じ国の10人中9人が期限内に税金を支払っている」と言われると約75％、「同じ町の10人中9人が期限内に税金を支払っている」と言われると約85％の人が期限内に納税を行ったという。[19]

第二に、**実際に交流する他者との関係**（**コミュニティやネットワーク**）**を活用する工夫**である。これは、規範意識に加えて、衝動的欲求の社会的欲求全般を狙ったものである（第3章第2節参照）。

例えば、ダイエットのためのコミュニティをつくったり、SNSでダイエットを宣言したり、日々の体重を公開したりすることで、恥ずかしい思いをしたくないという理由から体重をより減らしやすくなるだろう。ホテルの宿泊客を対象にした実験では、チェックイン時にホテルの環境に対する取り組みに参加することに同意を求められ、参加を象徴するラペルピンを受け取ったゲストでは、タオルの再利用行動が25％増加した。[20]実際に交流する他者に対して明確な**コミットメント**（**約束・宣言**）を行う仕掛けを組み込むことで、人が動きやすくなるのである。

(4) Timely（タイムリーにする）

「Timely（タイムリーにする）とは、「**正しいタイミングを捉えて仕掛ける**」という意味である。タイムリーにするために、細かくいえば3つの工夫の仕方が存在する。

第一に、**人々が最も受け入れやすいタイミングを狙う工夫**である。例えば、差し押さえの10日前に裁判所が罰金の支払いを促すテキストメッセージを送信すると、支払い率が2～3倍上昇することが実証的に確かめられている。[21] また、約5万人を対象としたフィールド実験において、予約の72時間前と24時間前の2度にわたってワクチン接種を思い出させる単純なリマインダーが、ワクチン接種率を約5%高める効果を持つことが示されている。[22]

正しいタイミングで行動を促すことで、人はより動きやすくなるのである。これは、ARMSモデルの心のツボ全体をより効果的に押すためのナッジとして解釈できる。

第二に、**目先の利益および将来のコストと紐づける工夫**である。人は後からもたらされる利益やコストよりも、すぐに効果が表れる（目先の）利益やコストに特に強く影響される（「**現在バイアス**」と呼ばれる）。ヒト種が進化したサバンナ環境では、日々の生存が重要な課題であった。目先の利益やコストは具体的で確実だが、将来的な利益やコストはしばしば抽象的で確率的にしか生じないため、私たちは目先の利益やコストをより重視するようにできている。[23]

そこでこの心のクセを逆手に取って、行動して得られる利益は現在と、行動に伴うコストは将来と結びつけることで、行動を促しやすくなる。例えば私たちは何かを購入するとき、初期費用にばかり目が行き、ランニングコストを軽視しがちである。そのため、プリンターの多くは、本体価格を下げインクなどの消耗品の価格を割高にすることで収益を得るビジネスモデルとなっている。

このような心のクセを巧みに利用した事例として、ノーベル経済学賞を受賞したセイラー教授のSave More Tomorrowプログラムが挙げられる。[24] 今貯蓄することは苦痛でも、将来貯蓄することの苦痛はより小さい。そこで、「1年後の昇給時に貯蓄を始めよう」と促し、1年後に給与の額が上がったらその一部を貯蓄に回すことをコミットさせるプログラムを開始した。その結果、実際に貯蓄率が

3・5〜13・6%上がったという。

このナッジをARMSモデルから解釈すると、行動して得られる利益については本能（衝動的欲求）とより強固に紐づける一方で、行動に伴うコストについては本能との紐づけを弱めることで結果的に「したい」の利得感を押すナッジとして解釈できる。

第三のタイムリーナッジは、「いつかやろう」ではなく、**適切な時間軸で計画を立てる**ことである。これは、ARMSモデルでいえば、「やろう」の心のツボを押すことである。すなわち、「達成すべき大目標（KGI）が抽象的な場合は、大目標を達成するうえで中間指標となる下位目標（KPI）を適切に設定して下位目標に対する進捗状況をモニタリングする」という目標具現性が重要である。次に、「行動する意思を時空間情報と紐づけて具体的な計画（if-then ルール）に落とし込む」という行動計画性が重要である（第3章第2節参照）。

例えば、予防接種を受ける予定の従業員に単に予防接種を受けると決めさせるだけでなく、その予約の日付を決めさせると1・5%、日付だけでなく時間も決めさせると4・2%も接種率が増加したという[25]。

EASTには狙った行動を促すうえで押さえるべき重要な4つのポイントが端的にまとめられているため、心のツボを押す施策を考える際に、大まかな指針としてぜひ振り返っていただきたい。

MINDSPACE――詳細なナッジ・フレームワーク

MINDSPACEはEASTよりも詳細なフレームワークであり、より詳細にナッジを使いこなす際に役に立つ。本フレームワークには9種類のナッジが含まれているが、前節で説明したEAST

と大部分が重複する（図表4－2）。そこで、まずEASTにも含まれていたナッジについてEASTとの対応関係を説明する。その後、EASTでは扱わなかったナッジについて詳細に説明する。

(1) EASTと重複するナッジ

以下のナッジはEASTで説明した内容と重複する。そのため、対応関係を示すのみにとどめる。MINDSPACEにおける**インセンティブ・ナッジ**はEASTのAttractive（注意を引く・魅力的にする）と、**社会規範ナッジ**はSocial（社会的にする）と、**デフォルト活用ナッジ**はEasy（簡単にする）と、**顕著性ナッジ**はAttractiveと、**コミットメント・一貫性ナッジ**はSocialと同一の内容である。

(2) メッセンジャー・ナッジ

次に、EASTの説明で詳述しなかったナッジを紹介する。

メッセンジャー・ナッジとは、同一の情報だとしても、伝え手を適した人物にすることで影響力をより高める工夫である。権威・専門性を持つ、自分と似ている、魅力的など、強い影響力を持つ人から情報を伝えることで行動がより生じやすくなる。これは、EASTにおけるSocialの一種と解釈できる。

例えばInstagramなどのSNSを利用したインフルエンサー・マーケティングは、メッセンジャー・ナッジの最たるものである。その他にも、従業員の定期健康診断の受診行動を促したいならば、健康関連の担当者が従業員に直接メールを送るよりも、従業員が所属するチームの上司から受診を促された方がより影響力が高まる。

図表4-2　MINDSPACEフレームワークに含まれるナッジ

ナッジの種類		利用する人の心のクセ	情報の提示手法
Messenger	メッセンジャー	▸ 情報を伝える人によって行動が左右されてしまう	▸ 権威・専門性を持つ、自分と似ている、魅力的など、強い影響力を持つ人から情報を伝える
Incentives	インセンティブ	▸ 同額のインセンティブでも表現の仕方によって心理的な効果が異なる	▸ 損失の強調やお金のラベリングなどにより、心理的効果が大きくなるインセンティブの設計を行う
Norms	社会規範	▸ 多数派や自分と類似した他者の振る舞いや要求を気にしてしまう	▸ 多数派や自分と類似した他者の振る舞いを強調する
Defaults	デフォルト活用	▸ 初期設定（デフォルト）に自動的に従ってしまう	▸ 初期設定を選択させたいものにしておく
Salience	顕著性	▸ 目新しいものや目立つものに注意が向いてしまう	▸ 視覚的に目立つ、新奇、単純、自己関連性が高い情報などを用いて、注意を引く工夫をする
Priming	プライミング	▸ 先行情報によって、特定の情報を思い出しやすくなる	▸ 言葉や五感に対する刺激が引き起こす連想を利用して、その後の行動に影響を与える
Affect	感情訴求	▸ 意思決定や行動が感情に左右されてしまう	▸ 理性よりも感情に訴える情報を提供する
Commitments	コミットメント・一貫性	▸ 行動すると誓ったり、行動しないと気まずい状況になったりすると、行動しやすくなる	▸ 宣誓させる、物理的に不可能にする、お返ししたくなる状況をつくるなどして、意志の弱さを補う
Ego	自尊心	▸ 自尊心を高めるよう行動する傾向がある	▸ ポジティブで一貫した自己イメージを維持できるような、自尊心をくすぐる情報を提供する

（出所）Dolan, P., Hallsworth, M., Halpern, D., King, D., Metcalfe, R., & Vlaev, I. (2012). Influencing behaviour: The mindspace way. *Journal of Economic Psychology*, 33(1), 264–277にもとづいて作成

実際に最近の研究では、予防接種を促したい際に、単に個人にリマインダーを送るよりも、個人に対して影響力のあるインフルエンサー（情報ハブとなるような人や信頼されている人など）にリマインダーを送り、所属する集団で情報を広めてもらう介入方法の費用対効果が最も高いことが示されている。[26]

また、消費者個人の行動を直接的に変えようとするのではなく、上司やオピニオンリーダーなどの、個人に強

い影響を与えることができるインフルエンサーの行動に影響を与える「メタ・ナッジング」がより効果的である可能性が指摘され始めている。[27]

(3)プライミング・ナッジ

プライミング・ナッジとは、言葉や五感に対する刺激が引き起こす意識的・無意識的な連想を利用する工夫である。これはARMSモデルの連想的記憶の心のツボを押すということである（第3章第2節参照）。例えば、街を歩いている際に焼き鳥の香ばしい匂いが漂ってきたら、思わず食事を取りたくなるだろう。

MINDSPACEフレームワークを整理した論文[28]のなかで、知らないうちに提示された単語を通じて無意識に行動に影響を与える次のような実験研究[29]が紹介されている。高齢者ではない人に、高齢者に関連する言葉（例：「しわ」）を聞かせる（これを「プライミングする」という）。知らないうちに高齢者に関連する言葉を提示された人は、提示されていない人よりも部屋を出るときにゆっくり歩くようになるなど、高齢者に類似した行動をするようになる。

この研究は非常に有名で、プライミング研究の代表例として取り上げられることが多い。しかし、同じ実験状況を設定したうえで再現性を確かめた複数の実験結果から、再現性がなく効果の信憑性が低いことが明らかになっている[30]ため、注意が必要である。このように科学の知見は常にアップデートされるので、一つの実験結果や研究に飛びつくのではなく、「再現性がある頑健な知見か」という観点から精査することが不可欠である。

行動科学に対する信頼性に直結するこの重要なトピックについては、「ナッジや行動経済学に渦巻く疑念」という補論で詳しく触れたので、ぜひご一読いただきたい。

話を戻すと、筆者らの考えでは、プライミング・ナッジを最も巧みに利用した事例の一つとして英国のFire Killキャンペーンが挙げられる。このキャンペーンは、火災による死者数を減らすことを目的としていた。具体的には、火災報知器の故障が大きな課題であったため、火災報知器の点検行動を国民に促そうとした。火災報知器の点検という新たな習慣をゼロからつくりあげることは非常に難しい。そこで、「サマータイムに時刻調整する際に火災報知器も一緒に点検しよう」というメッセージで、英国であれば誰もが行うサマータイムの時刻調整という既存の習慣と火災報知器の点検行動を関連づけるキャンペーンを実施した。その結果として、住宅火災による死者数が約16％減少した[31]。

新たな習慣をゼロから形成しようとしたのではなく、サマータイムの時刻調整という万人に共有された出来事をトリガーとして、火災報知器の点検行動をつい連想させるようなコミュニケーションを仕掛けた点が重要である。既存の習慣や連想をハッキングすることで、より行動を促しやすくなるといえるだろう。

(4) 感情訴求ナッジ

感情訴求ナッジとは、理性よりも直観的な感情に訴えかける工夫である。これは主にARMSモデルの衝動的欲求の心のツボを押すということである（第3章第2節参照）。

例えば、アフリカのガーナでは手洗い時に石鹸の使用が根づかないという問題があり、石鹸の使用を促進するさまざまな試みが実施された。石鹸の利点を中心に訴求する利得感（「したい」という心のツボ）に働きかける訴求では、トイレの使用後に石鹸で手を洗う母親はわずか3％であった。他方で、汚染時の嫌悪感という感情に焦点を当てた訴求によってトイレの後に石鹸を使う人が13%、食事の前に石鹸を使う人が41%増加した。[32] 具体的には、55秒のテレビCMのなかで、石鹸を使った手洗い場面はわずか4秒しか映し出されず、手が汚染される場面に大半の時間を割いたCMが成功したという。

たしかに、感情に対する訴求は効果的である。しかし、ある特定の行動を促したい際にどの感情に訴求すべきかが、ナッジ理論では整理されていない。この点については、ARMSモデルの衝動的欲求のフレームワークが参考になる。また、ストレートな感情訴求は反発を招きやすく、巧みな感情訴求を行わないと人は動かない。[33] 適切な感情訴求を通じて人を動かすために考慮すべき点が複数存在するため、後続する説明もご覧いただきたい（第4章第4節参照）。

(5) 自尊心ナッジ

自尊心ナッジとは、素敵な自分というイメージ（ポジティブで一貫した自己イメージ）を持てるように自尊心をくすぐる工夫である。例えば、私たちは物事がうまくいくとその原因を自分自身に求める一方で、物事がうまくいかないとそれは他人のせい、あるいは置かれた状況のせいであると考える[34]（これを「根本的な帰属の誤り」という）。この心のクセが示す通り、私たちは良い自己イメージ（地位・評判）を保つために行動する。これを逆手に取って行動すれば素敵な自分になれるが、行動しないと醜い自分になってしまうと訴求するのが、自尊心ナッジである。

禁煙の行動変容を促したい際に、単に健康リスクを指摘するだけでなく、ニコチンによる黄色い歯が自身の外見的な魅力を低下させることや、喫煙が性的不能を引き起こすと指摘することでより禁煙に結びつきやすくなる可能性がある。[35]

「カッコイイ（可愛い）自分」や「人間性が優れた自分」など、さまざまな自尊心に訴えかけることができる。ナッジ理論では、ナッジで狙うべき自尊心の詳細が構造的に整理されていない。しかし、自尊心ナッジをARMSモデルの衝動的欲求の心のツボを押すナッジとして解釈し、衝動的欲求のフレームワークを活用することでさまざまな自尊心を狙うことができる（第3章第2節参照）。

例えば、協力的な自分というイメージ（関係充実欲求）、地位や能力が高い自分というイメージ（地位・評判欲求）、集団の和を乱さない自分というイメージ（関係保持欲求）、フリーライドせず正義にかなう自分というイメージ（正義欲求）、性的魅力がある自分というイメージ（性愛・魅力欲求）、良き夫や妻である自分というイメージ（配偶関係充実・配偶者保持欲求）、良き父・母や祖父母である自分というイメージ（血縁者繁栄欲求）などを狙い撃ちした訴求を、文脈に応じて使い分けることができる。

どのナッジがどの程度効くか

これまでさまざまなナッジを紹介してきた。しかし、実際にビジネスの現場でナッジを適用する際には、どのナッジがどの程度効くかが最大の関心事だろう。そこで本項では、各ナッジの効果の大きさについて説明を行う。

⑴全体としてナッジはどの程度効くか

全体としてナッジはどの程度効くかについて、魔法と呼べるほどの劇的な行動変容効果は見込めない一方で、数%から最大20%程度の効果が見込めることが明らかとなっている。

まず、複数の実証的な研究の結果を統合的に解析するメタ分析と呼ばれる手法を用いて、100個の研究（317個の実験結果）を解析した2019年の研究[36]によれば、ナッジを使わない場合と比較して、ナッジを適用すると全体（中央値）として21%行動が増加するという。

しかし、この21%という効果の大きさは過大推定ではないかという指摘もある。この値は研究室での実験などの純粋に学術的な研究を多く含んだうえで算出されており、日常的な現実の場面における本当の効果とは異なる可能性がある。また、学術的な研究は、実験結果が綺麗に出た場合は報告されやすい一方で実験結果がイマイチな場合はお蔵入りしやすく、その結果として効果が過大推定されがちだ（これを出版バイアスという）。

実際に、リアルな現場にナッジを適用したフィールド実験（事例数126件、対象者数2300万人）でのナッジの効果を統合的に解析した研究では、ナッジが行動を変える効果は全体として約1・4%だと報告されている。[37]もっとも、同研究の分析対象となるナッジは、情報の見せ方を変えるような効果は弱いが比較的実装しやすいナッジが主である点に注意が必要である。

いずれにせよナッジには魔法のように劇的な効果があるとはいえず、大部分の行動変容効果は数%から20%程度にとどまる。とはいえ、重要なのは個別のナッジの効果の大きさであるため、次で詳しく説明する。

(2)どのナッジの効果が大きいか

どのナッジの効果が大きいか。結論を先に述べれば、デフォルト活用ナッジを筆頭とした行動に働きかけるナッジ以外の効果は決して大きいとはいえず、特にクールな理性に働きかけるナッジの効果は小さいと考えられる。

まず、ナッジを大まかに分類した際の効果を比較する。さまざまなナッジは、狙った行動をデフォルトにするなどの**行動ナッジ**、嫌悪感などの感情に訴えかける**感情ナッジ**、情報をわかりやすくしたり目立たせたりするなどの**認知ナッジ**の3種類に分類できる。

リアルな現場で実施された複数の食関連のナッジ研究を統合的に解析した研究によれば、効果的なナッジは、行動ナッジ＞感情ナッジ＞認知ナッジの順である。[38] すなわち、「できそう」という心のツボを押し、行動を直接的に変えようとするナッジの効果が最も高い。他方で、情報の見せ方を変えるような、熟慮的な認知（理性）に働きかけるナッジの効果は最も小さいのである。

さらに、合計約215万人を対象にした食関連以外を含む200以上のナッジ研究を統合的に解析した研究によっても、「できそう」という心のツボを押して行動に直接的に働きかけるナッジの効果が最も高いことが示されている。[39]

なお、同研究ではさまざまなナッジを、狙った行動をデフォルトにするなどの**意思決定の構造を変えるナッジ**、情報の見せ方を変えるような**意思決定の情報を変えるナッジ**、リマインダーの送付や行動することを他者に宣言するコミットメントなどの**意思決定を支援するナッジ**の3種類に分類している。そのうえで、意思決定の構造を変えるナッジが他の2つのナッジよりも大差で効果が大きく、意思決定の情報を変えるナッジの方が意思決定を支援するナッジよりもやや効果が大きいという結論を得ている。

次に、ナッジを細かく分類した際の効果を、317の実験結果をメタ分析した先ほど紹介した研究[40]

図表4-3　各種ナッジの効果の大きさの比較

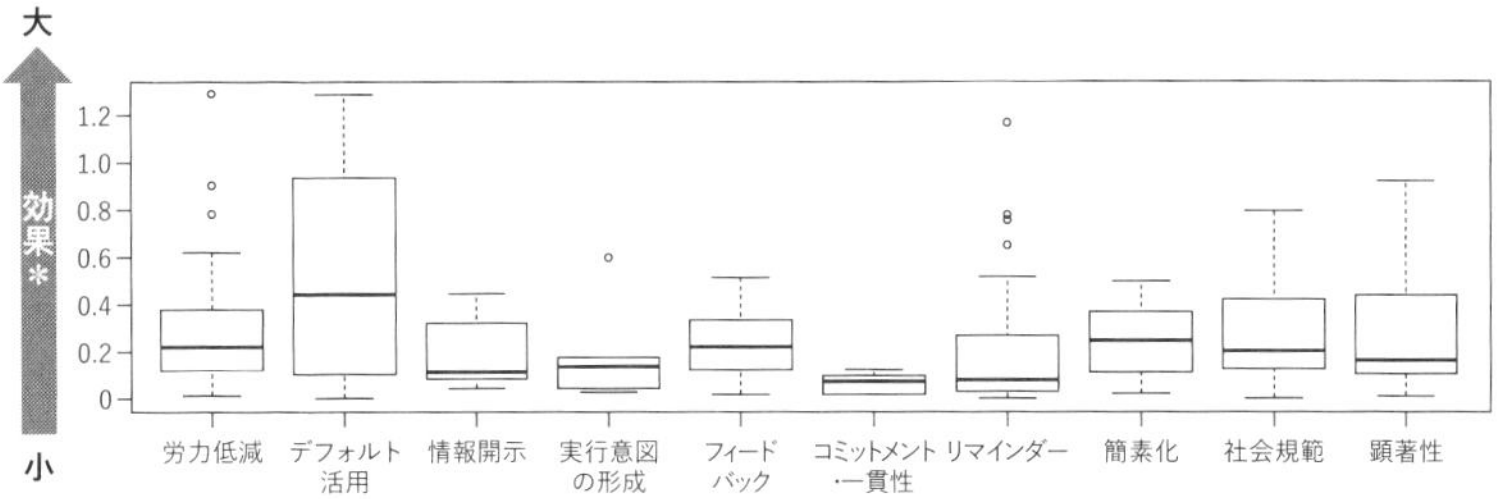

＊対照群（ナッジなしのグループ）に対する介入群（ナッジありのグループ）の行動の変化率を表す

にもとづいて比較する。図表4－3は、ナッジを適用しない条件（対照群）と比較して、各種ナッジを適用した実験条件（介入群）でどの程度行動変容が生じたかを変化率で示している。黒い横線は複数の研究が示した効果の中央値を示しており、高い方がナッジの効果量が大きいことを意味する。

まず、これまで紹介した研究知見と同様に、「できそう」という心のツボを押し狙った行動をデフォルトにするデフォルト活用ナッジの効果が一番大きいことがわかる。デフォルト活用ナッジの行動変容効果は40％を超える。

その次に、大まかにはデフォルト活用ナッジ以外のナッジの効果は大きいといえず、特にクールな理性に働きかけるナッジの効果は小さいことが示されている。

具体的には、デフォルト活用ナッジほど強力ではないが、やや効くナッジは次の通りである。行動する手間を減らす労力低減ナッジ、行動に対するフィードバックを与えるフィードバック・ナッジ、情報を簡素化する簡素化ナッジ、他者がどう行動しているかを伝える社会規範ナッジ、警告やグラフィックなど注意を引くように情報を伝える顕著性ナッジなどである。

それに対して、カロリー表示のように意思決定にとって重要な情報を開示する情報開示ナッジ、いつどこで何をするかなど行動の具体的な計画を立てさせる実行意図の形成ナッジ、行動することを事前に誓わせるコミットメント・一貫性ナッジなどの効果は小さい。

ナッジ的アプローチの限界

これまで、人の「考え方」を変えることは難しいなかで、「考え方」を変えずに「ついつい」「できそう」を通じて行動を変えることを狙うナッジ的アプローチを詳しく説明してきた。しかし、ナッジ的アプローチには限界がある。

第一の理由は、**強力なナッジは数少なく、適用できる場面が限られる**からである。複数の研究を通じて示された通り、最も強力なナッジは「できそう」という心のツボを押すデフォルト活用ナッジである。前項でデフォルト活用ナッジ以外のナッジの効果は大きいとはいえず、特にクールな理性に働きかけるナッジの効果は小さいことを説明した。しかし、人々の行動の初期選択（デフォルト）を促したい行動に設定できる現実的な状況は数少ない。

例えば、環境にやさしい商品・サービスの購買行動を促したいとしよう。コンビニやスーパーでビニールのレジ袋を辞退させるようなちょっとした意思決定や行動変容を促す場合には、デフォルト活用ナッジを適用しやすい。実際に、レジ袋なしをデフォルトとし、レジ袋ありを有料オプションとした結果、消費者のレジ袋辞退率は有料化前の25%から有料化後の75%へと50%も増加した。[41]

他方で、高額な省エネ家電を購買させるようなじっくり考える意思決定（行動変容）を促したい場合は、デフォルト活用ナッジを適用しにくい。消費者や家電量販店などのステークホルダーの負担が大きく、倫理的問題が生じかねないためである。例えば高価な省エネ家電のみ店頭で取り扱い、非省エネ型の安い家電はお取り寄せとするデフォルト活用ナッジを適用できるならば高価な省エネ型家電の販売量が増えるだろうが、消費者も販売店もそれを望まないだろう。

第二の理由は、**関心・こだわりが弱い行動を変えたい場面ではナッジが効きやすいが、じっくり腰を据えて人を動かしたい場面では効きにくい**からである。人はちょっとした意思決定ならば「ついつい」「できそう」で動く。しかし、関心・こだわりが高い意思決定の場合、「したい」という気持ち（熟慮的動機）を抱かないとなかなか動かない。[42,43]

例えば、高額な省エネ家電を購買させるようなじっくり考える意思決定（行動変容）を促したい場合は、単にデフォルト活用ナッジを適用できないだけではない。人は「ついつい」「できそう」で高額家電を買わないため、他のナッジを適用したとしても効果が小さいのである。つまり、納得したうえで買いたいという「したい」の心のツボを押さないと、何十万円単位のお金をなかなか人は支払わないということである。

実際に、経済産業省が２０２０年に行った実証事業は、関心・こだわりが強い意思決定に対してナッジが効きづらいことを示している。この実証では、省エネ型の冷蔵庫・テレビ・エアコンという高額家電の消費を促進するために、ナッジを適用したバナー広告やウェブサイト（ランディングページ）が作成され、ナッジを適用しない場合との効果が比較された。

具体的には、ナッジを適用しない条件（「冷蔵庫の省エネ性能は上がっています」）と比較して、損失を強調するインセンティブ・ナッジ（「10年前の冷蔵庫をお使いのあなた！　１年間で５０００円以上も多く電気代を払っています」）やタイムリーなタイミングを強調するナッジ（「お正月の前に！省エネ家電への買い替えを考えてみませんか？」）などを適用した条件で、どの程度家電の購買率が上がるかを検証している。

その結果、いずれの条件でも購買率は約6％であり、ナッジが省エネ家電の購買を促進する効果はほぼないという結論が得られている。[44]

このようにナッジは魔法の杖ではなく、適材適所を見極めたうえで使わないと無駄足になりかねないのである。

4 「今・ここ・私」に近づけることで「したい」「やろう」を押す

【セクションサマリ】

・「考え方」を変えずに行動を促すナッジ以外の方法として、本能補完の方法が挙げられる。

・促したい行動を人が本能的に反応する「今・ここ・私」に近い価値と結びつけることで、「したい」という動機をつくりだすアプローチであり、直球アプローチと変化球アプローチ（目的置き換えアプローチ）の2種類が存在する。

・直球アプローチとは、「Aのために行動を変えてほしい」というコミュニケーションのなかのA（行動を変えるための目的）をより「今・ここ・私」と直結した価値（快楽や脅威）として強調することで、「その行動を変えたい」という動機を直接的に高め、行動を促すアプローチを指す。

・変化球アプローチとは、「Aのために行動を変えてほしい」という従来のコミュニケーションから、「Bのために行動を変えてほしい」のように当初の目的を「今・ここ・私」と結びついた別の目的に置き換えることで、「その行動を変えたい」という動機を間接的に高め、行動を促すアプローチを指す。

「考え方」を変えようとするのは難しい。例えば、「環境に配慮した行動をすべき」という価値観を醸成するのは困難である。しかし、人を動かすことを目的とした際に、「考え方」を変える必要は必ずしもない。「考え方」を変えずに「ついつい」「できそう」を通じて行動を変えることを狙うナッジ的アプローチについては、前節ですでに説明した。このアプローチは、いわば3秒で人を動かすことを狙うアプローチであり、レジへの並び方など関心・こだわりが低いちょっとした行動を促すうえでは有効である。

他方で、関心・こだわりが高い意思決定の場合、「したい」「やろう」という気持ち（熟慮的動機）を抱かないとなかなか人は動かない。3秒では決着がつかないのである。

そこで、本節では「したい」「やろう」という気持ちをいかに醸成すればよいかを説明する。これは、**相手がもともと持つ**「**考え方**」**を変えようとせず、むしろそれに寄り添うことで行動を変えようとするアプローチ**である。端的にいえば、**人が持つ強烈な本能、つまりARMSモデルでいう衝動的欲求を起点として、**「**したい**」**という動機をつくりだすアプローチ**である。

人は、生まれながらに脳にプログラミングされた進化的な本能を持つ。私たちは、生存（生き延びることや社会的に優勢になること）と繁殖（配偶相手を見つけることや子孫を産み繁栄させること）

に関わる事象に対しては自然と強い関心・こだわりを持ち、頑張らなくても行動を起こすことができる。

促したい行動を、本能が自然と反応する、生存と繁殖に関連した「今・ここ・私」に近い価値と結びつけ、本能を起点に「したい」気持ちを醸成することができれば、人は動くのである。

例えば、環境問題が「今・ここ・私」に近い価値と紐づいていれば、人は環境に配慮して行動する。実際に、高度経済成長期（特に1965〜74年頃）における日本では、光化学スモッグなどの公害問題が「今・ここ・私」の脅威として、日常生活（生存）を脅かす無視できない社会課題となっていた。その結果として、多くの人が環境問題に高い関心を持っており、対処行動を起こしたことが報告されている。[45]

昨今の脱炭素や気候変動問題は、今すぐに自分や家族に影響が及ぶ「今・ここ・私」の問題ではなく、「将来・遠い場所・誰か」に生じる出来事だと感じられやすい。ゆえに、人が本能的な興味を持つことが難しく、多くの人にとって切実な関心事になり得ていない。その結果として、脱炭素問題を、身銭を切ってまで対処すべき問題と捉えている層は少数派である。

気候変動問題に限らず多くの社会課題は、「今・ここ・私」（本能的な価値）に直観的に紐づかないために生じている「本能欠落」型の構造を持つことはすでに述べた（第2章第2節参照）。

裏を返せば、環境問題などの社会課題や**促したい行動を「今・ここ・私」に近い価値と紐づけることさえできれば、課題解決に向けて人が動きやすくなる**。

そこで本節では、どうすれば促したい行動を「今・ここ・私」に近い価値と紐づけて人を動かせるか、**本能補完の方法**について説明する。

本能補完の方法として、具体的には2つのアプローチが考えられる。1つ目は、促したい行動と直接関連する本能によって補完する**「直球アプローチ」**である。2つ目は、促したい行動と間接的に関連する別の本能によって補完する**「変化球アプローチ（目的置き換えアプローチ）」**である。以下でそれぞれを詳しく説明する。

直接的に本能を補完する直球アプローチ

まず直球アプローチを都市ガスの例で説明しよう。例えば、家庭で使うガスコンロのガス漏れに対して対処行動を取るように促したいとする。サバンナ環境ではガスが深刻な脅威とならなかったため、私たちは進化的にガスを回避する本能を持っていない。「正論」を伝える、すなわち漏れたガスが危険であることを教育したとしても、本能が欠落しているためなかなか人は動かない。

そこで、私たちが普段家庭で用いる都市ガスには、本来無臭であるにもかかわらず異臭が人工的に付着されている。人は異臭に対して回避行動を取る本能を持つ。異臭の付着によって本能の欠落を補完し、本能的に危険を感じ取れる状態にすれば、人は容易に対処行動を取るようになる。「今・ここ」で感じる、聞く、嗅ぐ、触れる、見ることができる環境の脅威に対して人は敏感に反応するため、異臭は「今・ここ・私」の問題となる。

上記は直球アプローチの一例である。**促したい行動と直接的に関連する本能的な価値（快楽や脅威）を伝えることで、人は動きやすくなる**のである。

再び、地球温暖化を阻止するための環境配慮行動の例に戻ろう。今すぐに致命的な問題が生じるわけではない地球温暖化を心配する本能を多くの人は持たない。他方で、自分の子どもの将来を懸念する本能（血縁者繁栄欲求）は多数の人が強く持つ。そこで、地球温暖化問題を自分の子どもの生存と繁殖に対する脅威として位置づけることで、地球温暖化というリスクの自分事化が促され、環境配慮行動が促進されやすくなる。[46]

また、保険加入という別の例を挙げよう。私たちは、万が一という将来の不確実なリスクに備える本能を強く持っていない。そこで、なるべく「今・ここ・私」に近い価値と紐づけて保険加入を促すことが肝要である。

例えば、家事代行してほしいという本能を人は持たないため、病気で倒れた際に家事代行してもらう費用が補塡されるという「家事代行費用の保険」では人は動かない。他方で、我が子が困る状態に置かれることを避けたいという本能は強烈であるため、同内容の保険を「（もしもの際の）子育て代行保険」とすることで少なくとも未成年の子どもを持つ親は保険に加入するかもしれない。加えて、コロナ保険が飛ぶように売れたの[47]は、感染症回避の本能（衝動的欲求の衛生欲求）を人が持つためであると解釈できる。

進化的な本能が反応してしまう「今・ここ・私」に近いと感じられる価値を起点として「したい」「やろう」という気持ちを醸成することで、結果として狙った行動を促すことができる。これが、促したい行動と直接的に関連する本能的な価値（快楽や脅威）を伝える「直球アプローチ」である。その際に関連づけるべき本能、すなわち「今・ここ・私」の価値は、ARMSモデルの衝動的欲求である（第3章第2節参照）。

なお、直球アプローチは感情訴求ナッジ（第4章第3節参照）と類似している。しかし、じっくり腰を据えて人を動かそうとする点が異なっている。一時の感情に突き動かされた「ついつい」を通じてではなく、本能（衝動的欲求）を起点としながらも持続的に「したい」という動機を喚起しようとするのが直球アプローチなのである。

間接的に本能を補完する変化球（目的置き換え）アプローチ

(1)目的の置き換えが重要

次に、変化球アプローチを説明しよう。ネスレ日本は、キットカットの売上を増加させるために、チョコレートの美味しさよりも、主要ターゲット顧客である中高生の「今・ここ・私」に近い価値である受験（合格）という目的を達成する手段（お守り）としてキットカットを位置づけたマーケティングを行った。

具体的には、従来のチョコレート菓子の訴求価値であった美味しさや価格の安さについての競争から脱却するために、キットカットという製品名と「きっと勝つ」という応援の言葉の類似性に着目し、受験生応援キャンペーンを実施した。その結果、5年間で利益率約5倍を達成したという。[48]キットカットがターゲットとしていた高校生にとって、「今・ここ・私」の問題であった3つのトピック（受験、恋愛、友達関係）のうちの一つ（受験）とキットカットを結びつけることで、キットカットに対する高校生の関心・こだわり度を高めることに成功したのである。これは、「キットカット」に新たな意味（価値）を加えるイノベーションであったと担当者は回想している。[49]

右記は変化球アプローチの一例である。**促したい行動と直接的に関連しないが本能的に重要と感じる別の価値（例：受験の成功）を達成すべき目的と置き き、促したい行動（例：キットカット購入）をその目的を達成するための手段と位置づけることで、人は動きやすくなるのである。**この意味で、変化球アプローチは「**目的置き換えアプローチ**」と呼ぶこともできる。

地球温暖化を阻止するための環境配慮行動の例に戻ろう。地球温暖化を心配する本能を多くの人は持たない。他方で、社会的に高い地位・評判を得たいと感じる本能（衝動的欲求の地位・評判欲求）は多数の人が強く持つ。そこで、地球温暖化に配慮した行動を取ることが社会的に良い評判につながることを想起させたり、環境配慮型の良い行いがコミュニティに周知される仕組みをつくったりすることで、環境のためというよりも、「良い人」「徳の高い人」という地位・評判を高めるために環境配慮行動が促進されやすくなる。実際に、地位・評判について思いを巡らせると、その後に環境配慮行動をしやすくなることが実験的研究によっても確かめられている。[50]

現代文明社会では、金銭の誇示よりもＳＤＧｓなどの社会配慮型の姿勢を誇示することが、集団内での地位・評判を高めることにつながると指摘する研究[51]も存在する。グリーン消費（環境に配慮した消費）を行う人は、お金と時間の両面で裕福だと認識される。それに加えて、リベラルな人にとっては、「環境保護に積極的に取り組む高い倫理性を持っているとみなされる」点から高い地位・評判が得られる。他方で、環境配慮に相対的に懐疑的な保守の人にとっても、「自給自足や質素倹約に役立つ知識を持っているとみなされる」点から高いステータスが付与される。また、これらの背景から、節電などの行動変容によるCO_2排出量削減よりも、自宅の屋上へのソーラーパネルの設置のようなモノやサービスを買うグリーンな消費行動に対してより高い地位・評判が与えられる。

現実の例としても、トヨタ自動車のハイブリッド車であるプリウスは、環境配慮の姿勢を社会的に誇示し地位・評判を高めるためのシグナルとして、かつてハリウッドセレブを起点にして売れたという。[52]「環境のため」ではなく、「人目のため」という「今・ここ・私」に近い目的を達成する手段として環境配慮行動を位置づけることで、欠落した本能が補完され、環境配慮行動が行われやすくなるのである。

別の事例を挙げれば、環境を理由に家庭内での節電行動をしない人でも「使わない部屋のライトを消さないと子どもの教育上悪い」というように、子どもへの教育的影響を考慮して節電行動をするようになる可能性が高い。

その際に関連づけるべき本能、すなわち「今・ここ・私」の価値は、直球アプローチと同じくARMSモデルの衝動的欲求である（第3章第2節参照）。

(2) パーソナライズが必要な場合も

注意すべき点として、効果的な変化球アプローチを組み立てるためには、個人差を踏まえたパーソナライズがときに必要である点が挙げられる。例えば、我が子の有無によって刺さる訴求（「今・ここ・私」と関連する本能的な価値）が大きく異なる。第3章第3節で議論した通り、属性に応じて紐づける本能的な価値を変化させるコミュニケーションが効果的であり、それを実現するには全員に一律のコミュニケーションを行うのではなく、属性を踏まえて複数のコミュニケーションを使い分ける。

一例として挙げれば、第1章で述べた通り、脱炭素に懐疑的な保守の人の再エネ利用を促したいならば、環境配慮の重要性を正論として説くのではなく、国防（エネルギー安全保障）や経済成長（発電技術のイノベーション）という目的を実現するための手段として再エネを利用しようと説得することが有効だろう。

動かしたい相手の属性や価値観を見極めたうえでその人にとってクリティカルな「今・ここ・私」

と関連する価値を行動の目的に設定し、促したい行動を、その目的を実現するための手段と位置づけることが必要なのである。

もちろん、オペレーションコストが高い、顧客の属性を特定するデータを持っていないなどの理由で複数のコミュニケーションを設計することが難しい場合もあるだろう。その場合は、最も動かしたい相手が持つ属性を踏まえて、目的置き換え型のコミュニケーションを設計すればよいだろう。

(3)金銭的インセンティブも変化球アプローチの一種

なお、**金銭やポイントなどインセンティブの付与**は、促したい行動を「今・ここ・私」に近づける汎用的な変化球アプローチである（図表4－1）。インセンティブを与えれば、突発的なリスクに備えて資源をためたいという本能（生存的欲求の備蓄欲求）が刺激され、本来は本能が刺激されない行動に対して多くの人が「今・ここ・私」と紐づいた価値を感じるようになるからである。例えば、再エネを使えば電気代の月額が1万円安くなるならば、環境問題に身銭を切らない大多数の人が再エネに電気を切り替えるだろう。

しかし、インセンティブは万能ではない。その理由は、第一にインセンティブには原資が必要だからである。本書を手に取った読者の多くは、なるべくなら余計なお金はかけずに人の行動を変えたいと願うだろう。

第二に、原資は限られているため、多くの場合に付与できるのは少額のインセンティブにならざるを得ないが、数円程度の少額のインセンティブでいつも劇的に動くほど人は単純ではないからである。もちろんレジ袋有料化の成功のような例外もあるが、インセンティブがごく少額である場合、人が動かないケースは少なくない。[53] 月に電気代が数百円安くなる程度で、再エネへの電気の切り替えを検討する人は決して多くないだろう。第三に、インセンティブを与えることでかえって内発的動機（第3章第2節参照）が失われ、持続的な行動変容が阻害される場合があるからである[54]（専門用語で「クラウディングアウト」という）。

したがって、**インセンティブの付与を一つの有力な選択肢として持ちながらも、他の行動変容施策もデザインできるオプションがあることが極めて重要**なのである。なお、効果的なインセンティブの付与の仕方ももちろん行動科学の得意分野の一つである。インセンティブの与え方をどう工夫するかについては、第5章第3節で詳述したのであわせてお読みいただきたい。

補論

ナッジや行動経済学に渦巻く疑念

最近、ナッジ、さらにいえば行動経済学の「死」が指摘され、話題となっている。具体的には、①著名な研究者の捏造疑惑、②実験結果の再現失敗、③実社会における効果の小ささの3点から、行動経済学の効果に対して疑義が呈されるようになっている。ビジネスに行動経済学を活用することを検討する本書の読者にとっても見過ごせない議論が多く含まれるため、詳しく紹介したい。

(1) 著名な研究者の捏造疑惑

行動経済学の著名な研究者が実験データを捏造していたことが2020年に明らかとなり、行動経済学という学問全体への疑問が呈された。

行動経済学の面白さを一般向け書籍としてわかりやすく伝えベストセラーとなった『予想どおりに不合理』の著者であるダン・アリエリー氏は、行動経済学の著名な研究者である。ところが、彼が執筆した2012年の論文に掲載された実験データが捏造ではないかという指摘が、2020年に投げかけられた。[1]

問題の論文は、「正直に回答する」と事前に署名させることで本当に不正な回答が減るという、コミットメント・一貫性ナッジの一種の効果を検証したものであった。先に学生を対象とした実験で署名の効果を検証したアリエリー氏たちは、保険の不正請求を減らしたい大手損害保険会社と組んでフィールド実験を行った。

具体的には、自動車保険の申し込みの際に顧客が現在の走行距離を申告する用紙に、「記入内容が真実であることを誓う」という文言と署名欄を、用紙の上部（回答する前に目にする位置）に配置したものと、用紙の下部（回答した後に目にする位置）に配置したものを用意した。2種類の用紙のどちらか片方を、2万人の顧客にランダムに配布した。

実験結果はアリエリー氏の仮説を支持しており、事前に署名を促すことで保険会社の顧客による走行距離の不正申告が減少した。しかし、後に別の研究者が同フィールド実験の生データを精査したところ、データは単なる乱数にすぎないことが明らかとなったのである。

アリエリー氏たちは、ランダムに生成された数字に対して研究仮説を支持するように小細工したものを実験のデータと偽装する、悪質な捏造を行っていた。申告された年間走行距離の分布が0～5万マイルまでの一様分布（どの走行距離の出現度数も同じ）になっているなど、データの不自然さは一目瞭然であった。なお、通常の実験データであれば、平均付近の度数が多く出現する正規分布に似た形になる場合が多い。

実験の主導者であるアリエリー氏は自ら「データが捏造されている」ことを認め、論文を撤回した。ただし、疑惑のデータは「研究パートナーである保険会社から入手したもの」であり、アリエリー氏たちは顧客のプライバシー保護上の理由からデータ収集・入力などには関与していないと弁明している。[2]

紙に記入された走行距離のデータをExcelにまとめる際に、一つひとつ入力する面倒さから保険会社の担当者がデータを捏造したという一説が存在する。ただし、保険会社と連絡を取りデータを受け取っていた研究グループで唯一の人物は、アリエリー氏である。また、アリエリー氏は守秘義務を理由に保険会社の名前を明かさず、保険会社の担当者は全員退職していると述べるなど、最も疑わしい人物であるが真相は闇のなかである。[3]

いずれにせよ、この残念な出来事が行動経済学全体に対する懐疑を呼んだことは間違いない。

(2)実験結果の再現失敗

行動経済学や心理学などの行動科学の有名な実験結果を再現しようと、同じ状況で追試を行ったところ、実験結果を再現できない事例が相次ぎ、行動科学の知見に対する懐疑的な声が大きくなった。

２０１０年代の後半に、オリジナルの研究論文の知見を、オリジナル論文の著者が所属する研究グループではなく別の複数の研究グループが追試して再現性を確認するムーブメントが世界中で起こった。そのなかで、行動経済学や心理学の複数の実験や調査が第三者によって追試された。

その結果、主に3つのことが明らかとなった。第一に、再現確率は概ね40~60%、つまり**約半分の実験・調査の結果が再現できないこと**。第二に、**実験や調査で示された効果の大きさが、平均するとオリジナル論文の約半分になる場合が多いこと**。[4] 第三に、**再現は難しそうだと多くの人が感じる意外性や驚きのある研究知見は、追試した際に実のところ再現されにくい**、つまり奇想天外な発見など、なかなかないことである。[5]

もちろん、約半分の研究者が実験や調査の結果を捏造していたという話ではない。低い再現性は、さまざまな理由によって生じていた。

第一に、仮説通りの実験結果は報告するが、仮説に反する結果はお蔵入りさせてしまう出版バイアス。第二に、仮説通りの結果が出るように、故意ではなくてもデータの加工や集計、統計的な検定のかけ方を「工夫」してしまうp-hacking（統計的な有意性を小細工する疑わしい作法）。第三に、当初想定していた仮説と異なる結果が出た場合に、あたかもはじめからその結果を想定していたかのように仮説や研究のストーリーを書き換えるHARKing（結果が判明した後に仮説をつくる作法）。第四に、たとえ表が出る確率が2分の1であったとしてもコイントスの回数が少ないと表が出る確率が2分の1より多くなるように、統計的に十分ではない少数のデータ数（サンプルサイズ）にもとづいて実験や調査を行っていたこと（検定力不足）などである。

例えば、捏造疑惑として紹介した「正直さを促進する署名ナッジ」は、再現に失敗した顕著な例である。2020年に公開された追試プロジェクトを取りまとめた論文のなかで、同ナッジは約600名を対象とした6つの実験でまったく再現されなかった。[6] そもそも、この追試の失敗を示す論文を受けてアリエリー氏が2012年のオリジナル論文の実験データを公開し、別の研究者によってオリジナル論文の実験データの不自然な点が特定され捏造が発覚したという経緯がある。

その他にも第4章第3節で紹介したように、「しわ」などの高齢者に関連する単語を見聞きするとその後の実際の歩行速度が遅くなるなど、知らないうちに提示された単語を通じて無意識に行動が影響を受けるというプライミング効果も、多くの場合再現できないことが報告されている。[7]

プライミング効果は長い間驚きをもって受け止められ、ノーベル経済学賞を受賞したダニエル・カーネマンが執筆したベストセラー、『ファスト&スロー』のなかでも丁寧にそして好意的に紹介されている。しかし、現在の科学的な観点から見れば、実際には再現性が乏しく偶然の結果生じた効果であると言わざるを得ない。このように、意外性や驚きのある研究知見は多くの場合、再現できていないのである。

追試の結果、再現性が認められた知見ももちろん存在する。その一つは、利得よりも損失の心理的インパクトが大きいという損失回避性（第4章第3節参照）である。実は、この行動経済学の中心的な概念に対しても2019年に再現性の懸念が投げかけられた。具体的には、損失回避に関する初期の研究が再精査され、大きな損失の場合は損失回避効果が認められるが、小さな損失の場合はその効果が生じないことが多いと指摘された。[8]

しかし、19カ国から4000人以上の参加者を得た大規模な追試プロジェクトによって、オリジナルの研究知見よりも効果が弱い場合が多いものの、大半の研究知見は再現されることが無事確認されている。[9] また、約1万8000人を対象とした追試においても、損失回避性は再現されており、そのなかで損失回避の働き方の強弱に影響を与える要因が特定されている。例えば、知識があまりない領域で判断を求められる場合や、高齢になるほど、損失回避の働きが強くなるという。[10]

加えて、オリジナルの研究知見よりも強い効果が発見された少数のケースも存在する。例えば Less is better（少ない方がよい）効果[11]は、再現実験の結果、オリジナルの研究よりも効果が強いことが明らかとなった。[12]

この効果は、商品の価格の絶対額よりも、その商品が属するカテゴリーのなかで相対的に高い価格かどうかが、受け手の贈り手に対する評価を決めるという効果である。例えば、4500円のハンカチをプレゼントされると人は贈り手を寛大だと評価しやすいが、5500円のコートをプレゼントされると寛大だと評価しにくい。

このように、約半数の研究知見は再現できず信憑性が低いと明らかになったことで、行動科学全般に対する社会的な信頼が低下する結果となったのである。

(3)実社会における効果の小ささ

ここ数年、行動経済学や心理学などの行動科学が発見した法則が、それ単体では実社会で発揮する効果が小さい（ビジネス・政策に適用した際のインパクトが小さい）ことに対する懸念が表明されている。

まず学術的な実証研究では、行動科学の法則を用いた介入によって平均して15％程度の行動変容効果を期待できることが示されている。

例えば、４４０の介入結果を統合的に分析した研究によれば、ナッジを用いた介入の平均的な行動変容効果は16・６％である。[13]また、身体活動の促進を目的とした40の介入結果を統合的に分析した研究によれば、ナッジ以外の介入手法も含んだ平均的な行動変容効果は16・６％である。[14]さらに、社会心理学分野の６４４７の実証結果を統合した研究によれば、分野全体の効果の中央値は14・１％である。[15]

しかし、実社会で大規模に展開した際には、行動科学の法則を用いた介入の効果が弱くなる可能性がここ数年、指摘されつつある。

例えば、米国のナッジ・ユニットがさまざまな社会の現場（事例数１２６件、対象者数２３００万人）で実装したナッジの効果を統合的に解析（メタ分析）した研究は、ナッジの行動変容効果が１・

4％にすぎないと結論づけている。[16] もっとも、同研究の分析対象は、情報の見せ方を変えるような、ナッジのなかでも効果は弱いが比較的適用しやすいものが主であり、効果は強いが適用が難しいデフォルト活用ナッジはほぼ含まれていない点に留意が必要である（第4章第3節参照）。

また、別の研究は、省エネ行動促進やポイ捨て抑止など、カーボンニュートラルに向けた行動変容を目的とした430の行動科学的な（ナッジに限らない）介入の結果を統合的に分析している。[17] その結果、フィールドでの平均的な行動変容効果は、出版バイアスの影響を考慮しない場合では約12％であるものの、同バイアスの影響を考慮して統計的に補正すると約7・1％にすぎないとしている。

ナッジなどの行動科学の法則を実社会で単に適用しただけでは、行動変容効果がわずか数％になりかねないことが指摘され、「行動経済学は死んだ」というような議論が一部で投げかけられているのである。

たしかに、行動経済学、さらにいえば行動科学は「魔法」では決してない。しかし、「死んだ」と呼ぶのは早計だと筆者らは考える。だからこそ、このような本を書いているのである。このような懐疑的な意見も踏まえたうえで、行動科学の知見をビジネスに活かす際に求められるコツや姿勢を終章「行動経済学・心理学に関するアカデミアの知見をビジネスで使う際に求められる姿勢」の節に整理したので、こちらもぜひ読んでいただきたい。

第 II 部

行動経済学2.0で企業経営を変える

第5章

消費者を変える

これまでの章では、行動経済学2・0を起点としてコミュニケーションのあり方を変革するBX（行動科学トランスフォーメーション）の方法論を概念的に説明してきた。特に、人を動かす心のツボを第3章で解説したうえで、それらのツボの押し方を第4章で扱った。

読者のなかには、このBXアプローチを実際のビジネスにどう活かすかについてのイメージがわきづらかった方もいたのではないだろうか。

そこで第Ⅱ部では、ビジネスや政策の実際の事例を用いながら、BXアプローチで企業経営をいかに変えることができるかを、以下の対象ごとに説明していく。消費者のBX（SDGs促進）、従業員のBX（ウェルビーイング向上）、投資家のBX（ESG投資促進）、社会のBX（ルール形成）を順に扱う（図表5－1）。

その際に、例えば従業員のウェルビーイング向上などの一つのBX対象について、科学的な研究をもとに有効と考えられるアプローチと、ビジネスや政策の現場で実際に行われたBX事例をなるべくセットになる形で記載した。

また、コラム①「BXを通じたコミュニケーションの変革とルール形成」で述べた通り、BXによ

図表5-1　本章で扱うBX（行動科学トランスフォーメーション）の対象

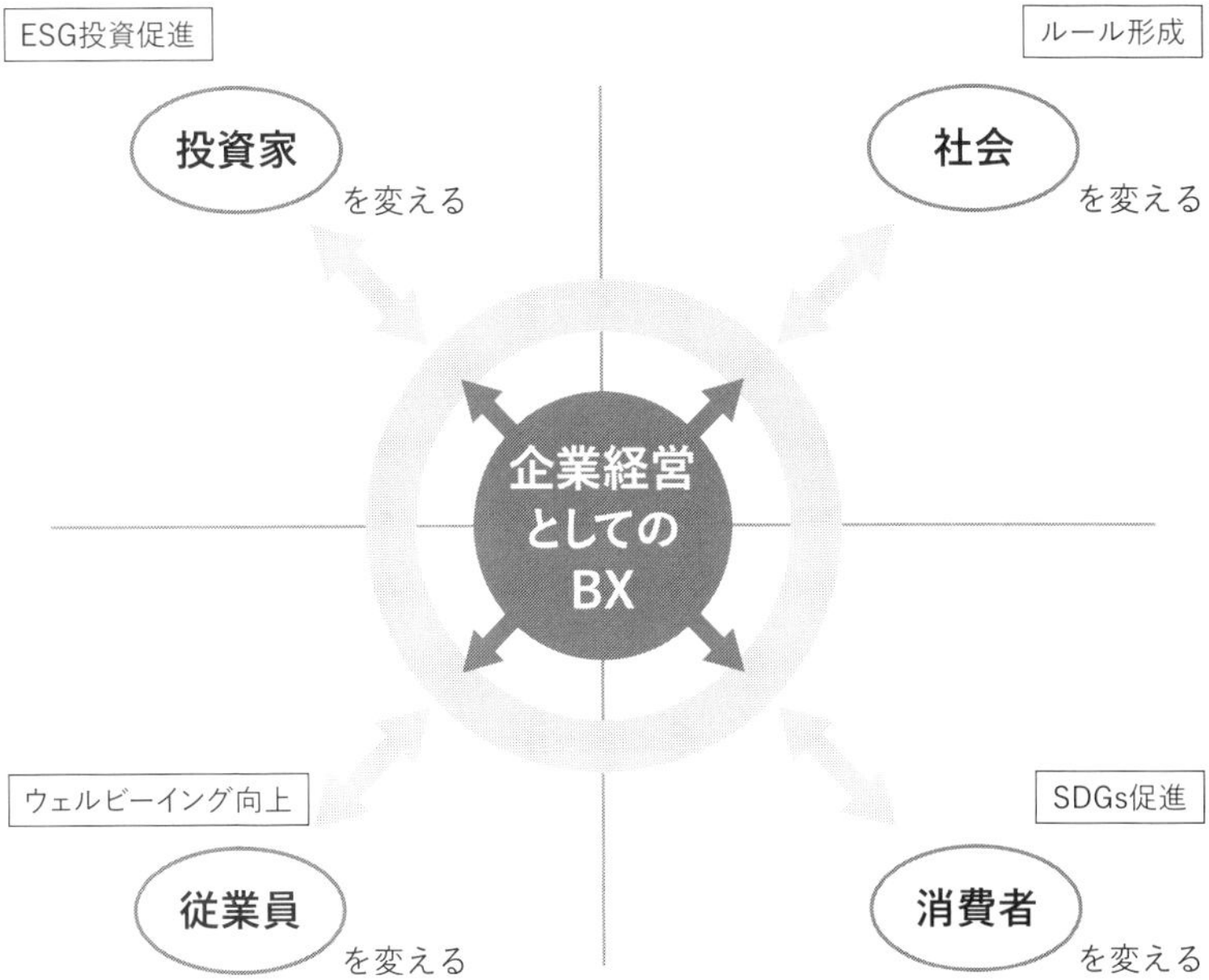

るコミュニケーション変革は、温暖化問題のように人の本能が欠落していることで生じる社会課題を解決したい際に特に有効であるため、本能欠落型の社会課題を多数取り扱った。

他方で、同コラムで議論した通り、食べすぎのような本能が過敏に反応することで生じる社会課題の解決に向けては、法律の制定や規制を用いるルール形成のアプローチがまず有効である。そのため、ルール形成にＢＸのエッセンスを加えた事例を第８章「社会を変える」にて詳細に説明した。

また、ＢＸアプローチのモデルケースとして、環境配慮行動（ＳＤＧｓ行動）の促進については本章にて特に分厚い説明を行った。

1 「環境にやさしい」と言わずにSDGs行動を促す

【セクションサマリ】

・他の関心事よりも環境問題に対して強い関心・こだわりを持つ、「環境のためにお金を払う」消費者の数はごく少数である。
・なぜなら、サバンナ環境で進化した人間は、気候変動問題という、近いうちに生存と繁殖を大きく左右しない、将来の不確実で「見えない」リスクのために今の行動を律するような本能を持っていないためである。
・基本的に環境教育やフィードバックなどの「正論」ではSDGs行動を促すことが困難であり、ナッジを適用したりして欠落した本能を補完する必要がある。
・ちょっとしたSDGs行動を促すうえで「ついつい」「できそう」を促すナッジは有効なアプローチの一つだが、持続的な行動変容を促すには不十分であり、本能の欠落を「今・ここ・私」と紐づく価値で補うことが求められる。
・本能の欠落を補う際には、直球と変化球（目的置き換え）の2つのアプローチがある。直球アプローチは、気候変動リスクや気候変動を回避するメリットを「今・ここ・私」の問題として感じさせる方法である。変化球アプローチとしては「SDGs行動によって金銭やポイントなどのインセンティブを得たり、社会的な地位や評判を高めたり、モテたり、子どもや孫の繁栄につながったりする」というメリットを訴求する方法が挙げられる。

「環境にやさしい」で人は動かない

SDGs行動を促す試みは長年行われているが、「〝環境にやさしい〟で人は動く」という前提が主流となっている。その証拠に、多くの企業は製品・サービスが環境にやさしい、もしくはSDGsに配慮していることを積極的にアピールしている。また、消費者はSDGsに配慮して購買行動を起こすと仮定したマスメディアの報道が増加しつつある。

実際に、調査結果は人々の環境意識の高まりを示している。例えば、東京都が2020年に実施した環境に配慮した消費行動についての調査[1]では、「価格が同じであれば、環境に配慮した商品を買う」と答えた消費者が約7割であった。環境配慮の重要性を単純に問われれば、多くの人が重要だと答えるのである。

それにもかかわらず、環境配慮やSDGsを打ち出したとしてもなかなか商品・サービスが売れないという声を、筆者らは経営コンサルタントとしてよく耳にする。この声を裏づけるように、国内の複数の調査結果は、多くの消費者にとって環境問題が切実な自分事となり得ていないことを示している。自分のこだわりを犠牲にしてまで環境に配慮したり、余計にお金を支払ったりする人は少数派なのである。

例えば、筆者らが関与した環境省の事業（地域共創・セクター横断型カーボンニュートラル技術開発・実証事業：環境省事業）を通じて2022年に国内のウェブアンケート調査から得たデータとして、電力会社や電力プランを選ぶ際に、「再エネ電力であるか」のように環境のためになるかを基準

図表5-2　契約する電力会社・プランを選ぶ際に重視する価値観（2022年に調査を実施）

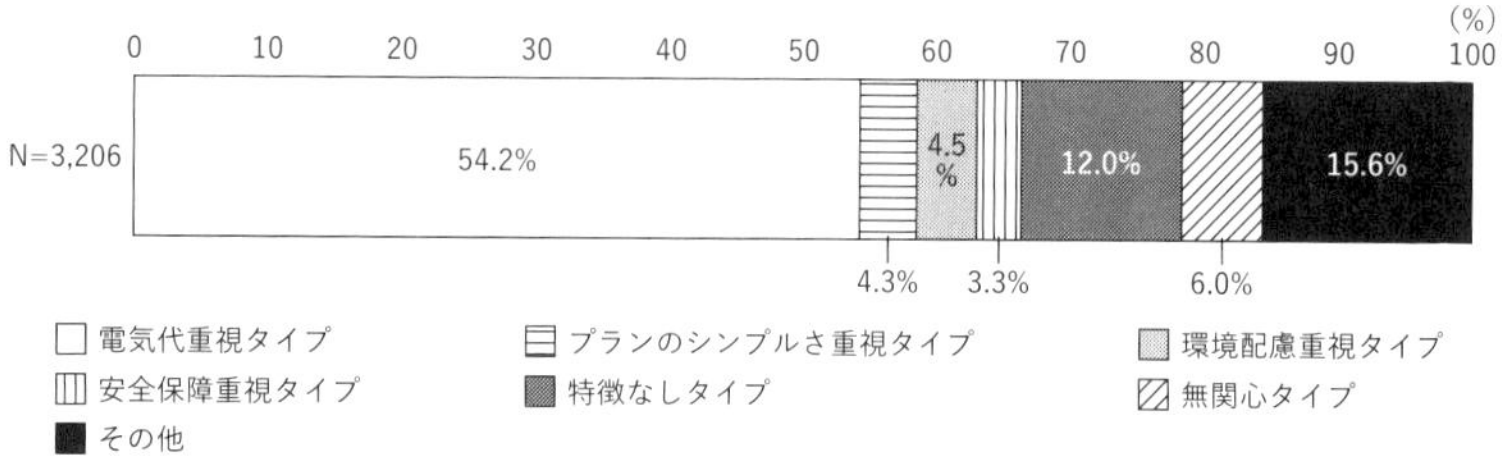

（注）電源選択での価値観に対する質問（利用する電力会社や電気料金プランを選択するうえで、あなたがこだわるポイントについて、合計が10点になるようこだわりに応じて各タイプに割り振ってください）への回答の類似性をもとにペルソナを作成した。具体的には、最も高い点数をつけた価値観が一致する人を同じペルソナとして分類した。なお、2つの価値観に対して最も高い点数をつけた人は複合タイプとして分類し、3つ以上の価値観に対して高い点数をつけた人は特に目立って重視する価値観がないと解釈し「特徴なしタイプ」として分類した。全体に対して3%を下回るペルソナは「その他」として分類した

にする消費者は4・5%にすぎないことが示されている（図表5－2の「環境配慮重視タイプ」）。SDGsが声高に叫ばれる2022年においても、5割以上の消費者は電気代の安さを重視して電力契約を結んでいるのである（図表5－2の「電気代重視タイプ」）。

また、ニッセイ基礎研究所が2022年に実施した調査[2]でも、「価格が多少高くても、環境や社会問題に取り組む企業の製品を買う」人は4・6%にすぎないという結果が得られている。

さらに、日本総研が2020年に実施した調査[3]では、若者に対し、持ち点である10点を興味・関心に応じて複数のトピックに配分させた結果、周囲との人間関係、サブカルチャー、自分の将来、お小遣い、家族など身近な物事に得点が多く配分された。一方で、環境問題や社会問題に対して配分された点数は、身近な物事に配分された点数の10分の1に満たなかった。

その他にも詳細は第5章第2節で述べるが、最近しばしば宣伝される「若年層が〝環境にやさしい〟で動く」「Z世代はSDGsに配慮した消費を行う」とい

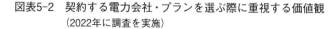

う言説も俗説であり事実と異なる可能性が高い。

　このように、環境問題への関心の有無のみを質問された場合は「関心あり」と答える消費者が多数存在する一方で、身近な物事を含めた他の関心事と比較した際に、それでもなお環境問題に対して切実な関心・こだわりを持つ「環境のためにお金を払う」消費者の数は、ごく少数なのである。

私たちは「環境にやさしくしたい」という本能を持っていない

　その理由は、科学的な観点からいえば、将来の環境を守るために今我慢して行動するという本能をそもそも人は持ち合わせていないからである。この点は、社会課題を生み出す本能の特徴を説明した第２章で繰り返し述べた。

　人間の特性は、現代文明社会ではなく、ヒトという種が進化したサバンナ環境に適応するようにチューニングされている。そこでは、「今・ここ・私」に直結したメリット・デメリットが、生き延びる確率と遺伝子を次世代に残す確率を大きく左右した。そのため、例えば気候変動問題という、近いうちに生存と繁殖を大きく左右しない、将来の不確実で「見えない」リスクのために今の行動を律するようにできていないのである。

　本能が欠落していることを示す証拠の一つとして、**環境教育やフィードバックの行動変容効果の低さ**を挙げることができる。気候変動回避に向けた行動変容を狙った４３０件の介入研究をメタ分析した２０２３年の研究は、過去の膨大な実証研究を踏まえ、どのような介入方法が効果的かを統合的に分析している。[4]本研究では、環境や気候変動問題についての知識を授けるための教育や、自身の電気使用量などに対するフィードバックは、最も行動変容効果が低いということを示している（図表５－

図表5-3　気候変動回避型の行動変容に効果がある介入手法
（430件の実証をメタ分析）

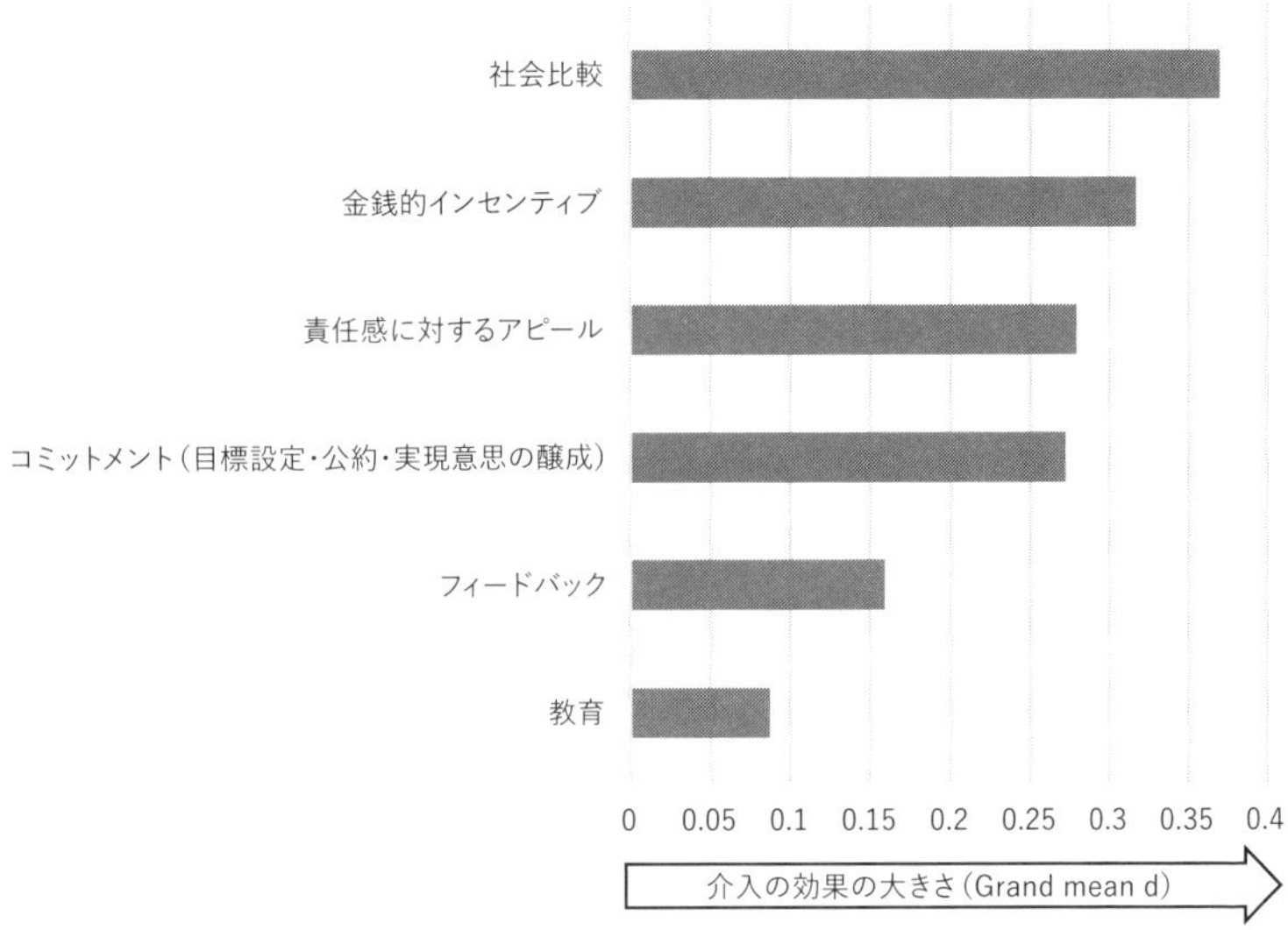

（出所）Bergquist, M., Thiel, M., Goldberg, M. H., & van der Linden, S. (2023). Field interventions for climate change mitigation behaviors: A second-order meta-analysis. *Proceedings of the National Academiy of Sciences of the United States of America*, 120(13), e2214851120にもとづいて作成

3）。

もし「環境に配慮したい」という本能を人が持っているならば、教育やフィードバックの効果が大きくなったはずだ。しかし実際にはそうではなく、**相対的に高い効果を上げた介入は、欠落している本能を補うような介入**であった。

すなわち、社会的比較（他人の目や規範を気にする社会的欲求に対する刺激）と、金銭的インセンティブ（お金が欲しいという生存的欲求に対する刺激）が最も効果的な介入方法であった。

将来の環境に配慮する本能の欠落は、行動科学の研究において繰り返し指摘されている。環境心理学分野のこれまでの研究を俯瞰した研究論文[5]では、環境配慮型の行動変容に関する個人の心理的障壁として、本能の欠落がトップイシューとして指摘されている。それに加えて、周囲の人間の大多数がまだ行っていない環境配慮行動を促すことは極めて難しいという社会規範の問題や、人は（例えば電気自動車〔EV〕ではなくガソリン車をすでに買っているなど）一度何かに投資してしまうと切り替えることが難しいというサンクコストの問題なども指摘されている。

このような背景があるため、消費者に対して「環境配慮が大事である」「環境に配慮しているために割高な自社の商品・サービスを買ってほしい」という正論をぶつけたとしても、多くの人は本能的に享受できるメリットが少ないと認識し、環境配慮型の割高な商品・サービスを購入しようとしないのである。他方で、先ほど紹介した国内の調査結果のように、環境配慮が自分事化している約5％の人は、この原則が当てはまらないニッチな層と位置づけることができる。

「正論」に頼らずにちょっとした行動を促す——ナッジする

「環境のためにお金を払う」約5％のニッチな層以外の多数派は、「正論」では動かない。つまり、環境配慮やSDGsの価値を単純に打ち出しても商品・サービスが売れない、環境について教育・啓蒙しても効果が低いなど、社会的に望ましい消費行動を促すことが難しい。

人の動かし方を説明した第4章で触れた通り、このマジョリティ消費者の環境配慮行動を促したいならば、①「ついつい」環境配慮行動をしてしまうナッジ的な仕掛けを用いるか、②気候変動リスクを「今・ここ・私」のリスクとして体感させる仕掛けを考案するか（直球アプローチ）、③子育てなど、消費者にとって「今・ここ・私」とより紐づいた環境配慮以外の切実な価値と紐づける工夫をするか（変化球アプローチ）のいずれかを選択する必要がある。

繰り返しになるが、科学的な観点から分析すると「考え方」を変えようとするのは難しい。しかし、人を動かすことを目的とした際に、「考え方」を変えることはあくまでKPI（中途段階のゴール）であり、行動を変えることがKGI（最終的に達成すべきゴール）であるため、「考え方」を変える必要は必ずしもない。

その際に、3秒で人が動くようなちょっとした行動ならば、ナッジで「ついつい」「できそう」のツボを押す。3秒では人が動かない、腰を据えて動かす必要がある行動ならば、その行動をする目的を「今・ここ・私」に近づけることで「したい」「やろう」のツボを押す。これらを適材適所で使い分けるのがベストである。

(1)ナッジでお湯の使いすぎを防ぐ

例えば、お湯の使いすぎを防ぐ省エネ行動はちょっとした行動であり、ナッジでの対処が適している。

どのナッジを選ぶべきか。第4章第3節で説明した通り、効果が大きいのは（認知・感情よりも）行動に働きかけるナッジや、（意思決定の情報を変えるナッジや意思決定を支援するナッジよりも）意思決定の構造を変えるナッジである。具体的には、狙った行動をデフォルトにしてしまうデフォルト活用ナッジの効果が最も大きい。

お湯の使いすぎを防ぐうえで、デフォルト活用ナッジを利用した好例が、TOTOのエコシングル水栓である（図表5－4）。お湯なら左、水なら右と左右にひねるタイプの水栓の場合、使い終わった際にレバーは中央あたりにあることが多い。そこで、中央の領域を湯水混合ではなく水がデフォル

図表5-4　デフォルト活用ナッジと顕著性ナッジを利用した水栓

レバーをお湯側にひねるときに、給湯器着火をレバーの「カチッ」という音と手ごたえとして体感できるため、水とお湯を意識して使い分けることができる（大きな負担がなく省エネを実現できる）

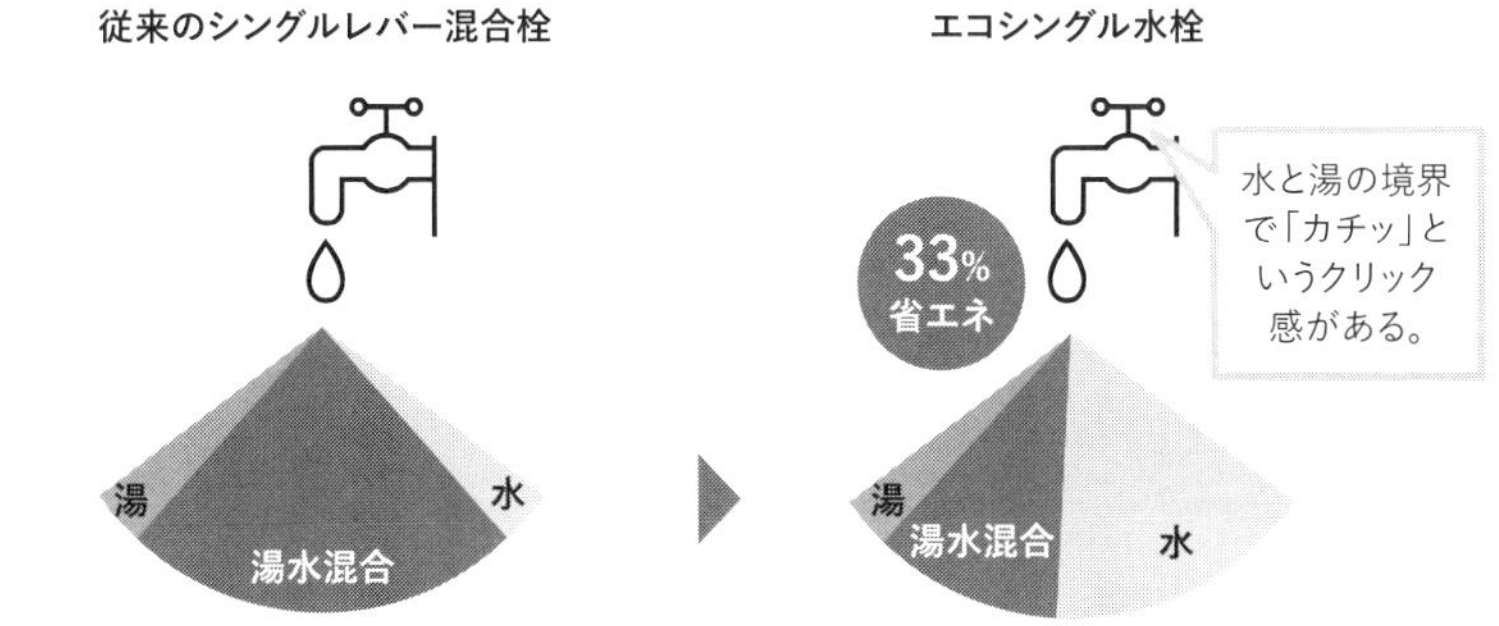

（出所）TOTO「エコシングル」、https://jp.toto.com/products/faucet/groom/function/eco_single/（2020年8月11日アクセス）、大塚雅之（2013年）「節湯型シングルレバー水栓の開発とその節湯効果」『建築設備＆昇降機』101号にもとづいて作成

トとして出るように設定することで、お湯の消費量を減らすことができる。

加えて、同水栓では顕著性ナッジも活用されている。私たちの感覚は敏感ではないため、微量のお湯を混合させていることに無自覚である。そこで、水と湯の境界で「カチッ」というクリック感が得られるように顕著性を高めることで、「お湯を使っている」という感覚（反応的注意）を刺激することができる。

この水栓は、メーカーのＴＯＴＯによればキッチン向けで約24％、洗面用で約９％の節湯効果があるという。[6]

(2) 一時的な省エネ行動をナッジで促す

次に、ちょっとした行動変容をナッジで促す別の例として、電力のピークシフトへの協力行動を取り上げる。電力のピークシフトとは、例えば夜間に洗濯機や食器洗い機を回すなど、電力の使用量が多い時間帯を避けて電気を使うことである。電気はためることが難しいため、需要が供給を超えると停電の危険がある。加えて、一度に多くの人が電気を使うほど火力発電所の稼働率を上げる必要があり、石炭や石油、天然ガスの使用量が増大するため、ピークシフトはCO_2排出量を減らすことにもつながる。

このような電力のピークシフトへの協力行動を促す際に、**一時的な行動変容**と**持続的な行動変容**を区別することが重要である。昼間に洗濯機を回すことを思い留まるなど一時的にピークシフトに協力することは、3秒で人が動くちょっとした行動変容となり得る。他方で、何カ月も夜に洗濯し続けるなど継続的にピークシフトに協力することは、3秒で人が動くちょっとした行動変容とは言い難いだろう。

一時的にピークシフトへの協力行動を促すうえでは、ナッジ的な仕掛けが一定程度有効である。例えば国内の実証研究では、電力の使用状況をモニターで把握可能なスマートメーターを通じて、自主的な節電への協力を求める道徳心に訴求するメッセージが配信される条件と、配信されない条件で節電量を比較している。その結果、道徳心に訴求することで、最初の数日間は電気使用量が8％削減された。しかし、最初の数日間を過ぎた残りの介入期間では、道徳メッセージの効果が「慣れ」の影響によって消滅したという[7]。

道徳心に訴求する社会規範ナッジ的な仕掛けは、一時的なピークシフトへの協力行動に対しては数％の効果があったが、持続的なピークシフトへの協力行動に対しては効果がなかったのである。

「正論」に頼らず腰を据えて人を動かす――「今・ここ・私」に近づける

第4章第4節で説明した通り、持続的な行動変容を促すには、本能が反応する生存と繁殖に関連した「今・ここ・私」に近い価値と結びつけ、本能を起点に「したい」「やろう」という気持ちを醸成する必要がある。

例えば、金銭やポイントなどインセンティブの付与は、資源をためたいという本能（衝動的欲求の備蓄欲求）を刺激して、促したい行動を「今・ここ・私」に近づける汎用的な方法であることをすでに説明した。

先述したピークシフトに関する実証では、ピークの需要時間帯以外に（ピークシフトに協力すれば）電気料金が安くなる金銭的インセンティブを与える条件も設定されており、同条件では何も与えられない条件と比較して14～17%の削減効果が示されたという。さらに、先ほど紹介した道徳メッセージを使った社会規範ナッジの条件とは異なり、この効果は介入期間にわたって持続し、介入終了後もある程度の削減効果が示されたという。

なお、金銭的インセンティブを与える期間が終了しても効果が少し持続したのは、金銭的インセンティブによる介入期間中にさまざまな電気製品を効率的に使用する習慣が形成されるなど、ライフスタイルの変化が起きたためではないかと論文の著者らは推測している。

腰を据えて環境配慮行動やＳＤＧｓ行動を促すためには、将来の環境やＳＤＧｓに配慮したいという**本能の欠落を、「今・ここ・私」と紐づく別の価値によって補う**必要がある。その際に、**直接的に本能を補完する直球アプローチ**と、**間接的に本能を補完する変化球アプローチ**の2種類が存在することは第4章ですでに紹介した。金銭的なインセンティブの付与は変化球アプローチの一種だが、その他の詳細を改めて事例をもとに考えたい。

⑴ 直球アプローチ

①「リスクの自分事化」が重要

直球アプローチは、**気候変動リスクや、気候変動を回避する環境的・社会的なメリットを「今・ここ・私」の切実な問題として体感させる手法**である。特に重要なのは、気候変動リスクを切実な問題として認識させることである。もし企業や政府がこの「リスクの自分事化」を実現できるならば、消費者は環境のためにお金を払うようになるだろう。

実際に、第4章で紹介したように、高度経済成長期における日本では、光化学スモッグなどの公害問題が「今・ここ・私」に対する脅威として日常生活（生存）を脅かす無視できない社会課題となっており、多くの人が環境のために動いたのである。

直球アプローチによってリスクを切実な問題として認識させるうえで重要なのは、理性に対する訴求や教育よりも、感情（衝動的欲求）に対する訴求の方が効果的という点である。これは、23カ国で実施された106の研究を統合したメタ分析[8]から示されている。環境問題についての知識や経験よりも、生々しいリスクにわき起こるネガティブな感情や、周囲も実際に対処行動を起こしていると感じるかどうかが、より人を動かす。

例えば、私たちが普段家庭で用いる都市ガスは、本来無臭であるにもかかわらず異臭が人工的に付着されている。異臭の付着によって本能の欠落を補完し、「今・ここ・私」の問題として本能的にガス漏れの危険を感じ取れる状態にすれば、人は容易に対処行動を起こすようになる。この例は第4章でも触れた。

また、ある実験研究によれば、「居住地域において1％の確率で洪水が発生する」と言葉で告げられるよりも、洪水の写真つきでリスクを訴求されることによって、洪水保険に対して支払ってもよいと思う保険料が月額約12ドル増加した。[9]写真を通じた感情喚起は、リスクの自分事化を容易にする。

その他に、「一人の死は悲劇だが、集団の死は統計上の数字にすぎない」というナチスドイツのホロコースト（ユダヤ人大量虐殺）に関与したアドルフ・アイヒマンの有名な言葉にあるように、統計データではなく一人称的な物語としてのリスク描写は、リスクの自分事化を容易にする。

Unit Asking（単位分割質問法）と呼ばれる行動科学的手法が存在する。はじめから全体的（統計的）な状況を考えるのではなく、一人の個人が置かれた状況をまず想像したうえで、そのような個人が複数人存在すると考えることでより事態のインパクトを大きく見積もる手法である。具体的には、実験研究から次のような結果が示されている。[10]

「困っている人が40人いる。いくら募金するか？」のように、困っている人をはじめから統計的に示されると、募金額は約３０００円にとどまる。それに対して「この困っている一人にいくら募金するか？　同様に困っている人たちが40人いる。いくら募金するか？」のように、まず具体的な個人を想像させて、それを膨らませる形で、似た状況に置かれた人が複数人いることに対する想像を求めると、募金額が約５０００円と１・７倍程度増加する。筆者らは大学で学部生を対象として開講している講義で同実験を追試したことがあり、同様の効果が再現されることを確認済みである。

全体としてリスクを考えさせるのではなく、個別のリスクにフォーカスしたうえで個別のリスクイメージを膨らませる手法を活用して、消費者のリスクの自分事化をより促すことは可能だろう。

図表5-5　リスク訴求のポイント：対処できそう感の醸成

恐怖やリスクの訴求によって人を動かすには、「対処できそう感」を醸成することが重要

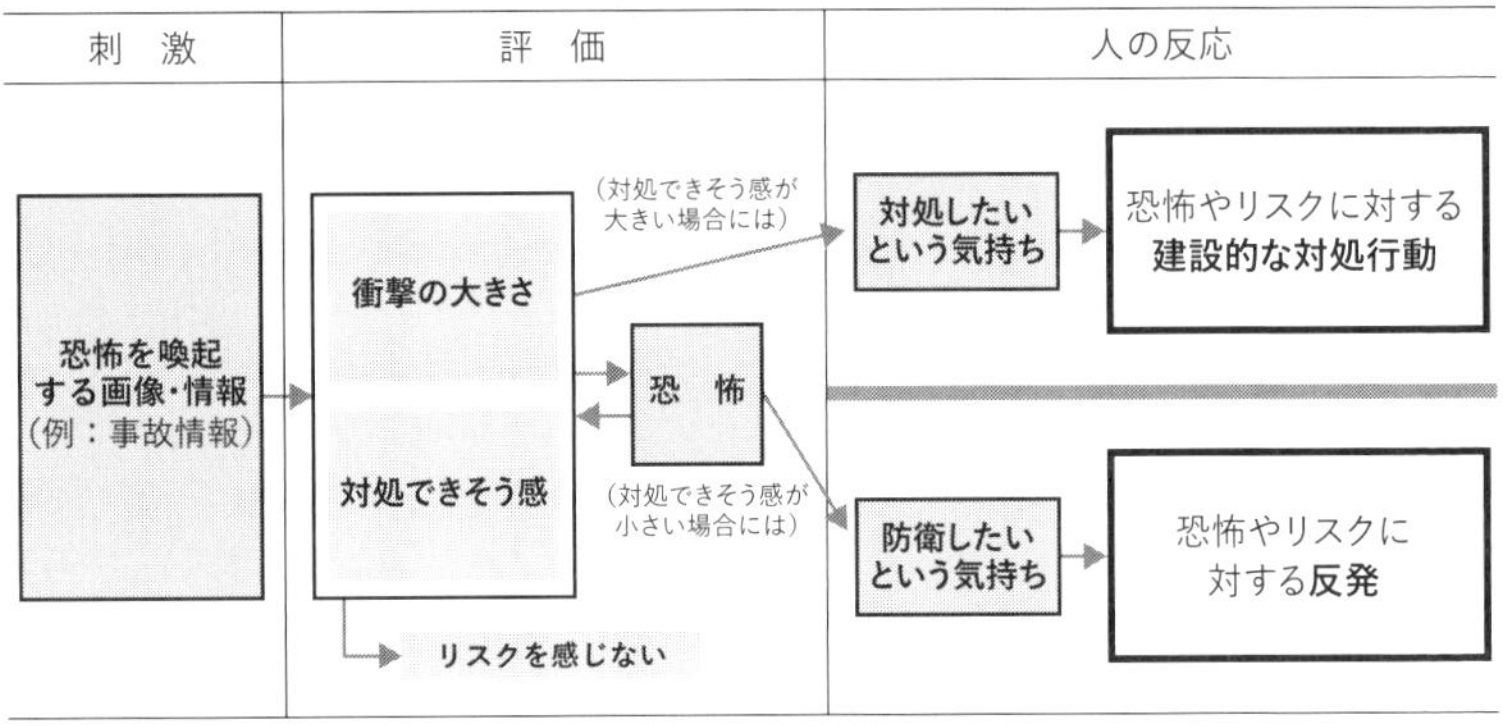

（出所）Wehbe, M. S., Basil, M., & Basil, D. (2017). Reactance and Coping Responses to Tobacco Counter-Advertisements. *Journal of Health Communication*, 22(7), 576–583にもとづいて作成

②「できそう」（自己効力感）を醸成しないとリスク訴求は反発を招く

なお、感情的なリスク訴求、つまりホラーストーリーを通じて人を動かす際には、恐怖を煽るだけではなく「できそう」（自己効力感）を同時に醸成する必要があることが、行動科学によって特定されている（第3章第2節参照）。

恐怖だけを煽られどう対処すればよいかわからない場合、消費者は反発を起こす。他方で、恐怖を鎮める自分でもできそうな対処方法が提示されるならば、消費者は建設的な対処行動を起こす。恐怖を煽るならば、恐怖を回避するためにどう行動すればよいかについての具体的で明確なシナリオを必ず同時に提示すべきであることを補足しておく（図表5－5）。

③直球アプローチの限界

しかし、環境配慮行動に対する行動科学を用いた介入効果は平均7・1％だとするメタ分析の研究結果[11]が示すように、**直球アプローチによる工夫の余地には限**

界があると考えられる。

例えば、衝撃的な写真を用いるなどして「今・ここ・私」がすぐに困らない将来的な気候変動リスクを現在的な問題として仮想したとしても、「慣れ」の問題が存在するため持続的な行動変容は生じにくいと筆者らは考える。気候変動問題については、都市ガスの「異臭」に相当する将来の不確実なリスクを「今・ここ・私」に強烈に紐づけることができる画期的な訴求方法が、現状では見当たらないのである。

もちろん、直球アプローチ（リスク訴求）によって、数％の行動変容をコツコツと積み上げることは重要である。また、日本の各地で台風など気候変動に伴う異常気象を実際に「今・ここ・私」の問題として体感する機会が増加するに従って、かつての高度経済成長期の公害問題のような気候変動問題の自分事化が、5年から10年スパンで急激に促される可能性は否定できない。

だが、世界全体がカーボンニュートラルに向かっている事実を踏まえると、気候変動による致命的なリスクを回避するために、我々は大規模な行動変容を今すぐに実現することを求められている。その意味で、**大規模な行動変容を誘発する変化球アプローチが不可欠**であると筆者らは考える。

⑵変化球アプローチ

変化球アプローチは、将来の環境に配慮したいという**欠落した本能を「今・ここ・私」と結びついた別の本能で補完する手法**である。

環境配慮行動を例に取れば、我が子をひいきしたいという思い、自分の社会的な地位・評判を高めたいという思い、そして近隣国が台頭する脅威に対抗したいという思いなどのすでに「今・ここ・

私」と結びついている本能的な価値を目的として設定したうえで、環境配慮行動をその目的を実現する手段として位置づけるものである（第4章第4節参照）。

わかりやすくいえば、環境のためではなく別のより切実な目的のために、結果的に環境配慮行動を促すアプローチである。「環境に配慮したい気持ち」というプロセス（ＫＰＩ）にこだわるのではなく、あくまで「結果的に環境のためになる行動」というゴール（ＫＧＩ）に照準を合わせるのである。

①変化球アプローチの成功事例

例えば、テスラのＥＶは世界的に大ヒットしている。テスラがＥＶの価値を訴求する際には、環境メリットだけを打ち出していない点が肝要である。テスラは環境メリットよりも、スポーツカー並みの加速性能であること（停止時から１００ｍまでの移動に要する秒数）や、自動運転やソフトウェアアップデートの先進性などを第一の価値として消費者に訴求しており、心地よく響く企業のミッション（「世界の持続可能エネルギーへのシフトを加速する」）として、あくまで副次的に環境のためにもなることを伝えている。[12,13]

実際に、国内のテスラ車購入者のうち「環境にやさしい」ことを理由として購入した消費者はほぼいないことが、２６２名が回答したＪＤパワーの調査[14]から明らかとなっている。先進性（54%）、運転の楽しさ（22%）、1回の充電で走行可能な距離の長さ（13%）などの「今・ここ・私」に直結するメリットを購入理由に挙げたユーザーが大半なのである。

さらに、テスラ車に限定しなくてもＥＶ購入希望者が重視するのは「CO_2削減よりお財布」であることが、国内の別の調査から示されている。[15] 大多数のＥＶユーザーは、決して環境配慮を目的としてＥＶを選ぶわけではないのである。

②補完する本能の選び方

なお、**欠落する環境配慮型の本能を補完するために活用可能な価値は、ＡＲＭＳモデルの衝動的欲求のリストから導出可能**である（図表３－４）。

具体的には、環境配慮行動を手段とすることによって、以下の「今・ここ・私」と紐づいたメリットが得られる（目的が達成される）場合に、人は環境配慮行動を行いやすくなると考えられる（図表５－６）。

まず、金銭やポイントなどインセンティブの付与は、資源をためたいという本能（②の備蓄欲求）を刺激して促したい行動を「今・ここ・私」に近づける汎用的な方法であるため、優先的に検討されるべきである。金銭的インセンティブの付与が困難な場合、あるいは人が十分に動かないほどインセンティブがごく少額となってしまう場合は、③の社会的に評価されたいという気持ちを活用したり、その他の好き・こだわりと紐づけたりすることが有効である。

③の地位・評判欲求を刺激するとは、環境配慮行動を行うことで地位・評判が向上する（行わないと低下する）仕掛けをつくるということである。人々の環境配慮行動を促したいならば、環境配慮行動を取ったことが集団内に自然と拡散され、本人の能力（才能、財力、権威など）もしくは温かみ（人柄、信頼など）に対する評判が向上する仕掛けを、企業や行政がつくる必要があるだろう。

良い行いをした評判が広まるからこそ、人は血縁者や直接的にやり取りする友人・知人以外にも良い行いをしようとするのである（これを進化生物学の専門用語で間接的互恵性という[16]、第３章第２節

図表5-6　環境配慮行動を促す際に刺激すべき衝動的欲求

欲求の種類	説　明
①生存的欲求（生理、安全、衛生）	自分の身近な（「今・ここ・私」に近い）安全や健康の確保（病気・ケガ・感染症・死亡リスク・安全保障リスクの低減）や労力の削減につながる
②生存的欲求（備蓄）	自分の貯蓄や資産形成（金銭的なインセンティブの獲得）や経済状況の改善、居住環境の改善につながる
③社会的欲求（地位・評判）	人から才能や資産的余裕、権威がすごいと思われること（能力面の評価向上）、もしくは性格や人間性が好ましいと思われること（温かみの面での評価向上）によって、地位・評判（ステータス）の向上につながる（裏返せば、それをしないと集団での評判が低下し、排斥されることにつながる）
④繁殖的欲求（性愛、魅力）	モテる、あるいはパートナーにとって魅力的に映ることにつながる
⑤繁殖的欲求（血縁者繁栄）	教育上好ましい、遺産や資産を残す上で望ましい、社会的な成功を実現する上で望ましいなど、子どもや孫の生存と繁殖の成功確率を上げること（繁栄）につながる
⑥成長的欲求（知識、能力）	生きる、社会的関係をつくる、遺伝子を残すチャンスを活かす上で、役立つ情報を得たりスキルを磨いたりすることにつながる

参照）。

複数の行動科学的な研究のレビューにおいても、地位・評判を気にする気持ちが脱炭素行動の最大20％の変化を説明することができる重要な要因であると特定されている。[17]

また現代では、ブランド物の購買などによって直接的に財力や権威を誇示するよりも、環境やSDGsに配慮した行動を取る余裕があることを見せつけることで間接的に財力や権威を誇示した方が、集団内での地位・評判を高める有効な手段になりつつあることを示唆する研究もある。[18]

実際に、若い世代においても、環境配慮行動やSDGs行動を促すうえで「何者かになりたい」「ステータスを得たい」という動機が重要な役割を果たしていることが実証されている。[19]

この意味で、ハイステータスを訴求する企業ブランディングと環境配慮行動は非常に親和性が高い。「環境に配慮するあなた」ではなく、「環境に配慮できるハイステータスなあなた」という世界観を徹底的に演出することによって、環境配慮行動はより促されやすくなるだろう。

裏を返せば、環境配慮行動をしないと集団での評判が低下し、排斥されることにつながる仕掛けをつくることも有効である。わかりやすくいえば、マンションでのごみの分別にかかる社会的圧力と似た圧力がかかる状況をつくるということである。

例えば、自分が協力したかどうかが他者に知られる状況だと、電力消費のピークシフトへの協力行動が増加することが、２４１３人の被験者を対象とした米国の社会実証から示されている。[20]具体的には、協力した人の匿名ＩＤではなく氏名が公開される条件では、協力行動が約3倍増加した。氏名公開の効果は、ピークシフトに協力した人に対して25ドルの金銭的インセンティブを与える効果よりも、４倍以上大きかったという。

次に、④の性愛欲求や魅力欲求を刺激するとは、環境配慮行動を行うことでモテる（質が高い配偶者を獲得する）、あるいはパートナーにとって魅力的に映ることにつながる仕掛けをつくるということである。環境配慮行動がモテにつながる仕掛けを組むことが難しい場合は、ファン性を通じた性愛欲求の活用が考えられる。

具体的には、推しの著名人を応援するという目的に対して、環境配慮行動を応援の手段と位置づける仕掛けをつくることができれば、人は環境配慮行動をより「今・ここ・私」の自分事と捉える可能性が高くなると考えられる。この仕掛けの詳細は、後で詳しく扱う。

最後に⑤の血縁者繁栄欲求を刺激するとは、環境配慮行動を行うことで子どもや孫の生存と繁殖の成功確率を上げること（繁栄）につながる仕掛けをつくるということである。筆者らが関与した実証研究では、たとえ環境への配慮や節電による微々たる金額の節約に関心がない親でも、「環境に無配慮な振る舞いを親がすることは子どもの教育上良くない」という観点にもとづき、しばしば節電行動を取るようになることが示されている。[21]

具体的には、家の目立つ場所に設置したパネルに、電気の使用量に応じた節電メッセージを表示させた。メッセージを無視する行動は子どもも見ている手前教育上悪いため、親は節電行動に積極的になったのである。

その他にも、家族全体の環境配慮行動を、子どもの学校での成績や受験の成功、就職の成功などと関連づけるスキームを行政や企業が組むことができれば、環境配慮行動はより促されやすくなると考えられる。

③新たなスキームを組む力の重要性

これまで、変化球アプローチを詳しく説明してきた。進化的な本能が反応する「今・ここ・私」に近いと感じられる価値を目的と設定して環境配慮行動を目的達成の手段と位置づけるスキームを組むことで、「将来の環境のため」という欠落した本能を補完することができるのである。この**変化球アプローチでは、単なる情報の出し方の工夫にとどまらず、ビジネスモデルの設定を含めた新たなスキームを組む力が求められる**といえる。

2　消費者に刺さる再エネの価値を発見し家庭の再エネ利用を促す

【セクションサマリ】

- 再エネ利用の普及やカーボンニュートラルの実現には、消費者の価値観（その人が何を「今・ここ・私」に近い価値と感じるか）を見極めたコミュニケーションが必要である。
- 消費者は「環境・献身重視」「実利・快さ追求」「無関心」の3タイプに分類できる。どのような価値を感じれば再エネ利用につながるかは、この価値観タイプによって異なる。
- 筆者らは、「環境・献身重視タイプ」をメインターゲットとして自宅外の太陽光パネルで発電した電力を自宅で使えるEnection3.0というサービスの有効な意味づけを「直球アプローチ」で探った。
- 若年層に多い「実利・快さ追求タイプ」の再エネ利用行動を促す変化球（目的置き換え）アプローチとして、ファン性を利用したスキームを提案した。

前節で紹介したアプローチを、筆者らが実際に関与した環境省事業の公開可能な情報[22]を用いながら説明する。

同事業は、CO_2排出量の削減に資する技術開発に対して技術開発費用を補助する環境省の事業であった。筆者らは、個人や企業に対して再エネを販売する新電力会社のみんな電力（現・UPDAT

ER）と共同で個人消費者に刺さる再エネの価値を発見し、家庭の再エネ利用を促す新たなサービスづくりを試みた。

具体的には、Enection3.0と呼ばれるプラットフォームにどのような意味づけを与えると消費者の再エネ利用を促せるかを検討した。Enection3.0は、P2P電力取引プラットフォームである。その特徴は、自分が使う電気の出どころを、ブロックチェーン技術を活用して追跡（トラッキング）できることである。Enection3.0によって、どの発電所でつくられた再エネを自分が使っているかを可視化したり、特定の発電所でつくられた再エネを指定して自宅で使ったりすることが可能となる。

この新たな技術をどのように意味づけることで消費者の再エネニーズを掘り起こせるかを、BXアプローチによって検討したのである。

若年層が〝環境にやさしい〟で動くという俗説

まず、個人消費者に刺さる再エネ価値の発見を目的として、国内の個人消費者に対するアンケート調査を行った。この調査では、再エネに対して「誰が」「どのような」価値を感じているかを検討した。

「誰が」という点については、再エネ利用の有無と関連する個人の属性を、性別・年齢などの基本属性に限らず、科学的に重要性が指摘される価値観や性格などを含んだうえで幅広く検討した（第3章第3節参照）。「どのような」という点についても、再エネの受容に関する科学的な研究の知見を踏まえ、再エネに対して人々が感じる可能性がある多様な価値を含めて検討した。

そのうえで、合計1000名から取得したデータを統計的に分析して明らかとなった重要な知見を紹介したい。

まずは、**若年層が〝環境にやさしい〟で動くというのは俗説**という知見である。「他世代と比較して、若年層（特にミレニアル世代やZ世代）は環境意識が高い」という調査結果や報告がここ数年多く発表され、注目を集めている。米国の「NextGen Climate Survey」という調査[23]では、14歳から24歳までの米国の若者の47％が、最も関心の高い地球上の問題（人種差別などの社会問題も含む）として環境や気候変動を挙げたという結果が得られている。

しかし、筆者らが取得したデータからは、第5章第1節で詳述した「人は将来の温暖化問題を切実な自分事と捉えて動く本能を持たず、若年層も例外ではない」ということを裏づける調査結果が実際に得られている。具体的には、次の3つの事実が明らかとなった。

第一に、調査対象とした母集団（電力契約に関与する可能性のある成人）を、環境配慮に対する価値観にもとづいてタイプ分けした（クラスター分析と呼ばれる統計手法を用いた）。その結果、消費者は、環境や社会への貢献意欲が強い「**環境・献身重視タイプ**」、利得感（お得さ）や楽しさを重視する「**実利・快さ追求タイプ**」、そして特定の価値観を持たない「**無関心タイプ**」の3タイプに分類できることが明らかとなった（図表5－7）。

質問項目には、環境配慮行動を考えるうえで科学的に重要であることが特定されている価値観[24]を用いた。本調査では、再エネ100％の電力プランに契約しているユーザーとそうでないユーザーから同数のデータを取得したため、各項目の分布割合は実態とは異なり得る点には注意が必要である。

第二に、**若い世代の多くは**環境への貢献意識よりも**自分の利益を優先しようとする意識の方が強い**ことが示された。

図表5-7　環境配慮に関する価値観タイプ（2021年に調査を実施）

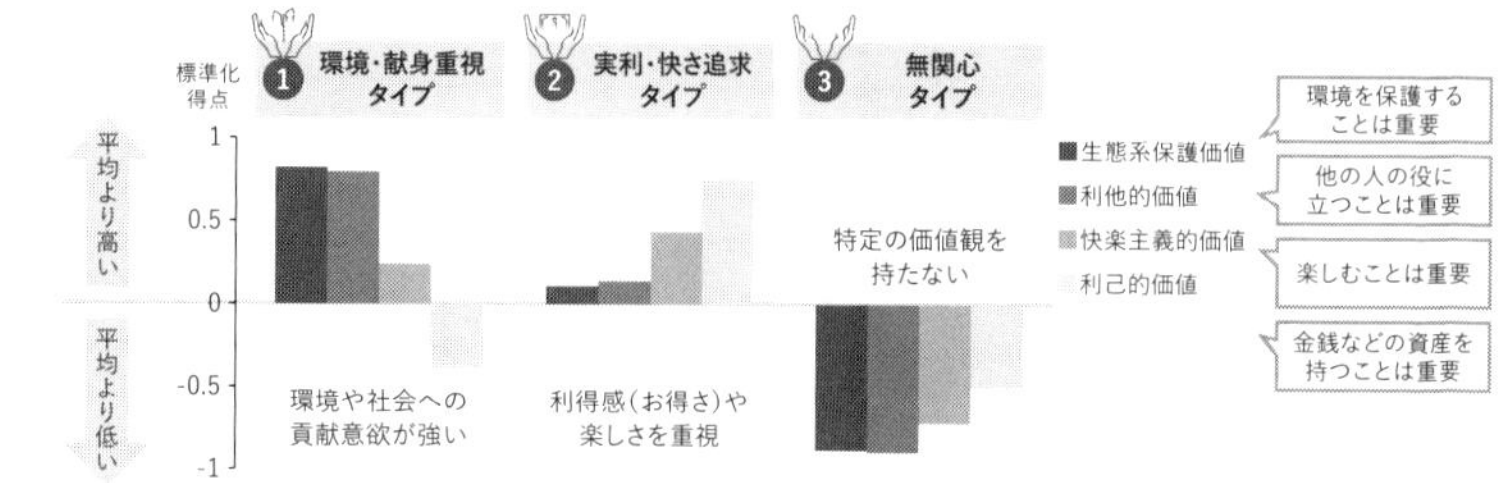

		1 環境・献身重視タイプ	2 実利・快さ追求タイプ	3 無関心タイプ
行動	再エネ電力を利用している割合	54%	**59%**	35%
意識	温暖化の問題意識	**4.5**	4.1	3.3
	行動で環境を変えられる感覚	**4.3**	4.0	3.2
	再エネ利用に感じる正しさ	3.5	**3.6**	2.8

（注１）1＝まったく感じない～6＝とても感じるの6件法で測定。N＝1,000
（注２）K-means法にもとづく階層的クラスター分析を実施した。なお、4つの価値観は、環境配慮行動に関連する価値観を特定した環境心理学分野の研究〔Unal, A. B., Steg, L., & Gorsira, M. (2018). Values Versus Environmental Knowledge as Triggers of a Process of Activation of Personal Norms for Eco-Driving. *Environmental Behavior*. 50, 1092–1118〕にもとづいており、測定する質問についても学術的な心理尺度を利用している

具体的には、高齢層では「環境・献身重視タイプ」が多い一方で、若年層では「実利・快さ追求タイプ」が多く存在するのである（図表5－8）。より詳細には、「環境・献身重視タイプ」が60代では約45％であるのに対し、Z世代では約16％である。「実利・快さ追求タイプ」が60代では約27％であるのに対し、Z世代では約63％である。

ニッセイ基礎研究所が2022年に実施した調査[25]でも、「地球環境や社会問題は他人事ではない」と答えた人の割合は20代では約44％であるのに対して、60代では約76％、70代では約84％であった。行動科学の先行研究[26]からも、若い世代は環境問題を認識していても実際に環境に配慮した行動を取る可能性が低いことが指摘されている。

つまり、若年層が〝環境にやさしい〟で動くのはあくまで俗説であることを示す、筆者らと同様の結果が得られているのである。

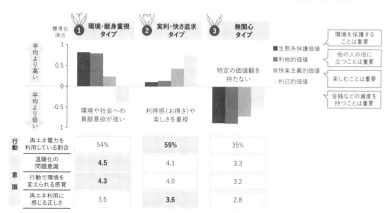

図表5-8　環境配慮に関する価値観タイプの年代別分布（2021年に調査を実施）

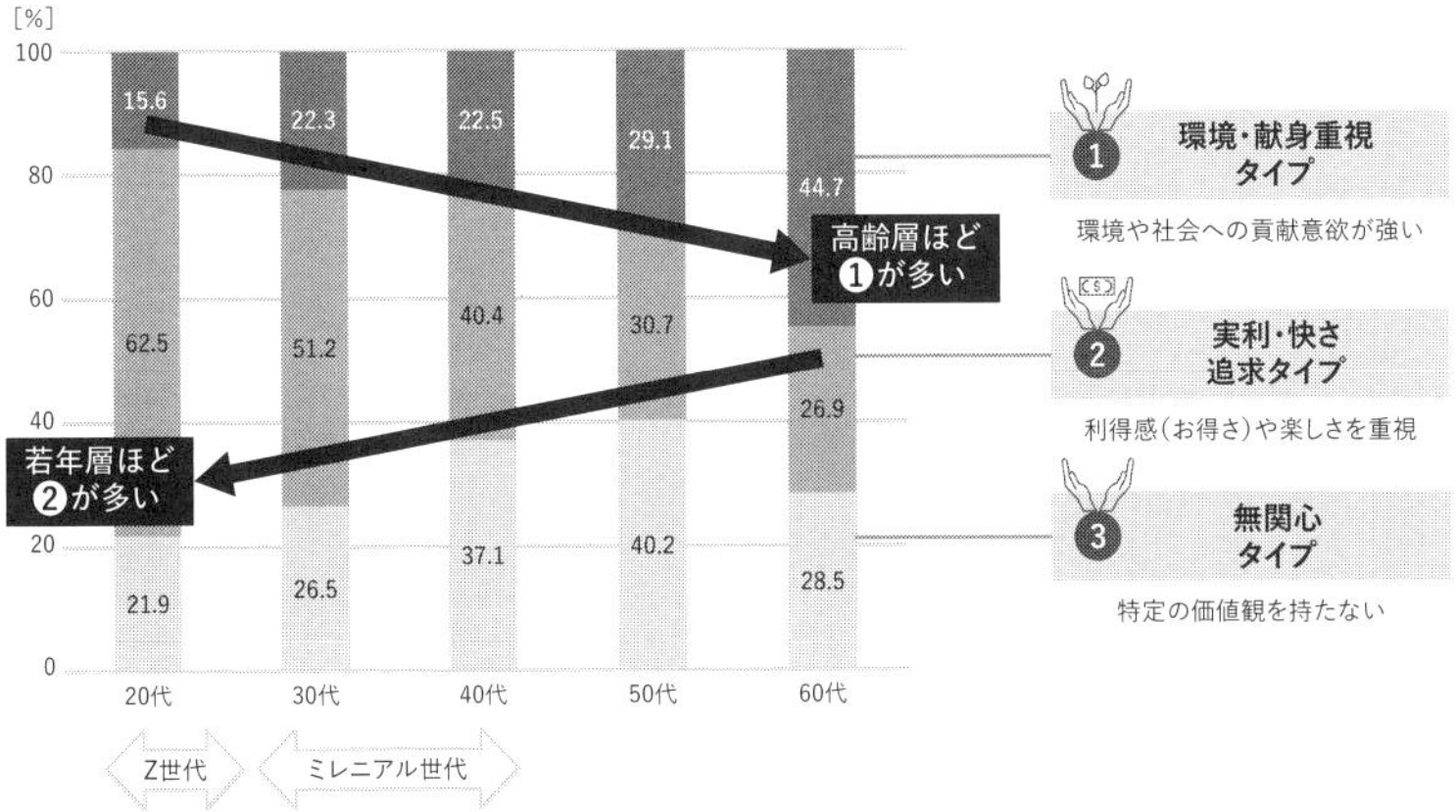

第三に、**若い世代に多い「実利・快さ追求タイプ」は環境・社会改善につながる感覚には反応しづらい一方で、価格・品質面が優れている感覚や情緒的に良い・他者に認められる感覚に対して反応しやすい**傾向が示された（図表5－9参照）。

具体的には、再エネ利用のボトルネックを検討した行動科学の先行研究[27]にもとづき、再エネに対して人が感じる可能性があるポジティブ・ネガティブな価値を網羅的に洗い出し、各価値をどの程度感じるかを調査で尋ねた。そのうえで、因子分析と呼ばれる統計手法を用いて、消費者が再エネに感じる価値を要約的に整理した。

その結果、日本の消費者が再エネに感じる価値は、「地球温暖化の阻止に貢献できる」などの**環境・社会的価値**、「価格に見合っている」などの**価格・品質的価値**、「他の人に良い印象を与えられる」などの**情緒・社会受容的価値**、「依存度を高めると電力供給が不安定になる」などの**機能的リスクへの懸念**、「再エネ電力プランを探すことは自分には難しい」などの**手続き・乗り換えへの懸念**の5つに整理できることが明らかとなった。

図表5-9　再エネに感じる価値の価値観タイプによる違い（2021年に調査を実施）

ニーズの強さ*1　0~　3.5~　4.0~　　再エネ利用への影響度*2　~0%　0%~　10%~　15%~

再エネに感じる価値*3		代表例	測定項目	① 環境・献身重視タイプ	② 実利・快さ追求タイプ	③ 無関心タイプ
環境・社会的価値	環境・社会改善につながる感覚	・地球温暖化の阻止に貢献できる ・持続可能な発展に貢献できる	ニーズの強さ	4.2	3.9	3.4
			再エネ利用への影響度	10%	8%	6%
価格・品質的価値	価格・品質面が優れている感覚	・価格に見合っている ・品質が安定している	ニーズの強さ	3.5	3.5	3.0
			再エネ利用への影響度	9%	15%	10%
情緒・社会受容的価値	情緒的に良い・他者に認められる感覚	・かっこいい ・気が楽になる ・他の人に良い印象を与えられる	ニーズの強さ	3.3	3.5	2.8
			再エネ利用への影響度	6%	14%	10%
機能的リスクへの懸念	価格・品質面での懸念	・不当な価格設定を懸念 ・依存度を高めると電力供給が不安定になる	ニーズの強さ	3.5	3.7	3.5
			再エネ利用への影響度	−3%	0%	−1%
手続き・乗り換えへの懸念	手続き・乗り換えの面倒さへの懸念	・再エネ電力プランを探すことは自分には難しい ・再エネが何かを理解するのは自分には難しい	ニーズの強さ	2.9	3.4	3.3
			再エネ利用への影響度	−5%	0%	−2%

*1　ニーズの強さの平均値（1＝とても弱い～6＝とても強い）
*2　再エネ利用（1＝再エネに興味・関心がない～4＝再エネを契約・利用している）に対するニーズの影響度（Pearsonの積率相関係数）とし、相関係数を二乗した重相関係数を影響度として表記している
*3　再エネに感じる価値を測定する複数の質問の因子分析の結果得られた5因子を採用している

そのうえで、「環境・献身重視タイプ」「実利・快さ追求タイプ」「無関心タイプ」という3つの価値観タイプによって、これら5つの価値をそれぞれどの程度感じるか（ニーズの強さ）と、5つの価値を感じることがどの程度再エネ利用行動に影響するか（再エネ利用への影響度）を分析した。

その結果、「環境・献身重視タイプ」は再エネが持つ「環境・社会的価値」に反応しやすいという結果が得られた。一方で、若い世代に多い「実利・快さ追求タイプ」は再エネが持つ「環境・社会的価値」には反応しづらいが、「価格・品質的価値」や「情緒・社会受容的価値」に反応しやすいという結果が得られたのである。

消費者の属性（価値観）に応じた「今・ここ・私」の見極めを

再エネ利用の普及やカーボンニュートラル

を実現するために、企業は、消費者の価値観に応じた「今・ここ・私」を見極めたうえで、従来の〝環境にやさしい〟というメッセージだけを伝えるコミュニケーションから人の心に寄り添ったコミュニケーションに変革していくことが不可欠である。

繰り返しになるが、人の進化的な本能は「今・ここ・私」に近いと感じられる価値に対して主に反応する。先に紹介した調査結果が示すように、どのような価値が「今・ここ・私」に近いと感じるかはその人の属性（価値観）に大きく左右される。ARMSモデルに立ち戻れば、年齢や性格などの個人的属性とその人が置かれた生存的・社会的・繁殖的な状況である社会的属性の掛け算として、「環境重視」などの価値観が決定される（図表3－2）。この価値観が、各種の心のツボの反応のしやすさ（何を「今・ここ・私」に近い価値と感じるか）を左右するのである。

つまり、消費者の価値観や、その背景にある政治的立場や年代などに応じて再エネ普及を促すためのコミュニケーションの仕方を変えることが重要といえる。

例えば、政治的な立場がリベラル層の人が「人や動物の存在が傷つけられないこと」「公正であること」を特に重視することはすでに紹介した（第1章第3節参照）。リベラル層に対しては、気候変動リスクや、再エネが環境にもたらす良いインパクトを直球で訴求するアプローチが有効である。

他方で、保守層の人は「自分が所属する集団を裏切らないこと」「所属する集団における上下関係や地位・権威などの秩序を維持すること」「汚らわしくないこと」を特に重視する。再エネを利用するように保守層を動かすには、地球や動植物の保護を訴求するのではなく（「正論」をぶつけるのではなく）、「環境にやさしいライフスタイルが国防（エネルギー安全保障）や経済成長（発電技術のイノベーション）に結びつく」という変化球アプローチによるコミュニケーションが有効である。

実際に、気候変動やESGに否定的とされる米国共和党の上院議員が「中国にフェアに競争させるためには国境炭素税が必要だ」と、「環境のため」ではなく「中国の脅威の抑止のため」という観点から脱炭素を主張し始めているのである。[28] これは、気候変動に対する意識変革を一切しないまま、結果的に気候変動に配慮した行動変容が生じ始めている例といえる。

同様に年代別のアプローチを検討するならば、「環境・献身重視タイプ」の多い高齢層に再エネ利用を促すうえでは、地球温暖化阻止に貢献したい気持ちや人として正しくありたい気持ちをくすぐるコミュニケーション（直球アプローチ）が一定程度有効である。

具体的には、「将来の環境のため」という抽象的なコミュニケーションよりも、「今すぐに助かる人がいる」「身近な社会に貢献できる」というコミュニケーションが有効であることが、筆者らの調査結果から示されている。例えば、再エネを利用することが「脱原発を通じて震災時に傷つく人を減らすこと」「被災地の支援」「異常気象によって苦しむ日本の被災者を減らすこと」「子ども・孫世代の生活と安寧を守ること」「一極集中型ではなく地域分散型である再エネの振興を通じた自分の居住地域の活性化」につながることを訴求するコミュニケーションを取り得る。

他方で、「実利・快さ追求タイプ」の多い若年層には、「自分に利益がある」「他の人に良い印象を与える」といった気持ちをくすぐるコミュニケーション（変化球アプローチ）がむしろ有効である。

若年層に向けた変化球アプローチとして、具体的には、再エネを利用することが「金銭的利益につながること」「（高級ホテルや高級ブランドのように）プレミアムでハイステータスであること」「受験や就職活動、昇進に有利に働くこと」「先進的でかっこいいこと」「社会的な高評価に結びつくこと」「先進的なかっこいい生き方につながること」「自分らしさにつながること」「モテにつながること」を訴求するコミュニケーションを取り得る。

以降では、まず高齢層に特に多い「環境・献身重視タイプ」に向けて、再エネを提供するサービスを直球アプローチでBXした事例を紹介する。

次に、若年層に特に多い「実利・快さ追求タイプ」に向けて、再エネを提供するサービスを変化球アプローチでBXする事例を提案したい。

直球アプローチによって家庭の再エネ利用を促す――連想イメージの利用

太陽光パネルを所有し再エネを利用する家庭を増やすことは、脱炭素に向けて再エネの供給量を増やすうえで極めて重要である。本項では、先述した「環境・献身重視タイプ」をメインターゲットとして、太陽光パネルを持つことで再エネを供給・利用する家庭の拡大を試みたBXアプローチの事例を紹介したい。なお、これは先述した環境省事業の一環として実施した事例である。

(1)太陽光パネルを設置したくても設置できない6割の家庭に注目

すでに紹介したように、メインターゲットとした「環境・献身重視タイプ」は高齢層に特に多く、「環境のため」で動きやすい人々である（図表5－9）。

ARMSモデルでいえば、環境のために動きたいという「したい」（動機）の心のツボや「ついつい」動きたくなる本能（衝動的欲求）の心のツボがすでに一定程度押されている状態である（図表3－2）。したがって、「太陽光パネルを所有して再エネを発電することで脱炭素に貢献したい」という気持ちがある程度醸成されていると考えられる。

行動変容に向けて押すべき心のツボを網羅したARMSモデルにもとづいて論理的に考えれば、「環境・献身重視タイプ」にとっては、太陽光パネルを持つことが「難しそう」「面倒そう」という「できそう」(自己効力感)の心のツボが最大のボトルネックとなっているはずである。「できそう」の心のツボを押すことができれば、より太陽光パネルを通じた再エネ供給・利用を促進できるだろう。

筆者らはアンケート調査を通じてこの仮説が正しいことを確認した。具体的には、「環境・献身重視タイプ」は単に再エネを利用するだけでなく、自らが太陽光パネルを通じて再エネを生産する主体となるような、環境に対するより能動的な貢献のあり方を求めていることを明らかにした。

「環境・献身重視タイプ」で現在は太陽光パネルを所有していない人のうち、約6割の人が「設置したいが設置できない」、約2割の人が「いつか設置したい」と答えるなど、設置したい動機を持つ人は実に8割を超えるのである。

一方で、約6割の人が「設置したいが設置できない」と答えている通り、「できそう」感の不足が最大のボトルネックとなっている。例えば賃貸ユーザーでも太陽光パネルを設置できるようにするなど、「できそう」感の不足というボトルネックを解消できれば、その電力会社はより多くの「環境・献身重視タイプ」の消費者を引きつけられるはずである。

(2)「太陽光パネルのレンタル」という当初コンセプトはハズレ

そこで、環境省事業の共同事業者であるみんな電力と、具体的にこのボトルネックを克服し得るサービスを検討した。

みんな電力は、自分が使う電気の出どころを、ブロックチェーン技術を活用してトラッキングでき

図表5-10　当初のコンセプト

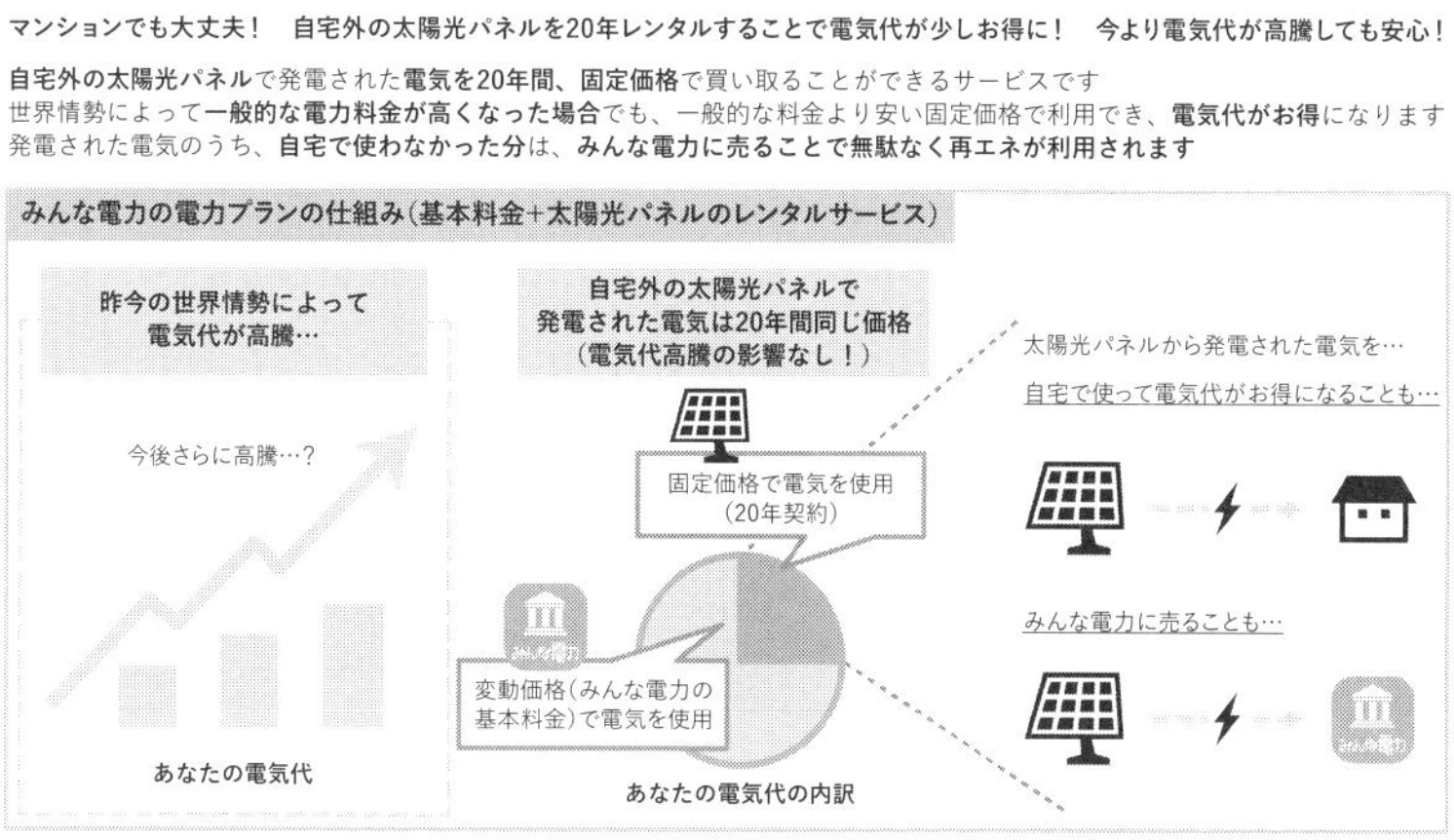
マンションでも大丈夫！　自宅外の太陽光パネルを20年レンタルすることで電気代が少しお得に！　今より電気代が高騰しても安心！
自宅外の太陽光パネルで発電された電気を20年間、固定価格で買い取ることができるサービスです
世界情勢によって一般的な電力料金が高くなった場合でも、一般的な料金より安い固定価格で利用でき、電気代がお得になります
発電された電気のうち、自宅で使わなかった分は、みんな電力に売ることで無駄なく再エネが利用されます
みんな電力の電力プランの仕組み（基本料金+太陽光パネルのレンタルサービス）
昨今の世界情勢によって電気代が高騰…
今後さらに高騰…？
あなたの電気代
自宅外の太陽光パネルで発電された電気は20年間同じ価格（電気代高騰の影響なし！）
固定価格で電気を使用（20年契約）
変動価格（みんな電力の基本料金）で電気を使用
あなたの電気代の内訳
太陽光パネルから発電された電気を…
自宅で使って電気代がお得になることも…
みんな電力に売ることも…

るEnection3.0という技術を持っていた。この技術によって、特定の発電所でつくられた再エネを指定して自宅で使うことが可能となる。自宅の屋根に太陽光パネルを設置しなくても、日本のどこかに自分専用の太陽光パネルを所有もしくはレンタルすることで、自分専用の再エネを生産し自宅で消費することが可能となるのだ。例えば、賃貸マンションのユーザーでも、自分専用の太陽光パネルを自宅以外のどこかに持ち、そこで発電された電気を自宅で使うことができるようになる。Enection3.0を活用することで「できそう」感の不足というボトルネックが解消され、太陽光パネルを「設置したいが設置できない」ユーザーを取り込めるはずである。

問題は、この技術にどのような意味づけを与えるかであった。そのため、まず、「自宅外の太陽光パネルをレンタルできる」というコンセプトを打ち出した（図表5-10）。

みんな電力の顧客に対するアンケート調査によってユーザーニーズを測定したところ、「環境・献身重視タイプ」のうち約23％の人がこのコンセプトのサービスなら

乗り換えてもよいと回答した。しかし、これは我々の想定よりも低い数字であった。

(3)「クラウド型の太陽光パネル」という新たなコンセプトによるブレイクスルー

「自宅外の太陽光パネルをレンタルできる」という当初のコンセプトは、消費者に対する訴求力が決して高くなかった。

そのため、アンケート調査の結果を統計的に分析したところ、ARMSモデルでいう連想的記憶、すなわちぱっと思いつく連想やイメージに主な原因があることを特定した（第3章第2節参照）。

個人用の「太陽光パネル」と聞くと、私たちはどうしても「自宅の屋根に物理的に設置されたパネル」を3秒で連想してしまう。3秒で「太陽光パネル」と「自宅の屋根」の物理的な紐づきを連想してしまうため、「設置したいが設置できない」という気持ちを打ち消せるほどの「できそう」感の醸成には至らなかったのである。具体的には、「自宅外の太陽光パネル」と説明しているにもかかわらず、「賃貸物件で引っ越しの可能性があるので難しい」「同じ家に20年住まないと思うから興味が持てない」「賃貸でなければ考えた」などの自宅と物理的に紐づいた長期設置を暗黙裡に前提とした「できそう」感の不足を多くのユーザーが指摘していた。

これを受けて筆者らは、「太陽光パネル」が持つ物理的な制約のイメージを同じく3秒で解き放つ新たな連想を引き起こすコンセプトを探した。「自宅の屋根に物理的に設置する（引っ越しの際に困る）」という3秒の訴求を打破するには、物理的に制約されないイメージを3秒で喚起する別の概念を導入するほかない。

そこで、筆者らは昨今流行している「クラウド」という概念に着目した。「クラウド」は、例えば

Gmailのように、インターネットを通じてサーバーやストレージなどのＩＴリソースやアプリケーションソフトウェアなどを利用できるサービス形態である。クラウドでは、ユーザーは自分が所有する物理的なＰＣやサーバーにソフトウェアやハードウェアをインストールしたり購入したりする必要がなく、必要な分を必要なときにネット上のクラウド（雲の上）から借りて利用できる。これによりコストや時間を節約したり、柔軟に拡張したりすることが可能となる。

この「クラウド」という概念が持つ３秒の訴求を活用して「太陽光パネル」も「クラウド」の時代に突入したと打ち出すことで、自分が物理的に「太陽光パネル」を自宅に所有するというイメージを３秒で打ち消せるようになるだろう。

なお、イメージや習慣をゼロからつくりあげることは極めて難度が高いため、「既存のイメージや習慣をいかにハッキングするか」という問いを立てた方が筋が良いことは第4章第3節ですでに説明した。「クラウド」という巷で広く普及した概念を流用したこの事例もその一例である。

筆者らは「太陽光パネルクラウド」というコンセプトを打ち出し、みんな電力の顧客に対する再度のアンケート調査によってユーザーニーズを測定した（図表５－11）。

その結果、「環境・献身重視タイプ」のうち約46％もの人がこのコンセプトのサービスなら乗り換えてもよいと回答したのである。「自宅外の太陽光パネルをレンタルできる」という当初のコンセプトでは約23％の乗り換え意向であったため、ニーズの大幅な増加が認められた。

連想的記憶（３秒の訴求）以外の別の要因の影響も否定できないが、「クラウド」が３秒で連想させるイメージを流用して「太陽光パネル」に対する「できそう」感を醸成することで、実に23％ポイントもサービス乗り換え意向が改善したことは特筆に値する。

図表5-11　BXアプローチによる修正後のコンセプト

point 1
工事や設置が一切ない
からどんな場所に
住んでいてもOK
太陽光パネルクラウドなら、
自宅にパネルを設置せずに
自分の電気を発電できます
あなたのパネルは遠隔地にあるため、自宅に
設置する必要はありません。
moving...
引越し先の心配なし！
クラウド型の商品であるため、引っ越しても
どこでも、つかい続けられます。

なお、今回メインターゲットとした「環境・献身重視タイプ」には高齢者が多いため、「クラウド」という概念に対する馴染みが薄く、物理的な制約を解き放つ3秒の訴求を喚起するうえでより最適なコンセプトが存在する可能性は否定できない。さらに慎重に検討を重ねている段階であることを申し添えておく。

変化球アプローチによって家庭の再エネ利用を促す——ファン性の利用

前項では、高齢層に特に多い「環境・献身重視タイプ」に向けて、再エネを提供するサービスを直球アプローチでBXした事例を紹介した。次に、若年層に特に多い「実利・快さ追求タイプ」に向けて、再エネを提供するサービスの利用を変化球アプローチによって促す事例を提案したい。

若年層に特に多い「実利・快さ追求タイプ」に向けては、変化球アプローチが有効であることはすでに説明した。変化球アプローチを実現するためにしばしば不可欠となる仕掛けづくりの考え方を紹介する好例として、ファン性を活用したBXアプローチを扱いたい。

再エネ利用などの環境配慮行動が実際の「モテ」につながる仕掛けをつくることが難しい場合は、ファン性を通じて性愛欲求という心のツボを押すアプローチが有効である（第5章第2節参照）。推しの著名人を応援するという目的に対して、再エネ利用行動を応援の手段と位置づける仕掛けをつくることができれば、特に若年層に多い「実利・快さ追求タイプ」は、再エネ利用行動をより「今・ここ・私」の自分事と捉えるだろう。

実際に、アイドルなどの著名人への応援行動は、消費者にとっての「今・ここ・私」の関心が高い行動の一つである。男性は30代、女性は20代までは「オタク」を自認する人が3割を超えるなど、著名人やキャラクターのファンであるという人は多数存在する。[29、30]

著名人やキャラクターに対するファン性（「推しの力」）を利用することで強い行動変容（消費行動）が生じる可能性は、複数の研究で指摘されている。具体的には、ファン性を利用したアプローチによって社会活動への参加（例：投票行動の促進）や商品・サービスの消費が促進されることを示し

図表5-12　ファン性（性愛欲求）を活用して再エネ利用を促進する仕掛け

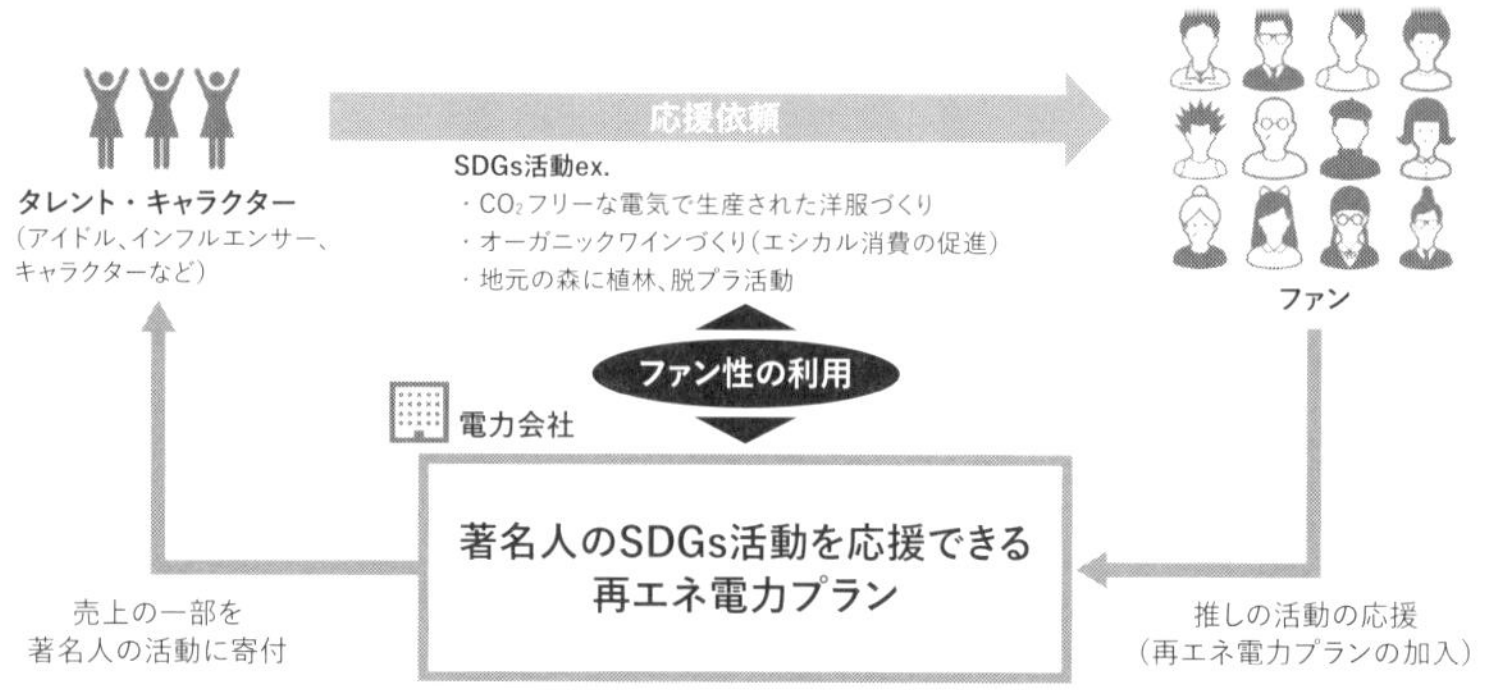

た研究事例が複数存在する。[31,32] そのいずれにおいても、数十%に及ぶ比較的大きな行動変容効果が得られている。特に、異性の著名人に対する性愛欲求を刺激した場合の行動変容のポテンシャルが最も大きい。

以上を踏まえ、BXアプローチを適用した施策の一例として、ファン性を再エネ利用行動の促進に活用する仕掛けを提案したい（図表5－12）。

ある電力会社が再エネ電力の利用を促進させたいケースを仮定する。個人の再エネ利用行動につながる「今・ここ・私」と結びついた切実な行動を「アイドルなどの著名人への応援行動」と位置づける。そのうえで、再エネ電力プランへの加入によって、自身が推す著名人の取り組みに寄付金が提供されるスキームを構築する。

著名人はファンに対して自らの取り組みに対する応援（再エネ利用を通じた活動への寄付）を呼びかける。ファンは再エネ利用を介して著名人の活動支援を行い応援する。その際に、ファンが応援する著名人の取り組み自体を気候変動問題の解決に資する内容（例：SDGs活動）に設定すれば、より温暖化問題解決への貢献量が大きな行動変容が生み出されるだろう。

重要なのは、再エネ利用のために行動を求めることではなく、推しの著名人を応援するための行動を求めることで結果的に再エネ利用となるようなスキームを組むことなのである。

3　限られた予算のなかでインセンティブのかけ方を工夫し、安全運転を促す

【セクションサマリ】

・安全運転を促すには本能抑制と本能補完の両方のアプローチが必要であるが、本能補完アプローチの一つとして金銭やポイントなどのインセンティブ付与が有効であることが科学的に示されている。
・その際のインセンティブのかけ方には工夫の余地があり、同じ予算制約があったとしても、インセンティブのかけ方を工夫することでより効果が高まる。
・インセンティブは分割型で与えた方が主観的な利得感が大きくなるため、より効果が高まる。
・少額のインセンティブの場合は、商品・サービスの割引よりも具体的なモノを与える方が、効果が高くなる（1000円の支払いが200円軽減され800円になると感じられるよりも、1000円の支払いとは別に200円相当の新たなメリットが得られると感じられる方が消費者は嬉しい）。
・インセンティブを付与するルールのなかに、例えば、連帯責任やチームプレーによって

インセンティブが増減する仕掛けを組み込むことで、利得感（損得）以外に規範意識や嗜好性（やりがい）などの心のツボを同時に押すことができるため、インセンティブの効果を高めることができる。

保険会社を筆頭とした多くの企業にとって、消費者や顧客の行動をより安全で健康な方向に変容させることは重要な経営課題である。スマートフォンのアプリをつくったり、独自のポイント制度を設けるなどしてインセンティブを消費者に付与し、顧客の予防的行動（リスク回避につながる行動変容）を促す複数の試みが行われている。

同じ予算制約があったとしても、インセンティブのかけ方を工夫し心に寄り添った仕掛けをつくることで行動変容の成否は異なってくる。しかし、限られたインセンティブの原資を有効活用する仕掛けづくりに多くの企業が四苦八苦している。

そこで本節では、消費者に安全運転を促すためには**限られた原資をもとにインセンティブをいかに付与すべきか**を、BXアプローチにもとづいて説明したい。

筆者らは、損害保険の国内最大手である東京海上日動火災保険に対して、安全運転を促すスマートフォン向けアプリにおける「クーポンチャレンジ」サービスのインセンティブ設計をBXアプローチによって実際に支援した経験を持つ（図表5－13）。同事例でいかにBXアプローチを活用したかについてはプレスリリースとして一部公開されている[33]ものの、詳細を公開することはできないため、本書ではインセンティブの付与の仕掛けを検討する際の科学的な考え方をいくつか紹介するにとどめたい。

「安全のため」という欠落する本能をインセンティブで補う

安全運転を促すことは難しい。なぜならば、過剰に反応する本能を抑制することと、欠落する本能を補完することの双方が求められるからである。

具体的には、第一に、スピードを出す気持ちよさなどの快楽的な本能に対する抑制（本能抑制アプローチ）が必要である（第2章第2節参照）。

第二に、運転に伴うリスクは事故やヒヤリハットの形で顕在化するまで実感しにくい将来の不確実な問題であり、「安全のため」に配慮した運転をすることは「今・ここ・私」に関連する自分事になりにくい。

図表5-13　東京海上日動「クーポンチャレンジ（DAP〔2カメラ〕専用スマホアプリ）」

走って、貯めて、
お得に使える。
あなたの運転を計測・評価。
安全運転を続けるだけで
クーポンも当たる！
安全運転を続けるだけで
毎週スタンプが貰える
スタンプを貯めて
抽選チケットを獲得
ルーレットをまわして
クーポンが当たる
自分の運転を
振り返り
レポート
あたり

例えば、スピード違反は目的地に到着するまでの時間の節約などの「今・ここ・私」が実感できるメリットをもたらす一方で、交通事故というデメリットが生じることはまれである。「地球環境を守るため」という将来の不確実な「もしも」に備えることを自分事化しにくいのに似て、ドライバーが「安全のため」という将来のもしもに備えようと自分の行動を変えることは難しい。[34]

安全運転を促すには、欠落する本能を補って自分事化させること（本能補完アプローチ）も必要となるのである（第4章第4節参照）。

安全運転の促進に向けて金銭やポイントなどのインセンティブを付与することは、欠落する本能を別の本能で補完する変化球アプローチの一つである。ARMSモデルにもとづいて説明すれば、金銭的なインセンティブを与えられることで、自動応答性の備蓄欲求や動機の利得感の心のツボが押され、「安全のため」という欠落した本能が補完される（図表3－2）。

なお、罰金や免許停止などの罰則を与えることも広義のインセンティブの一形態であり、安全運転を促すうえで有効である。だが、保険会社などの民間企業が消費者に罰則を与えることは現実的に難しいため、本書では金銭的なインセンティブの付与に絞って説明する。

金銭的にインセンティブを与えることが、安全運転を促すうえで実際に有効であることを、多くの科学的な研究が示している。[35] 問題は、**同じ予算制約があったとしても、インセンティブのかけ方をいかに工夫しより効果的にするか**である。

以下では、インセンティブの分割方法、インセンティブの内容、そしてインセンティブをテコに他の心のツボも同時に押す工夫の仕方についてそれぞれ解説していく。

インセンティブの分割方法を工夫する

同じ1000円の原資がある際に、一度に1000円を与えるか、2回に分けて500円ずつ与えるか、どちらがより行動変容を促しやすいか悩んだことのある読者の方がきっといることだろう。実は、科学的には一定の答えが出ている。インセンティブはすべてを一度に与えるより分割して与えた方が、行動変容効果が大きいのである。

2019年の1652人を対象とした実験研究[36]では、がん検診の受診を促すために一度に10ユーロを与えた場合の行動変容率は約40%であったのに対して、2回に分けて5ユーロずつ与えた場合の行動変容率は約60%であった（図表5－14下）。結果的に同じ10ユーロを与えたとしても、分割して与えることで約20%ポイントも行動変容率が異なった。

その理由は、私たちの利得感の感じ方が線形的ではないからである。同じ財の2単位目が与える利得感は、1単位目よりも小さくなる。具体的には、もらえる金額が0円から100円に変化する場合の主観的な利得感の増分は、もらえる金額が100円から200円に変化する場合の主観的な利得感の増分よりも大きい（図表5－14上）。さらに、もらえる金額が200円から300円に変化する場合の主観的な利得感の増分はより小さくなる。

したがって、0円（インセンティブなし）から100円（インセンティブあり）に変化する局面のように、同じ財の小さな単位を複数回与える分割型でインセンティブを与えた方が、行動変容効果がより大きくなる。

インセンティブ付与の分割方法を工夫することで、限られた予算からより多くの行動変容を引き起

図表5-14　効果的なインセンティブの分割方法

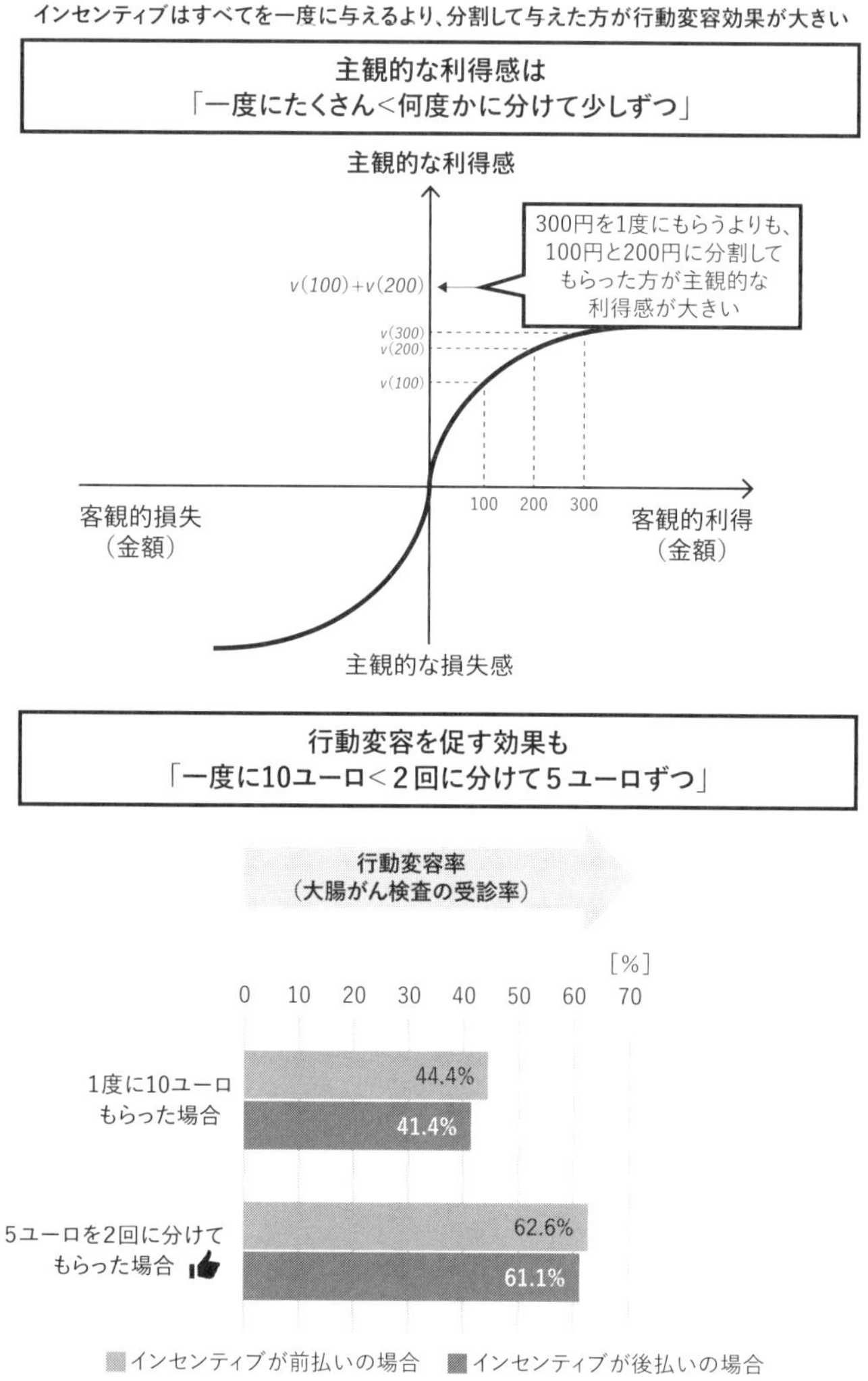

（出所）Nisa, C. F., Bélanger, J. J., & Schumpe, B. M. (2019). Parts greater than their sum: randomized controlled trial testing partitioned incentives to increase cancer screening. *Annals of the New York Academy of Sciences*, 1449(1), 46–55にもとづいて作成

こすことができるようになる。つまり、安全運転を促すプログラムは、一度に多くのインセンティブを与えるのではなく、分割してインセンティブを与えるよう設計されている方が効果的なのである。

もちろん、インセンティブを分割して与える際に発生するオペレーションコストの増加については、別途考慮が必要であることは申し添えておく。

インセンティブの内容を工夫する

同じ１０００円の原資がある際のインセンティブの内容として、具体的なモノを与えるか、それとも商品・サービスを割引するかも悩みの種だろう。

商品・サービスの割引よりも、具体的なモノを与えることが有効であることを示す研究が複数存在する。２０１９年に出版された研究は、オランダの眼鏡販売店40社の顧客17万９５２５人のパネルについて9年間にわたる個人の購買行動を分析し、どのようなＤＭ（ダイレクトメール）が効果的かを実証している。[37]その結果、値下げ、割引、２点目の無料などの金銭的なインセンティブよりも景品やノベルティ特典などのモノ特典としての非金銭的なインセンティブの方が効果的であり、より顧客の購買を促しやすいことが、明らかになっている。

その他にも、営業担当者を対象とした研究において、純粋に実用的な業績インセンティブ（現金ボーナスなど）よりも快楽的な業績インセンティブ（豪華なバケーションや数十年前には毛皮のコートなど）の方に営業担当者が劇的に反応することが示されている。[38]また、効果的なロイヤルティ・プログラムについての研究のなかでは、消費者はロイヤルティポイントを単なる割引ではなく、平凡な日常から離れ、贅沢品や快楽的なアイテムやセルフギフト（「自分へのご褒美」）を得るために使いたい

図表5-15　モノ特典と割引の違い

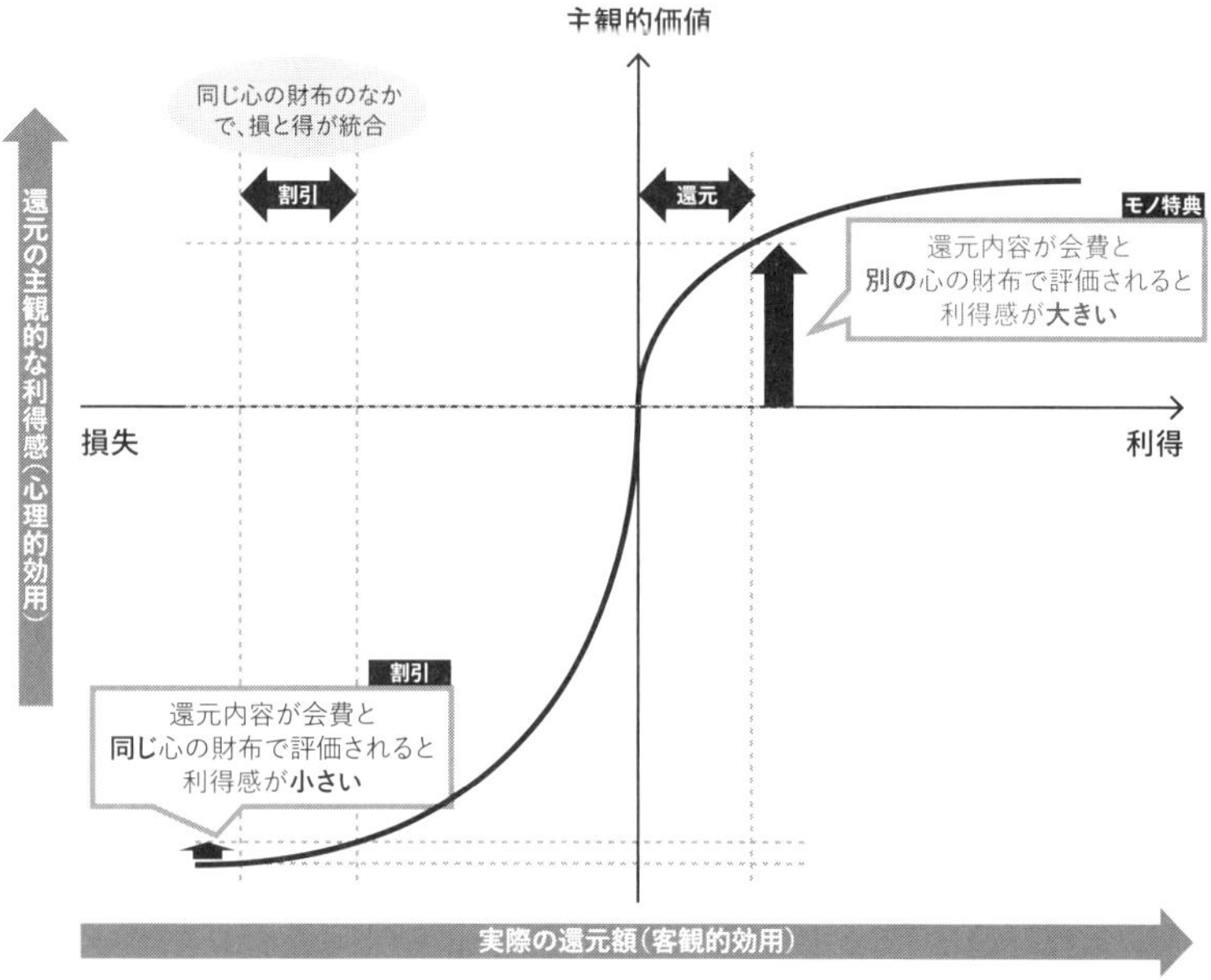

（出所）中川宏道（2015）「ポイントと値引きはどちらが得か？：ポイントに関するメンタル・アカウンティング理論の検証」『行動経済学』8巻、16–29ページにもとづいて作成

と考える傾向があることが示されている（「ポイントを単なる割引に使いたくない[39]」）。

モノ特典と割引の違いを図表5−15に示した。割引のようにインセンティブが購買品の支払い（損失）の軽減と認識される場合（左下の象限）よりも、モノ特典のように購買品の支払いとは別に新たな利得の獲得と認識される場合（右上の象限）の方が、主観的な利得感の増分が大きく感じられる[40]。

わかりやすくいえば、例えば企業側が1000円の商品に対して200円相当のインセンティブを提供する際に、1000円の支払いが200円軽減され800円になると感じられるよりも、1000円の支払いとは別に200円相当の新たなメリットが得られると感じられる方が消費者は嬉しいということである。より専門的にいえば、利得と損失が統合して評価されるよりも分離して評価される方が、主観的な利得感が高くなるのである。

1点注意すべきこととして、これは利得（インセンティブ）の金銭的価値が損失（購入価格）の金銭的価値よりもかなり小さい場合に限られる。[41、42] 割引率が50％を超えるなど大きな場合は、割引自体が損失と分離して利得側で評価され、割引の方が好まれることがあり得る。[43]

このように、インセンティブの内容を工夫することで、同じ予算制約でもより効果的に行動変容を促せるのである。安全運転を促すプログラムは、何かの割引としてインセンティブを与えるのではなく、ドリンクチケットなどのモノ特典のようにそれ自体として価値がある（保険料などの支払いの損失とは分離した利得と感じられる）インセンティブを与えるよう設計されている方が効果的と考えられる。

ただし、インセンティブをモノとして与える際に発生するオペレーションコストの増加については、別途考慮が必要である点については再度注意を要する。

インセンティブをテコに他の心のツボも同時に押す

インセンティブを付与することで利得感以外の心のツボも同時に押すことができれば、より強力に行動変容を促すことができる。

連帯責任の形でインセンティブを与えることで、利得感だけでなく規範意識（悪目立ちして集団から排除されたくない、集団の期待に応えたい）という心のツボも同時に押され、人はより行動しやすくなる。また、集団的なインセンティブを設定することは、他のメンバーに貢献したいという「つながり感」を通じたやりがいや嗜好性の心のツボを押すことにもつながる（第3章第2節参照）。

ジョギングなどの身体活動の促進方法を検討した2016年の米国の研究[44]では、ある企業の従業員340人を対象として全員を4人組のチームに振り分けた。そのうえで、13週間の介入期間中に次の3つのインセンティブの与え方の効果を実験的に検討した。

①個人インセンティブ条件（4人組のチームとは無関係に、個人として与えられた目標を達成した場合に50ドルをもらえる）、②チームインセンティブ条件（4人組のチームメンバー全員が目標を達成した場合のみ1人当たり50ドルをもらえる）、③個人とチームの複合インセンティブ条件（個人で目標を達成した場合に20ドルをもらえることに加えて、自分以外のチームメイトが目標を達成するごとにそれぞれ10ドル追加でもらえる）。これら3条件に加えて、④インセンティブなし条件（何もインセンティブをもらえない）も設定されていた。

その結果、13週間の介入期間中に「1日7000歩を歩く」という目標を達成できた日数の割合は、③個人とチームの複合インセンティブ条件が最も高く（35%）、次いで①個人インセンティブ条件（25%）、④インセンティブなし条件（18%）、②チームインセンティブ条件（17%）だった。

インセンティブなし条件を除けば、いずれの条件でも1人当たり最大50ドルがもらえた。つまりインセンティブの原資は変わらないにもかかわらず、個人とチームに対するインセンティブを組み合わせた条件で最も行動変容効果が高くなったのである。これは、インセンティブによって単なるお得さ（利得感）だけでなく、チームメンバーに対する配慮（規範意識）やチームに貢献したいという気持ち（嗜好性）の心のツボも同時に押されたからだと解釈できる。

チームにのみインセンティブが与えられる条件では、インセンティブがない条件と同程度に行動変容効果が低かったことも注目に値する。「4人組のチームメンバー全員が目標を達成した場合のみ1人当たり50ドルをもらえる」という条件では、自分がいくら頑張ったとしても一人でも非協力的な他のチームメンバーがいれば、まったくインセンティブがもらえなくなってしまう。やりがいを生み出す一つの要素である自律感（自分で自由に成果をコントロールできる感覚のこと。第3章第2節参照）が大幅に低下し、嗜好性の心のツボが阻害された（無気力になった）ため行動変容効果が低くなったと解釈できる。

これは、職場でよくあるケースの縮図といえるのではないだろうか。たとえインセンティブをもらえる可能性があったとしても、チームプレーの側面が強すぎて個人のパフォーマンスが正当に評価されるという自律感が低い場合は、インセンティブがない場合と同程度の行動変容効果しか得られないのである。

このように、個人の成果に報いる自律感を適度に保ちながら、連帯責任やチームプレーの仕掛けをうまく被せたインセンティブ設計を行うと、同じ原資からより効果的な行動変容を促すことができる。従業員を対象とした安全運転促進プログラムでは、連帯責任やチームプレーの仕掛けを容易に組み込むことができるだろう。他方で、個人の消費者を対象としたプログラムでは、ある消費者は基本的に他の消費者と何の関わり合いもないため、連帯責任やチームプレーの仕掛けを組み込むことが難しいかもしれない。ただし、地域別の対抗戦やプロ野球の応援チームごとの対抗戦、乗っている車のメーカーや車種ごとの対抗戦を演出するなど、規範意識や嗜好性の心のツボを押せる可能性があるインセンティブ設計には工夫の余地があると考えられる。

また、「インセンティブをテコに他の心のツボも同時に押す」工夫を行う際に押せる「他の心のツボ」は、規範意識や嗜好性に限定されない点にも注意が必要である。

例えば、家族や子どものためという衝動的欲求のうち「血縁者繁栄」の心のツボを押すことも可能だろう（第3章第2節参照）。実際に、運転の結果が本人だけではなく家族に共有される場合、安全運転が大幅に促されることが実証研究からも示されている。[45]

行動変容を促す際に押すべき心のツボを構造的に整理した地図であるARMSモデルを活用することで、インセンティブを通じて「利得感」以外のどの心のツボを同時に押せるかを的確に検討することが可能となるのである。

最後に、限られた原資のなかでインセンティブのかけ方を工夫する手法は、行動経済学や心理学などの行動科学（BXアプローチ）の真骨頂でもあり、本書ではそのごく一部しか紹介できなかった点にはご留意いただきたい。

第6章 従業員を変える

1 心のツボを正しく押して従業員のウェルビーイングを実現する

【セクションサマリ】

・従業員のウェルビーイングを向上させるアプローチのなかでも、仕事に「やりがい」（嗜好性）を感じさせることが極めて重要である。
・従業員に「やりがい」を感じさせるには、①自律感（ある行動を行う際に自分の行動は自分で選び決めているという感覚）、②有能感（自分の能力でも貢献できるという感覚）、③つながり感（自分が行動することで他者や集団と緊密な関係を確立できるという感覚）の3つをすべて満たさなければならない。

経営者、もしくはマネジメント担当者の重要な役割の一つは、従業員のモチベーションを高めて生産性を向上させることにある。これらを達成するうえで、ウェルビーイングというキーワードが注目を集めている。ウェルビーイングは身体的・精神的・社会的に良好な状態にあることを意味する概念で、「幸福」と訳されることも多い。年収や健康寿命のような数値で測定可能ないわゆる客観的ウェルビーイングだけでなく、私たちがどう感じるかという精神的な面を数値化した主観的ウェルビーイングを向上させることも、重要な経営課題である。

この「人が何をもって幸せと感じるか」という主観的ウェルビーイングを解明することは行動科学の得意分野であり、これまで膨大な研究知見が積み重ねられてきた。その一方で、人の主観的な幸福についての科学的な知見を踏まえずに、絵に描いた餅のウェルビーイング向上施策が実際に存在してしまっている状況を筆者らは危惧している。

そこで本章では、従業員の主観的ウェルビーイングをBXアプローチによっていかに変革できるかを取り扱う。まず、主観的ウェルビーイングを高めるために、科学的な観点からどのようにアプローチできるかを説明する。次に、従業員のウェルビーイングを醸成するうえで特に重要な「自律感」「有能感」「つながり感」について詳しく説明する。そして筆者らが新卒採用のプロセスにBXアプローチを適用した事例も紹介したい。

なお、有休取得率の向上などウェルビーイングを客観的な指標から定義するアプローチは、本書の対象外とする。

仕事に対する「やりがい」（嗜好性）が従業員のウェルビーイングを高める

従業員の主観的ウェルビーイングにはさまざまな角度からアプローチ可能である。そのなかでも、仕事に「やりがい」（嗜好性）を感じさせることが極めて重要である。仕事にやりがいを感じる従業員はより大きな幸福を感じ、苦痛やバーンアウトを経験しにくく[1]、高いパフォーマンスや生産性を発揮する。[2] さらに、変化する環境に効果的に対処しやすく、積極的かつ革新的な仕事を行う可能性が高い。[3]

それでは、同じ給与（金銭的報酬）だとしても、どうすればより仕事に対するやりがいを感じさせることができるだろうか。やりがいを感じる状態は、ARMSモデルでいう「嗜好性」の心のツボが押されている状態である（第3章第2節参照）。改めてコンパクトに説明すれば、利得感（報酬の獲得や罰則の回避）や規範意識（他者からの否定的な評価の回避）にもとづく動機は、自分自身の外部から与えられるという観点から「外発的動機」と呼ばれる。それに対して嗜好性にもとづく動機は、自分の内面からわき起こるという観点から「内発的動機」と呼ばれる。

嗜好性の心のツボが特に押される、つまり私たちが内発的なやりがいを感じるのは、3つの条件が揃ったときである。

3つの条件とは、①**自律感**（ある行動を行う際に自分の行動は自分で選び決めているという感覚）、②**有能感**（自分の能力でも貢献できるという感覚）、③**つながり感**（自分が行動することで他者や集団と緊密な関係を確立できるという感覚）である。わかりやすくいえば、自分の裁量の余地が大きく、自分が人並み以上に活躍でき、誰かのために役立つと感じられる際に、人は報酬を度外視してもやりがいを感じるのである。

従業員のウェルビーイングを高めるには仕事に対する「やりがい」を醸成する、すなわち「嗜好性」の心のツボを押す必要があり、そのためには「自律感」「有能感」「つながり感」の3つを感じさせる必要があるのである。

「自律感」「有能感」「つながり感」が従業員のやりがいの醸成に不可欠

これを従業員の立場に置き換えると、自分が仕事をするなかで「①上司の支配や会社の制約などを受けずに衝動的欲求を自由に満たせる状況」にあり、「②自分の能力（知識・知能）に合った役割を任せられていること」に加えて、「③上司・同僚とクライアントを含む社会に対して貢献できていること（＝十分なギブアンドテイクの関係を持てていること）」の3つの条件が満たされている状態が、仕事にやりがいを感じるウェルビーイングが高い状態といえる。これらの①～③はｏｒ条件ではなくａｎｄ条件であり、3つすべてが揃うことでよりやりがいを感じることができる。

①が満たされない状態とは、例えば「上司の指示通りに仕事をしなければ怒られる」「チャレンジできる機会が与えられない」などが該当する。

②が満たされない状態とは、例えば「与えられる業務が簡単すぎて手ごたえを得られない」「与えられる業務が難しすぎてやり切れない」などが該当する。

③が満たされない状態とは、例えば「上司・同僚と助け合いの関係ができていない」「クライアントから感謝されない」などが該当する。

従業員が「自律感」「有能感」「つながり感」を感じられる職場環境の整備は、経営上最も重要な課題の一つである。[4]以下に、自己決定理論と呼ばれる行動科学理論の研究[5]にもとづいた「自律感」「有能感」「つながり感」を感じられる職場環境の例を掲載する。

・従業員が自分の仕事を完了するために必要なすべてのタスクを最初から最後まで遂行し、自分の仕事の最終的な成果物を見ることができる可能性があること（自律感）
・異なるスキルを必要とする、多様な仕事に取り組む機会があること（有能感）
・従業員の感情に上司が配慮を示すこと（つながり感）
・顧客や所属組織に大きな影響を与えるような仕事をこなす機会があること（自律感・有能感・つながり感）
・上司や同僚からパフォーマンスについて直接的かつ明確なフィードバックを受ける機会があり、ポジティブな場合だけでなくネガティブな場合にも、心理的安全性を担保しながらフィードバックされること（有能感・つながり感）

例えばこれらを通じて、従業員は「自律感」「有能感」「つながり感」を得ることができるようになる。

このように、仕事に対する「やりがい」を醸成し従業員のウェルビーイングを高めるうえで、行動科学的な知見が大いに参考となるのである。

従業員の「やりがい」の追求は人材流出を解決する

従業員の「やりがい」を醸成しウェルビーイングを高めることは、当然、人材流出に対しても効果がある。

従業員のモチベーションやリテンション（離職の防止）に関する研究[6]は、やりがい（「自律感」「有能感」「つながり感」）を高めることがリテンションにとって重要であることを示している。具体的には、「チャレンジでき、自己開発の機会があること」「困難な業務でも遂行できる自信を感じること」「周囲から受容されていると感じること」という3つの条件を満たすことの重要性が言及されている。

このような知見を踏まえ、人材流出を防ぐためにBXアプローチを活用した、筆者らが所属する経営コンサルティングファームでの実例を次に紹介したい。

2　「自律感」と「有能感」を高めることで入社意欲を高める

【セクションサマリ】

- 筆者らが所属するEYで毎年開催されているインターンシッププログラムの一部にBXアプローチを組み込み、インターンシップの講義内容や社員の関与方法を変えることで、自律感と有能感の醸成を図った。
- 一部にBXアプローチを組み込んだ効果を事後アンケートで検証したところ、①就活生の満足度の向上、②講義やグループワークを通じた「自律感」「有能感」の醸成、③入社意欲の向上を確認した。

経営コンサルティングファームにとってインターンシップ（就活生の職業体験イベント）は、重要な採用経路の一つに位置づけられている。筆者らが在籍するEYストラテジー・アンド・コンサルティングでもこれは例外ではなく、毎年8〜9月頃に就活生（主に大学3年生と修士1年生）向けに採用直結型のインターンシップを開催しており、優秀な就活生の採用に力を入れてきた。

しかし、優秀な就活生ほど採用することは簡単ではなく、仮にEYとしてオファーを出したとしても他社になびいてしまうケースは少なくない。加えて、ここ数年はコンサル業界の採用ニーズが高まっていることから採用競争が激化しており、就職活動は「会社が就活生を選ぶ場」というよりも「就活生が会社を選ぶ場」という側面が強くなっていた。これらの背景から、オファーを出した就活生のリテンションは重要な経営課題の一つとなっていた。

こういった環境変化を受け、まず筆者らは、先ほど紹介した行動科学の先行研究から「自律感」「有能感」「つながり感」が入社意欲を高める重要な条件であることを確認した。要するに、就活生に「この会社で働きたい」と思ってもらうためにも、「この会社で働くことでやりがいを感じウェルビーイングが達成できそうだ」と感じさせる必要があり、そのために先述した3要素を醸成することが重要ということだ。

インターンシップのプログラムには、このような先行研究にもとづいたBXアプローチの要素も組み込んでいった。

単なる体験から自力でやり切れるインターンシップに

EYのインターンシップは4日間のグループワークを中心としたイベントであり、「経営コンサルタントはどのような職業なのか」という理解を体験によって深めることができるプログラムとなっている。

具体的には1～2日目にコンサルタントのベーシックスキルを学ぶ講義があり、2～3日目にグループワークが行われる。グループワークのテーマは、社員が過去に行ったプロジェクトを参考に作成されており、実際のプロジェクトを追体験しながら経営コンサルタントの働き方や考え方を体感できるようになっている。最終日にグループワークの成果発表があり、その後社員から就活生に個別フィードバックが行われる。

例年のインターンシップは「体験によって仕事の内容を理解する」という点に軸足が置かれていた。一方、就活生の事後アンケートでは、「コンサルティング業務を体感できた」や「EYのコンサルタントに好感を持った」というポジティブなコメントは挙がっていたものの、「最後まで自分たちでやり切れた」や「グループワークを通して成長できた」という「自律感」や「有能感」に相当するコメントはあまり見られなかった。

「自律感」「有能感」が低く感じられたことを示唆するネガティブなコメントとして、「議論がまとまらなかった」や「思うように進められなかった」というものが散見された。つまり、就活生の「自律感」と「有能感」を高めることができていなかったということだ。

インターンシップの内容を改善する必要性を確認したため、「自律感」「有能感」を高めることができていなかった原因を改めて分析した。その結果、グループワークに取り組む前に行われる講義に原因があったことを特定した。

具体的には、当時の講義資料には、コンサルタントのベーシックスキルを使いながら、**自力で**グループワーク（例：「A社の売上を上げるためにはどのような戦略を構想すればよいか」）に取り組むためのテクニックが含まれておらず、一般的な知識の提供にとどまっていたのである。

図表6-1　実際に使用した講義資料（例）

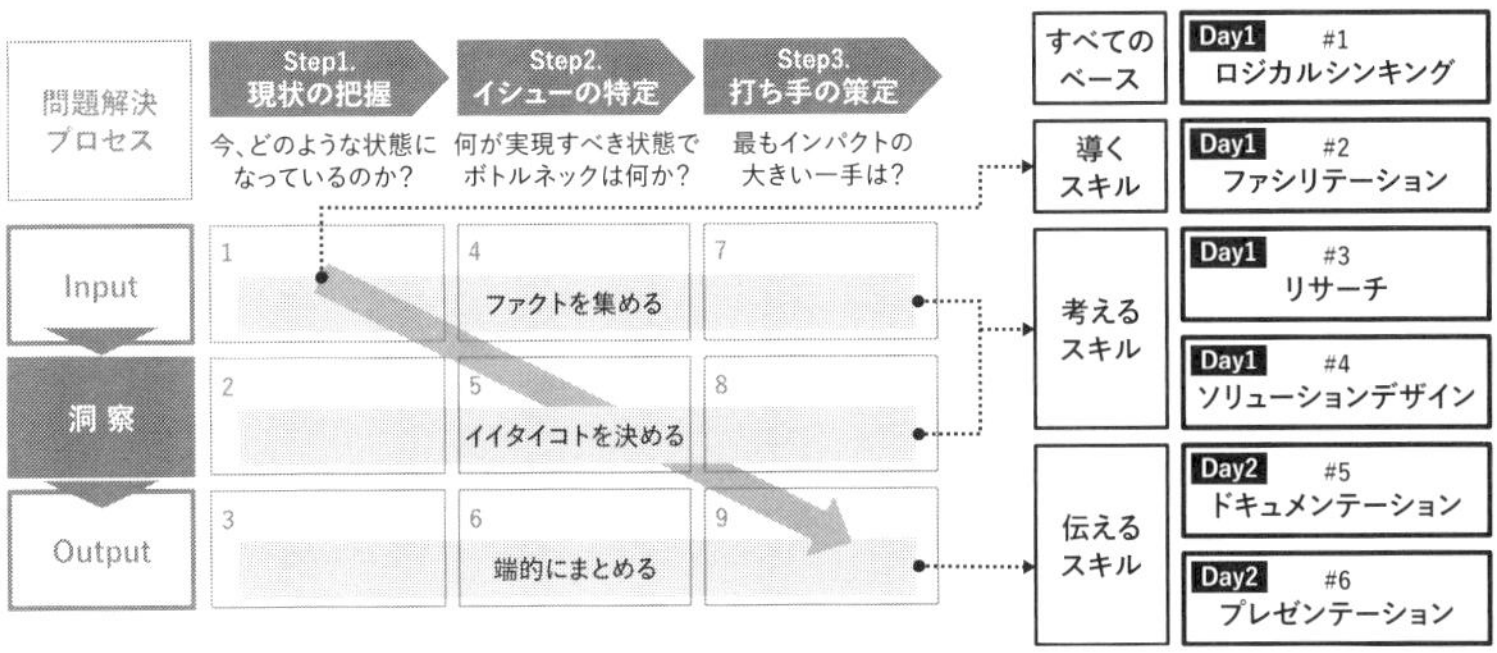

例えば、「ロジカルシンキングとは何か」ということに触れているものの、「ロジカルシンキングを使って、どのように経営課題を解決すればよいのか」といった自力で取り組める実践的なテクニックにまでは踏み込むことができていなかった。事前に講義を受けてその内容を十分に理解したとしても、その後のグループワークに応用が利くようなプログラムにはなっていなかったのである。

自力でやり切れるよう就活生に寄り添う

インターンシップに参加する就活生の「自律感」「有能感」を高めるためには、講義のなかで「コンサルタントのベーシックスキルを使いながら、自力でグループワークに取り組むためのテクニック」を習得させる必要があることを前述した。これを実現するために、筆者らは次のようなことに取り組んだ（機密情報のため、ここでの紹介は代表的な事例にとどめる）。

例えば、これまでそれぞれに独立していたロジカルシンキングやリサーチなどの講義に一本串を通し、問題解決プロセスのなかでいつ・どのスキルが必要になるかの全体像を示す構成に変更した（図表6－1）。

図表6-2　実際に使用した講義資料（例）

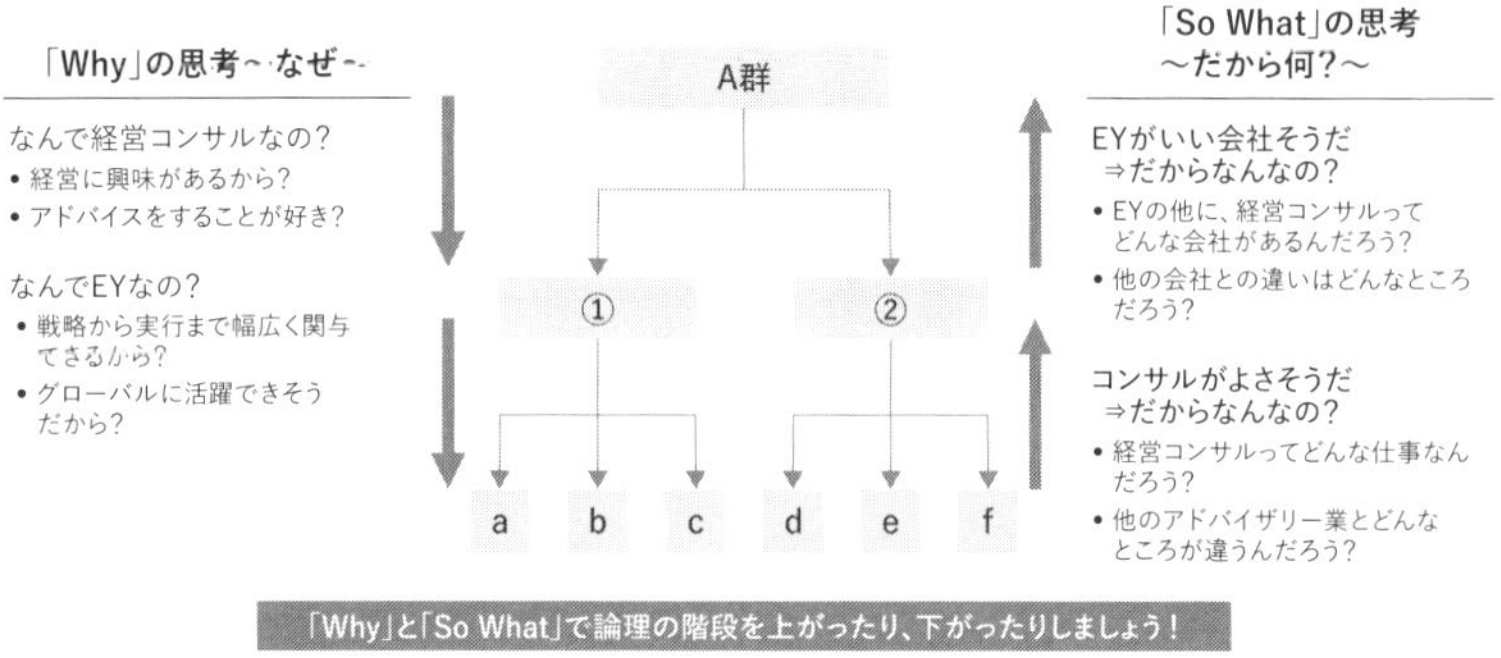

その他に、就活生用の身近な問題（例：就職活動に対してどのようにロジカルシンキングを適用できるのか）を例示しながら、ロジカルシンキングの概念を理解したうえで実践的に応用できるような説明に変更した（図表６－２）。

これらの変更を通じて、就活生がグループワークのなかでコンサルタントとしてのベーシックスキルを自主的に使い（自律感を醸成し）、複雑な問題に対して答えを出すことができそうだという有能感を高めることを目指した。

右記以外にもグループワークのなかでサポート役として関与するＥＹの現役コンサルタントに対しては、「就活生自身のやり切れる感覚が損なわれることを防ぐため、あくまで助言に徹する（就活生のアイデアに対して根本からの変更は行わない）」よう方針を定めるなど、就活生の「自律感」「有能感」を高めて「やりがい」を醸成できるよう、インターンシップのプログラムの細部にわたりＢＸアプローチを組み込んだ。

就活クチコミアワードでGOLD賞を獲得

このようなＢＸアプローチが有効に機能したかを確認するために、筆者らは、インターンシップに参加した就活生に対して事後アンケート調査を実施している。その結果、中心的なプログラムであるグループワークの満足度の平均値は9段階評価で8・7、その土台となる講義は8・3～8・4という結果となり、満点の評価に近かった。就活生の満足度を高めることには一定程度成功したことを確認した。

特に、「講義が丁寧であったため最後までやり切れた」や「自身が成長できたと自信を持って言える」というコメントが見られ、改善方針通りに講義が起点となり「自律感」「有能感」が醸成されたことを確認した。実際に、特に満足度の高いチームは共通して「自分たちで最後までやり切れた」感覚があったことを、アンケートの自由記述や関与した社員に対する就活生のフィードバックから確認している。また、「自律感」「有能感」を高めた結果として、インターンシップの狙いとして重要であった就活生の入社意欲が実際に高まっていることも、アンケートの分析結果から確認することができた。

こういった参加学生の心に寄り添い「自律感」「有能感」を高める取り組みが就活生から評価され、2022年度のインターンシップは、ONE CAREER就活クチコミアワードにおけるインターン部門で最高評価のGOLDを獲得した（前年度は圏外で、GOLDを獲得した企業は4・5万社のうち10社のみ）。なお、2023年度のサマーインターンシップはSILVER評価（4・7万社のうち20社のみ）であり、前年と比較して対象企業が2000社増加しサマーインターンシップを通じて採用活動を強化する企業が増えているなかで、EYは引き続き高い評価を獲得している。

3 「つながり感」を醸成して優秀な人材の流出を防ぐ

【セクションサマリ】

・採用競争の激化や新型コロナウイルスの感染拡大から、本格的に内定後フォローのための施策の改善に取り組むこととなり、最重要課題であった「つながり感」の醸成を目的としてBXアプローチを組み込んだメンター制を立ち上げた。
・BXアプローチを組み込んだメンター制は内定者の「つながり感」を高め、入社意欲が向上したことを内定者に対するアンケート調査の分析から確認した。

EYのような経営コンサルティングファームは、先述のインターンシップなどを通じて早ければ大学4年生（または修士2年生）になる前に内定を出すことが多い。長ければ内定者として1年以上過ごすことになり、その間に迷いや不安が生じた場合は内定辞退につながるケースもある。そのため、イベントなどによる内定後フォローは必須の活動といえる。

EYは例年さまざまなイベントを通じて内定後フォローを行ってきたが、前述の通り採用競争が激化してきていること、さらには新型コロナウイルスの感染拡大から、これまでの取り組みの延長線上での内定後フォローができなくなっていた。それを受け、本格的に内定後フォローのための施策の改善に取り組むこととなった。そこで筆者らが関与し、リテンション率の向上（EYの内定者の他社への流出の防止）を目的としてBXアプローチを組み込んだ内定後フォロー施策を組み立てることとなった。

内定者が求めているのは「つながり感」

前述した通り、就活生の「自律感」「有能感」「つながり感」を満たし、やりがいやウェルビーイングを醸成することが入社意欲を高めることにつながる。

実際に、内定者への意識調査では「自分の能力で仕事についていけるか」（自律感）、「しっかりと成果を出せるか」（有能感）、「職場のメンバーとうまくやっていけるか」（つながり感）という項目が入社前における職務上の不安の上位に入っている。[7] このような職務上の不安は人材流出に影響を与える。[8] そのなかでも特に、「つながり感」の醸成が最重要課題であることを複数の調査[9]や研究[10]が示している。

これはEYにおいても例外ではなく、事前に内定者に対するアンケート調査を実施したところ社員や同期とのさらなる交流を求める声が最も多く、「つながり感」の醸成が重要であることを確認した。そこで、「つながり感」の醸成を目的として、筆者らが中心となりBXアプローチを組み込んだメンター制を開始することとなった。

「つながり感」を高めるメンター制の立ち上げ

一般的にメンター制とは、当該企業の先輩社員が内定者一人ひとりの相談役となって定期的に面談を実施する制度を指す。EYでは現役コンサルタントが内定者のメンターとなり、内定者が入社するまでの間、月に1回程度、個別に触れ合う機会を設けるためにメンター制を立ち上げた。

図表6-3　内定者への調査結果（最も入社意欲が高まったイベント）

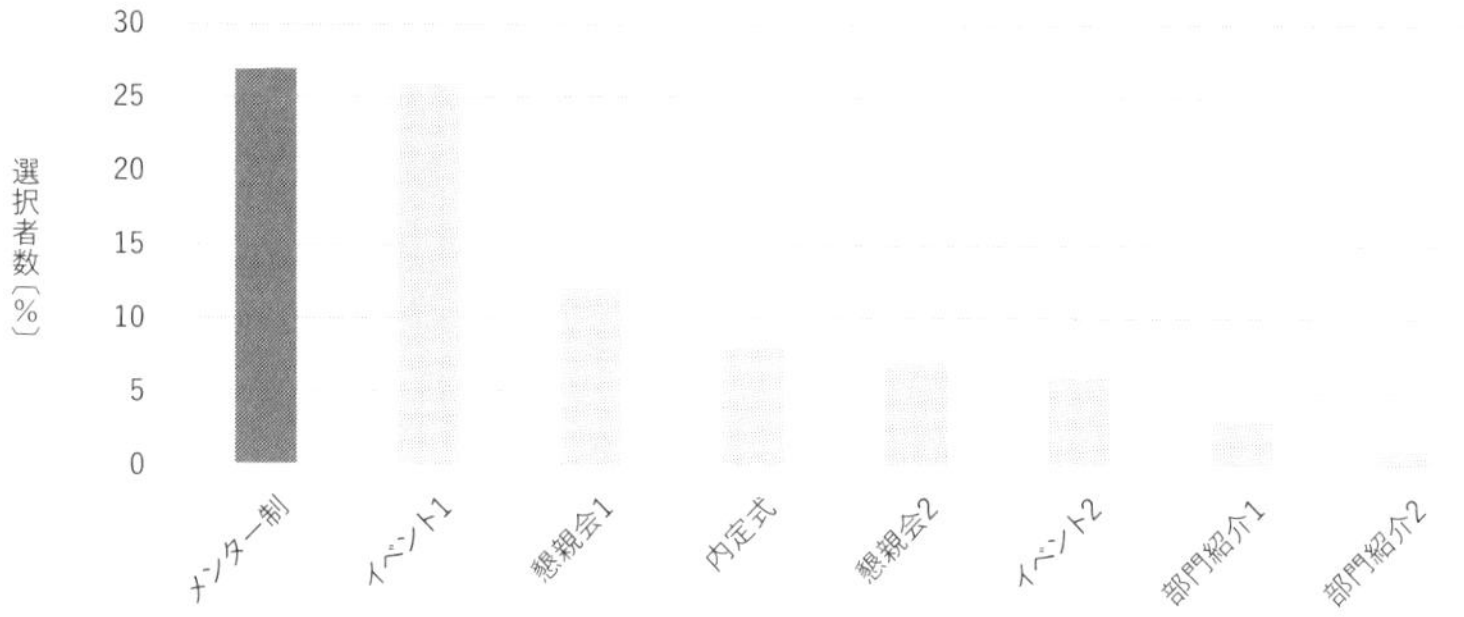

メンター制のなかでは「つながり感」を効果的に醸成することができるよう、各メンターに対して「いつ頃に、どのような話題に対して、何を伝えればよいのか」を事前にアナウンスして指定した。

例えば、内定者への事前のアンケート調査を踏まえ「入社意欲の維持・向上にはつながり感の醸成が重要であり、○○や△△によってつながり感を醸成することができる」という科学的な根拠をメンターに対して提示し、入社意欲の維持・向上において何がキーとなるのかという理解醸成を図った。さらに、内定者の興味を聞き、EYでの類似案件やキーパーソンを紹介することがつながり感の醸成に有効なアプローチであることを伝えた。

その他にも「入社後の配属において希望が通るのか」「コンサルタントとしてやっていけるのか」「一人暮らしを始めるなら、おすすめのエリアはどこか」といった話題は、内定者にとって不安材料の一つであることをメンターに伝えた。それに対してどのように回答すれば、内定者の持つ不安が解消されてつながり感の醸成につながるのかを、具体的なサポート事例を提示しながら伝えた。

「つながり感」の醸成で入社率が向上

メンター制の実施によって内定者の入社率（オファーを出した就活生がＥＹに入社した割合）は、詳細な数値は公表できないが実際に向上した。この結果を受け、メンター制は２０２３年現在も継続中である（2年目に突入している）。

メンター制の効果は内定者への事後アンケートからも確認できており、図表６－３のようにメンター制は、入社意欲に最も寄与している。その理由として、「忙しいなかでもメンターが気にかけてくれた」や「メンターが疑問点を確実に払拭してくれたことで安心感を得られた」といったコメントが寄せられていることから、当初の狙い通り、ＢＸアプローチにもとづく工夫を組み込んだメンター制を通じて不安が解消され、「つながり感」が醸成できたといえる。

このように科学的に「やりがい」やウェルビーイングが何かを正しく理解し、それを高めるために心のツボを正しく押すことは、入社意欲を向上させ、優秀な人材の流出を回避することに対して大きな効果を発揮する。

今回は新卒採用のプロセスにおいてＢＸアプローチを組み込んだ例を紹介したが、従業員の「自律感」「有能感」「つながり感」を高めることで、「やりがい」の醸成とウェルビーイングを追求するアプローチはさまざまな取り組みにおいて応用できるはずだ。

第7章 投資家を変える

1 投資家の心のツボを押す形で企業のSDGs活動を伝えることで、投資を呼び込む

【セクションサマリ】

・機関・個人投資家は、倫理的理由ではなく財務的価値に直結するESG情報を重視する。特にS（社会）やG（ガバナンス）に関するネガティブな情報は、企業のレピュテーションを毀損し得るため、注意深く見られる。

・企業がESG投資を呼び込むためには、ESGの取り組みが現在の財務的価値にどう影響するかを明確に伝えることが重要であり、業界標準を下回るネガティブな取り組みを減らすことに優先的に取り組む方が投資を呼び込みやすい。

・経営資源に余裕がある場合は、一般的に求められる水準を超えるポジティブなESG取り組みを強調することで、投資家の印象を良い方向に変えていくアプローチも有効であ

――る。その際には、道徳の心のツボ（規範意識）に関する科学的な知見が役立つ。――

国連が掲げるSDGsによってサステナビリティが環境だけの概念ではなく、むしろ多面的であることが広く認識されるようになった。そのなかでESGという非財務的な情報が企業によって提供され、最近では機関投資家や個人投資家の投資判断に大きな影響を与えている。

多くの企業にとって、企業のSDGs活動を正しく伝え、機関投資家や個人投資家によるESG投資を呼び込むことは、重要な経営課題である。そこで本章では、機関投資家や個人投資家がESGに関連する情報をどのように踏まえて投資の意思決定をしているか、そして企業はどのようなコミュニケーションをすればESG投資を呼び込めるかについて、BXアプローチの観点から説明する。

機関・個人投資家は「今・ここ・私」に直接関連する企業の財務的価値を重視して投資する

(1) ESG情報より財務情報

多くの消費者は脱炭素などの「将来の環境のため」に身銭を切って商品・サービスを購入しないことを、第5章第1節で説明した。同様に、機関投資家や個人投資家の多数派も、「将来の環境のため」や「ESGのため」で投資は行わない。あくまで、「環境やESGに対する企業の配慮行動が投資のリターンに影響しそうか」や「ESG情報が（「今・ここ・私」と直接関連する）企業の財務的価値に影響しそうか」を重視して投資判断を行う。

機関投資家を対象としたグローバルな調査[1]によれば、5人中4人（82％）の投資家が倫理的理由でけなく、「ＥＳＧ情報が投資パフォーマンスにとって財務的に重要であるため利用する」と回答している。また、97%近くの機関投資家が「ＥＳＧの取り組みに関する情報は企業の評判やブランドに影響するため、企業の財務的価値に影響を与えるレピュテーションの観点から重要」と考えている。

　このことは、ＥＳＧを専門としない通常の機関投資家65名を対象とした別の実験研究[2]からも裏づけられている。この実験では、一度企業の悪い財務情報を目にすると、企業のＥＳＧに関連する取り組みについて良い情報がその後与えられても、機関投資家の企業に対する総合評価は悪いままである（上方修正されない）ことが示されている。他方で、企業の良い財務情報を目にした後に企業のＥＳＧに関連する取り組みについて悪い情報が与えられた場合は、企業に対する総合評価が下方修正され得る。

　つまり、企業に対する財務的な評価がアンカー（優先される基準点）となり、財務的な評価が悪い場合にはＥＳＧ情報は無視され、財務的な評価が良い場合に限ってＥＳＧ情報が補整的に用いられるのである。

　同様に個人投資家も、企業のＥＳＧ情報より財務情報を重視する。例えば、個人投資家の多くは、投資の金銭的なリターンを度外視してまで倫理的観点からＥＳＧ投資をしようとはしないことが、明らかになっている。

　実際に、個人投資家を対象とした実験的研究[3]において、企業の財務情報の後にＥＳＧ取り組みに関する情報が与えられたとしても、個人投資家の企業に対する投資判断にＥＳＧ情報はほぼ影響しないことが示されている。

　別の先行研究[4]では、個人投資家がＥＳＧ活動を行っている企業に投資するかを意思決定する際には、サステナビリティ問題に対する個人的な価値観（自分もサステナビリティ問題を重要だと考えているか）が最も大きな影響を与えることが、明らかになっている。しかし、第5章第1節で触れた通り、大多数の消費者はサステナビリティ問題を自分事として捉えておらず、身銭を切ろうとはしない。つまり、本研究からも、個人投資家にとってESG情報の影響は小さいといえる。

(2) 財務的価値に影響する場合に限ってESG情報が利用される

他方で、機関投資家や個人投資家は、「今・ここ・私」により近い企業の財務的価値に影響する場合に限ってESG情報を利用する。これを示した先行研究を3つ紹介したい。

1つ目として、ESG（環境・社会・ガバナンス）のなかで特にどの情報が機関投資家によって重視されるかを検討した研究[5]においては、E、S、Gの3つの次元が同じように重要なわけではなく、企業の評判やブランドなど財務的価値を左右するレピュテーションに直結するGの次元が特別な影響を与えることが示されている。

CO_2排出よりも、不適切な情報開示や情報の隠蔽などのガバナンス不全やコンプライアンス違反の方が悪いレピュテーションに直結し、企業の財務的価値の毀損につながりやすいためである。

2つ目として、企業のESG経営がブランドイメージに与える影響を検討した2023年の研究[6]においては、企業のSとGの活動がブランドイメージにプラスの影響を与える一方で、Eの活動はブランドイメージにほぼ影響しないことが示されている。

コンプライアンス違反などのガバナンス不全に加えて、ダイバーシティや人権の軽視などの社会的次元における不全も企業の悪いレピュテーションに直結しやすい一方で、環境に対する配慮は（我々の対応する本能の欠落ゆえに）少なくとも現段階では軽視されやすいと考えられる。

3つ目として、機関投資家を対象とした実験研究[7]においては、投資家はポジティブなESGの開示よりも、ネガティブなESGの開示に強く反応することが示されている。

具体的には、まず、投資家にとって業界標準を上回るESGに関するポジティブな取り組みは「中長期的な企業価値を高めるものであるが、企業の現在的な財務的価値に直結しないため、このような取り組みをどの程度評価して投資判断に反映させるかは価値観に従って判断すればよい」と認識されている。他方で、業界標準を下回るESGに関するネガティブな取り組みは「企業のレピュテーションを下げ、企業の現在の財務的価値の毀損に直結するため、企業の財務的価値を傷つけるノックアウトファクターとなりかねない」と認識されている。

こういった理由から、投資家はESGに関するポジティブ情報よりもネガティブ情報に着目するのである。これは投資家に限った話ではなく、消費者についても、企業のポジティブな活動よりもネガティブな活動に着目してブランドイメージを形成することが研究[8]から示されている。

機関投資家や個人投資家の多数派は、「今・ここ・私」に直接関連する企業の財務的価値を重視して投資判断を下しており、たとえESG情報を考慮に入れるとしても、企業の財務的価値に影響し得る点に限定されるのである。

ESGなどの非財務情報を「今・ここ・私」（現在の財務的価値）に紐づけるコミュニケーションを

上記を踏まえて企業がESG投資を呼び込むためには、ESGなどの非財務情報を「今・ここ・私」（現在の財務的価値）に紐づけるコミュニケーションが肝要であると筆者らは考える。

具体的には、第一に、ＥＳＧに関する取り組みが、倫理的なミッションの実現よりも企業の財務的価値を向上させることにどのようにつながるかを強調したコミュニケーションを行うべきである。ＥＳＧに関する取り組みが具体的に企業の財務的価値を向上させる道筋を明示しなければ、多くの投資家はＥＳＧの取り組みを評価しない。

その際に、ＥよりもＳとＧの活動をより強調するなど、投資家が企業の現在の財務的価値に対する影響を連想しやすい内容を打ち出した方が、より効果的である。

第二に、業界標準を上回るＥＳＧに関するポジティブな取り組みを強調することよりも、業界標準を下回るＥＳＧに関するネガティブな取り組みを減らすことに注力すべきである。先述した通り、投資家と消費者は、企業のポジティブな取り組みによる加点よりもネガティブな取り組みによる失点に大きな影響を受ける。

言い換えれば、すべての投資家や消費者がネガティブなＥＳＧ情報にはネガティブな反応を示すのに対し、ポジティブなＥＳＧ情報には、ＥＳＧに関する課題に対する問題意識が高い一部の投資家や消費者のみがポジティブな反応を示す。そのため、経営資源が限られる場合、まずは失点を極力減らす取り組みやコミュニケーションが求められる。経営者は、社会から一般的に求められる水準を分析したうえで、社会的に無責任であると認識される危険性に対して特に配慮する必要がある。

倫理的側面を強調する場合は、道徳（規範意識）の心のツボに沿ったコミュニケーションを

経営資源に余裕がある場合は、一般的に求められる水準を超えるポジティブなＥＳＧ取り組みを強

集団の秩序・結束		神聖さ・清廉さ
内集団／忠誠心（Ingroup／Loyalty）	権威／尊敬（Authority／Respect）	清らかさ／神聖さ（Purity／Sanctity）
集団的協力の利益を分かち合う	上下関係を交渉する、選択的に人に従う	病原菌や寄生虫を避ける
集団に対する脅威や挑戦的課題	支配と服従	廃棄物、病気にかかった人々
集団に対する誇り、所属意識、裏切り者に対する軽蔑	尊敬、恐れ	嫌悪

調することで、投資家の印象を良い方向に変えていくアプローチも補足的に取り得る。このように、成り行きを見守り対処するのではなく、積極的に未来の創造に関与する[9]際には、人の道徳（ARMSモデルで言えば規範意識）の心のツボを考慮したコミュニケーションを取るべきである。

諸説あるが人は5つの道徳の心のツボを持っているため、これらを狙ってコミュニケーションを組み立てることが効果的といえる。具体的には、「傷つけないこと／ケアすること（赤ちゃんのような脆弱な存在が傷つけられないこと）」「公正さ／返報性（公正であること）」「内集団／忠誠心（自分が所属する集団を裏切らないこと）」「権威／尊敬（所属する集団における上下関係や地位・権威などの秩序を維持すること）」「清らかさ／神聖さ（汚らわしくないこと）」の5つの道徳の心のツボを人は持つ[10]（図表7－1）。

したがって、企業のESGに関する取り組みが「虐げられる脆弱な存在を減らす」「搾取や不正を減らす」「日本や地元の経済発展や、対中国・対ロシアなどの（経済）安全保障を実現する」「古き良き文化や伝統を守る」「病原菌や寄生虫を減らす」ことにつながると訴求するコミュニケーションが特に有効である。

このなかでも特に「傷つけないこと／ケアすること」に関する

図表7-1　5つの道徳の心のツボ

項 目	個人の権利 傷つけないこと／ケアすること（Harm／Care）	公正さ／返報性（Fairness／Reciprocity）
代表的な行動	幼い子ども、脆弱な者、傷ついた肉親を保護し世話をする	非肉親と双方向的な協力の利益を分かち合う
トリガー	肉親の被害、苦痛、肉親に対する脅威	不正行為、だまし
関連する主な感情	共感、同情	怒り、感謝、罪の意識

道徳の心のツボが普遍的で最も強力であることを示す研究[11]が存在する。具体的には、道徳的判断は、「自分の目標を達成しようという意図を持ったエージェント（人）が、脆弱な存在に危害を与えようとしている」という心のなかにあるステレオタイプなテンプレートを通じて認識される傾向があることが示されている。ESGの取り組みを「脆弱な存在が傷つけられないようにする」ためと位置づけた訴求は、特に個人投資家を動かすうえで有効である。

この観点から分析すれば、Eに関する企業の取り組みを、Tシャツの写真を背景として「このTシャツは気候変動を止めるのに役立ちますか？」とストレートに打ち出した米アパレル大手のパタゴニア[12]よりも、脆弱な赤ちゃんの写真を背景としたうえで「気候変動に関するAppleの約束」として赤ちゃんへ語りかける動画を公開した米アップル[13]の方が、より有効なコミュニケーションを行っていると解釈できる。

なお、このポジティブなESGの取り組みを強調するアプローチを採用する場合であっても、それがいかに企業の財務的価値を向上させるかを可能な限り示すべきである点については、繰り返し強調しておきたい。

第8章 社会を変える

これまでの章では、BXアプローチによって消費者や従業員、そして投資家などの個人の行動をいかに変えられるかを述べてきた。本章では、個人ではなく社会全体を変えるためのルールづくりの基本的な考え方を解説する。そのうえで、BXアプローチによってルール形成を実際に試み、新たな市場創造を狙った2つの事例を紹介したい。

1 心に寄り添ったルールをつくることでより良い社会を実現する

【セクションサマリ】

・ルールは、スタンダード（標準）とレギュレーション（規制・恩典）で構成される。
・スタンダードは行動変容を促すために設定される目標や基準であり、レギュレーションはスタンダードを達成するために設定されるインセンティブやペナルティである。
・ルールの良し悪しは、本能のメカニズムを巧みに捉えているか否かで決まる。したがって、本能を補完する仕掛けや本能を抑制する仕掛けをルールに組み込むアプローチが、有効である。また、ちょっとした意思決定を促す場合には、デフォルト活用ナッジを仕掛けとして組み込むことも有効である。

本能のメカニズムを理解しないルールに人はついてこない

人は、ヒトという種が進化したサバンナ環境に適応するように形づくられた本能に従って行動する。しかし、この本能は現代文明社会で生きることには最適化されていない。そのため、現代文明社会においては、本能が過敏に反応することで依存行動が発生することや、本能の欠落からそもそも人が反応しない（行動が生じない）ことが原因となって社会課題が発生している。

生活習慣病はその代表例だ。私たちが生活習慣病行動を続けてしまうのは、つい食べすぎ・飲みすぎてしまう本能を持っていることが原因であることは、第2章第2節で触れた。そういった社会課題を解決する方法の一つとして、私たちはルールをつくり、これらの課題を解決しようとしてきた。例えば、生活習慣病に対してはさまざまな健康・医療政策が取られてきた。

しかし、人は腑に落ちないルールには従わない、もしくは従うことができない。言い換えれば、人の本能のメカニズムを理解せずにルールをつくると、そのルールは機能しない。生活習慣病の場合、さまざまな健康・医療政策が取り組まれているにもかかわらず、約10年前と比較して偏食や過食、運動不足、過剰飲酒などの生活習慣病行動は、改善に向かっていない。[1]

他方で、本能のメカニズムを巧みに捉えたルールはうまく機能している。例えば、レジ袋の有料化が挙げられる。レジ袋なしをデフォルトとしレジ袋ありを有料オプションとした結果、消費者のレジ袋辞退率は50％も増加している。[2]

良いルールと悪いルール

(1) ルールは「スタンダード（標準）×レギュレーション（規制・恩典）」

ルールとは、図表8－1のように「スタンダード（標準）×レギュレーション（規制・恩典）」で構成されている。[3]

まず、スタンダードとは、国際標準化機構（ISO）や日本産業規格（JIS）のように公的機関や標準化機関によって定められた手続きや法制度に則って策定した標準規格（デジュール・スタンダード）、あるいはiPhoneに組み込まれているiOSやBluetoothなど市場における企業間の競争によって業界の標準として認められるようになった規格（デファクト・スタンダード）を指す。スタンダードのなかには、「良いもの」「優れているもの」を定義するための測定方法や評価方法について規格化するものもある。

行動変容を対象としたルールの場合、「変えたい行動」を非標準行動、「促したい行動」を標準行動（スタンダード）として設定する必要がある。「スタンダード≠現在の標準行動」であることに注意が必要だ。なお、第4章第3節で紹介したデフォルト活用ナッジは、促したい行動（スタンダード）を変更するナッジと位置づけることができる。

次に、レギュレーションとは、法律や政省令、条例、ガイドラインのようにスタンダードをクリアしない／することによって受ける規制や恩典のことを指す。

身近な例として、レジ袋の有料化をこのフレームワークに当てはめると、スーパーやコンビニエン

図表8-1　ルールの基本的なフレームワーク

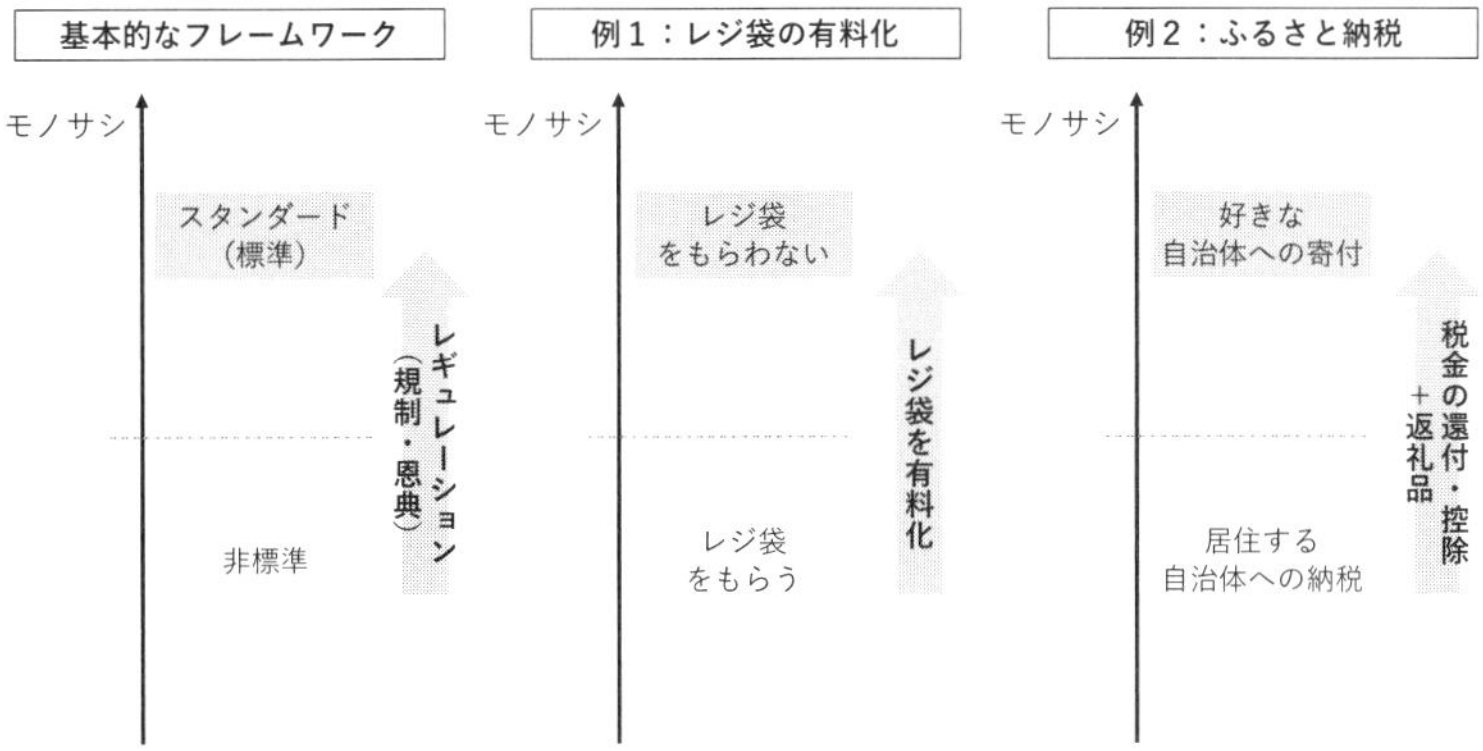

ストアで「レジ袋をもらわない」という行動をスタンダードと位置づけることができる。これを促すための「レジ袋をもらう場合は有料で購入しなければならない」という規制がレギュレーションである。

ふるさと納税の場合は、「居住する自治体への納税」を変えたい行動、「好きな（生まれた故郷や応援したい）自治体への寄付」を促したい行動（スタンダード）として、標準行動を促すために「寄付額に応じて所得税の還付や住民税の控除が受けられる」という恩典が設定されている。寄付に対して地域の名産品などの返礼品がもらえるが、これも一種のレギュレーション（恩典）といえる。

(2)ルール形成をARMSモデルで解釈する

ここで、「ルールをつくる」という手法をARMSモデル（第3章第2節参照）に当てはめて解釈したい。まず、スタンダードを設定するということは「社会的縛りを変化させることで、容易感を高めること（または低下させること）」を意味する。わかりやすくいえば、ルールをつくることによって自分でも「簡単にできそう」や「面倒だ」といった感覚を変化させる手法といえる。

次に、レギュレーションを設定するということは「規範意識や利得感、嗜好性を高めること（または低下させること）」を意味する。わかりやすくいえば、ルールをつくることによって、「周囲もやっているから自分も行動することが是であり非ではない」「行動することは得であり損ではない」「自分の好き・こだわりが追求できそうだ」といった動機を変化させることだ。

レジ袋の有料化を例に取ると、スタンダードとして「レジ袋をもらわない」という行動を設定することが、「レジ袋をもらう」という行動の容易感を下げる（面倒くさいという気持ちを高める）仕掛けとなっている。「レジ袋をもらう場合は有料で購入しなければならない」というレギュレーションを設定することが、「レジ袋をもらう」という行動の利得感を下げる（損をしたくないという気持ちを高める）仕掛けとなっている。

(3)良いルールは本能に寄り添っている

ルールの良し悪し（ルールが機能し人を動かせるか否か）は、基本的に本能のメカニズムを巧みに捉えることができているかで決まる。具体的には、第2章第2節で触れたように本能を補完する（欠落した本能を補完するために本能をくすぐる別の価値と紐づけ動機を高める）、あるいは本能を抑制する（過敏に反応する本能を抑制するために動機を変化させる）仕掛けがルールのなかに組み込まれているかで、その良し悪しが決まる。ただし、ちょっとした意思決定を促したい場合に限り、デフォルト活用ナッジ（スタンダードを変更することで促したい行動の容易感を高める方法）が良いルールとして機能する（図表8－2）。

図表8-2　良いルールと悪いルールの違い

代表例	スタンダード（標準行動）			レギュレーション（規制・恩典）				有効性
	変えたい行動（非標準）	促したい行動（標準）	容易感	規制・恩典の有無*	規範意識	利得感	嗜好性	
臓器提供制度（オプトアウト型）	臓器提供への不明瞭な態度	臓器提供への同意（何もしない）	意思表示するのが面倒	なし	—	—	—	☺
ごみの分別制度	ごちゃまぜ廃棄（大量廃棄）	ごみの分別・指定場所への集積	ごみの分別が面倒	（あり）	白い目で見られたくない	—	—	☺
クールビズ	フォーマルな服装	カジュアルな服装（エアコンの抑制）	（変化なし）	（あり）	ネクタイをしなくてもよい	—	快適に仕事ができる	☺
レジ袋の有料化	レジ袋をもらう	レジ袋をもらわない	レジ袋をもらうのが面倒	あり	—	損をしたくない	—	☺
マイナポイント事業	マイナンバーカードの不所持	マイナンバーカードの取得	カード取得が面倒	あり	—	ポイントをもらい得をしたい	—	☺
健康日本21	生活習慣病行動	健康増進行動	努力するのが面倒	（あり）	—	健康になれる	好きなものが食べられない	😐
SDGs	環境破壊、非倫理的消費など	環境配慮、エシカル消費など	気にするのが面倒	（あり）	周囲から評価される	—	好きなものが買えなくなる	😐

促したい行動の容易感を高めることができているか
○：高めている、×：下げている

行動を変えたいという動機を高めることができているか
○：高めている、△：高める場合もある、×：下げている

＊明示的なレギュレーション（規制・恩典）は設定されていないが、スタンダード（標準行動）に変える／変えないことで、結果として規制や恩典を享受できるケースを“（あり）”として表記している

ちょっとした意思決定を促すことを狙った良いルールの代表例として、フランスで採用されているオプトアウト型の臓器提供制度が挙げられる。本制度ではスタンダードを「臓器提供への同意（オプトアウト型）」としており、臓器を提供したくない場合は「チェックを外す」という労力を割かなければいけないルール（オプトアウト）となっている。その結果、「わざわざ労力をかけてまで臓器提供を拒否（オプトアウト）するまでもない」という心のツボ（容易感）が押され（デフォルト活用ナッジが効き）、多くの人が同意を拒否しない状態をつくりだすことに成功している。

ここで重要な点は、設定したスタンダードが「死後の臓器提供」という明確なスタンスを持ちづらい行動（ちょっとした意思決定）であったことだ。そのため、先に触れた通り本制度は多くの人を動かした。

本能のメカニズムを巧みに捉えた良いルールの代表例として、ごみの分別制度、クールビズ、レジ袋の有料化、マイナポイント事業を取り上げたい。一つずつ解説する。

まず、ごみの分別制度について、本来的な目的は「資源の再利用」や「焼却炉の効率向上」である。この目的を達成するために、ごみの分別制度では、「ごみを分別して指定の場所に集積する」というスタンダードを設定している。

その結果、明示的なレギュレーションは設定されていないものの、「分別しないことで近隣から白い目で見られたくない」という規範意識（規制）が自動的に働き、本制度はごみの分別という本能欠落型の行動を対象としているにもかかわらず、多くの人を動かすことに成功している。[4]

クールビズについて、本来的な目的は「省エネの推進（エアコンの設定温度の抑制）」だった。しかし、「カジュアルな服装」をスタンダードとして設定したことによって、明示的なレギュレーションは設定されていないものの、「ネクタイをしなくてもよい」という規範意識に対する恩典や「快適に仕事ができ、よりオシャレができる」といった嗜好性が自動的に働き、クールビズが提唱されて以降、オフィスにおける衣服のカジュアル化が大きく進んでいる。[5]

ここで重要な点は、省エネ行動という本能欠落型の行動ではなく、「カジュアルな服装」という人が本能的にこだわる別の目的を達成するための手段をスタンダードとして位置づけた点にある。

レジ袋の有料化の場合は、スタンダードとして「レジ袋をもらわない」という行動を設定しているが、これが「レジ袋をもらう」ことに対して容易感を下げる（面倒くさいという気持ちを高める）仕掛けとなっている。加えて、「レジ袋をもらう場合は有料で購入しなければならない」というレギュレーションが損失回避ナッジとしてうまく機能し、前述した通り、レジ袋の有料化は多くの人を動かした。

最後に、マイナポイント事業の場合、スタンダードとして設定している「マイナンバーカードの取得」は、わざわざ行動しなければならないため容易感を下げている。これに対して同事業では、「最大2万円分のマイナポイントの付与」をレギュレーションとして設定することで、行動の動機を高めることができている。結果として、現時点でのマイナンバーカードの取得率は約85%となっており、[6]多くの人を動かすことに成功している。

このように、ちょっとした意思決定を促すためにデフォルト活用ナッジを仕掛けとして組み込んだり、欠落した本能を補完するために本能をくすぐる別の価値を紐づけることで、動機を高めることを狙ったルールは、良いルールといえる。

⑷悪いルールは本能に寄り添っていない

しかし、「本能が過敏に反応するため我慢を強いる行動」、もしくは「本能が欠落しているためそもそも促しづらい行動」をスタンダードとして設定する場合には、注意が必要である。

例えば、健康日本21では我慢を強いる生活習慣（健康増進行動）をスタンダードとして設定している。しかし、約10年前と比較して偏食や過食、運動不足、過剰飲酒などの生活習慣病行動は、改善の方向に向かっていないことは先に触れた通りだ。SDGsが十分に機能していないことも、第5章第1節で触れた。

繰り返しになるが、生活習慣病行動のような本能が過敏に反応することで発生する依存行動を抑制することは極めて難しい。また、SDGs行動のように、本能が欠落しているためそもそも反応しない行動を促すことも極めて難度が高い。

現時点で健康日本21もSDGsも明示的なレギュレーションを設定していないが、本当にこれらの行動を促そうとすると、反発を生むレベルの規制や非現実的なコストを要する恩典が求められる可能性が高い。したがって、こういったケースでは第5章第1節で述べたような本能を補完する仕掛けや、後述する甘えを認めつつ本能を抑制する仕掛けをルールのなかに組み込むことが有効と考える。

代表的なルールを振り返ってみても、心に寄り添ったルールづくりができているかが、そのルールが機能するかを大きく左右することが確認できる。

最後に、本書で言及した良いルールと悪いルールの違いは、そのルールが人を動かすために機能しているか否かの違いであり、当該ルールの政策的な良し悪しの違いではないということを申し添えておく。

2　あえて甘えを認めるルールをつくることで健康な行動を促す

【セクションサマリ】

・ハームリダクション・ライフスタイルとは、体に害を生む行動をやめさせるのではなく、害を相殺または軽減する商品やサービスの選択を促すことで、生活全体で害の影響を軽減する生活習慣を定着させようという考え方である。

・生活習慣病行動は簡単にはやめられないという前提を置く（甘えを認める）新たな政策コンセプトであり、現実的な目標値を設定して行動のバリアを引き下げている。また、新たな市場創造の可能性を秘めている。

・ハームリダクション・ライフスタイルを政策に落とし込む際には、国民の行動だけではなく政策担当者の行動も変えなければならなかった。そのため、「国民の健康長寿を目的とした健康政策として健康な行動を促す」のではなく、「米中日協調を狙った経済安全保障政策として健康な行動を促す」アプローチを取った。

・市場創造に対してBXアプローチを組み込むことで、問題解決のために巨大な補助金の投入をせずに政策化できる。

・国際認証のルール化などを通じたハームリダクション・プロダクト市場のグローバル化を日本が主導することは、米中協調の現実をつくるためにも重要である。

これまで私たち国民は、「健康に良い行動をしよう」という正論をぶつけられ、さまざまな教育を受け続けてきた。例えば厚生労働省は、『『新・健康生活』のススメ」として毎日プラス10分の身体活動、主食・主菜・副菜をバランスよく組み合わせた食事、禁煙などを推奨しており[7]、食べすぎや飲みすぎなどの甘えを認めていない。

一方で私たちが生活習慣病行動を続けてしまうのはつい食べすぎ・飲みすぎてしまう本能を持っていることが原因であり、こういった行動を、正論をぶつけることで抑制することは困難であるということを第2章第2節で触れた。つまり、「将来」起こる可能性がある生活習慣病などを防ぐために脂質や糖分の取りすぎを控えるよう正論をぶつけたとしても、本能は抑制しきれないことを前提に置くべきなのである。

こういった問題を解決すべく多摩大学ルール形成戦略研究所では、「ハームリダクションライフスタイルのルール形成に向けた研究会」を設立し、BXアプローチによって健康な行動を促すための市場創造を試みた。ここではその政策を紹介する。

甘えを認める新たな政策コンセプト――ハームリダクション・ライフスタイル

(1)生活習慣病行動は簡単にはやめられないという前提を置く

ハームリダクションとは、名前が示す通り害を減少させるという意味である。

私たちは日々体に何らかの害を及ぼしながら生活を送っている。休暇にボーッとスナック菓子などのおやつを食べながらソファーに座り続けていれば、リラックスという効用を得る代わりに、運動不足や塩分の取りすぎなどにより成人病というリスクを高める。

体に良い効果があるものだけを取り入れて適度な運動をして過ごし続けることが理想であるが、日々の忙しさがゆえに欲する手軽さ、美味しいものへの欲望、そしてさぼりグセから逃れることは至難の業である。また、体に悪いとわかっていながらもジャンクフードや揚げ物、深酒も週に何日かは自分に許してしまいがちだ。

ハームリダクション・ライフスタイルは、このような避けることが難しい体に害を生む行動に対して、害を相殺または軽減する商品やサービスの選択を促すことで、生活全体で害の影響を軽減する生活習慣を定着させようという考え方である。

ハームリダクション・ライフスタイルという政策コンセプトの重要な点は、生活習慣病行動、つまり体に害を生む行動を認める点にある。

第１章第２節で触れたように、人の脳は関心・こだわりが強いことに対して正論をぶつけられると、自動的に反発するようにできている。この反応は、関心・こだわりが強い価値観が脅かされたときほど強くなる。つまり、本能が過敏に反応してしまうことで生じている生活習慣病行動は私たちにとって関心・こだわりの強い行動であり、特に「正論をぶつけてはならない行動」なのである。

そのため、ハームリダクション・ライフスタイルにおいては、あえて食べすぎ・飲みすぎなどの生活習慣病行動をやめさせようとすることは前提としていない。

⑵目標値を設定して行動バリアを引き下げる

政策コンセプトの策定に当たってはまず、ハームリダクション・ライフスタイルを「健康被害を軽

図表8-3　ハームリダクション・ライフスタイルの政策コンセプト

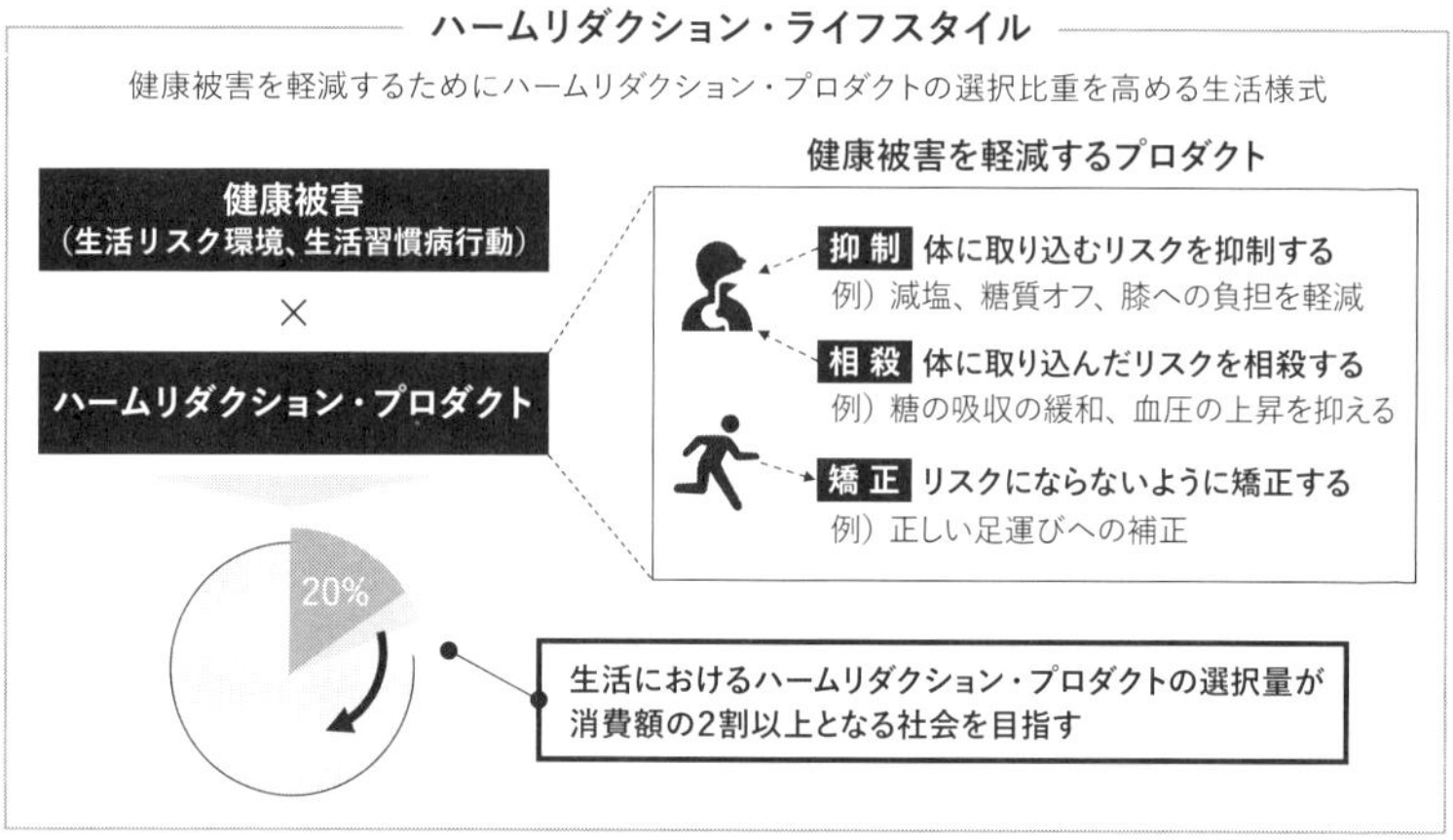

減するために生活におけるハームリダクション・プロダクトの選択比重を高める生活様式」として、定量的なコンセプトを描いた（図表8－3）。

このなかには、ARMSモデルの「やろう」（実現意思）の心のツボを押すナッジ（Timely）が組み込まれている。具体的には、「達成すべき大目標が抽象的な場合は、大目標を達成するうえで中間指標となる下位目標を適切に設定し、下位目標に対する進捗状況をモニタリングする」という目標具現性を押すナッジである（第4章第3節参照）。

また、行動変容をスムーズに行うため、すでに国民に広く浸透している健康診断との接続性を意識した。具体的には、健康診断において生活習慣病行動の判断に用いられている食事、飲酒、睡眠、運動、喫煙の5項目にもとづいて、ハームリダクション・プロダクトの具体化を図った（図表8－4）。

食事においては偏食や過食をやめるのではなく、例えば、5回に1回の食事時に血糖値・血中脂肪の上昇を抑制するトクホ飲料を摂取することを促す。飲酒をやめる

図表8-4　ハームリダクション・プロダクトの具体例

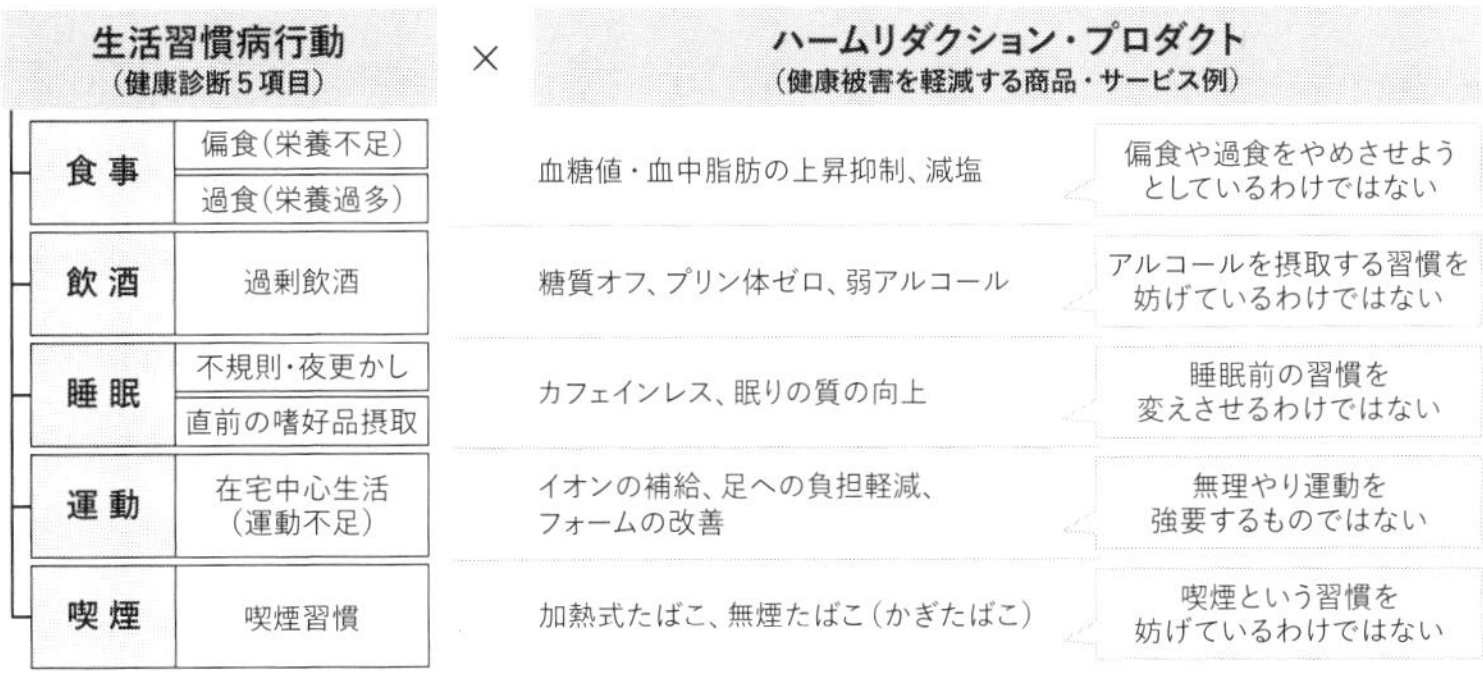
生活習慣病行動
（健康診断５項目）
×
ハームリダクション・プロダクト
（健康被害を軽減する商品・サービス例）
食事
偏食（栄養不足）
過食（栄養過多）
血糖値・血中脂肪の上昇抑制、減塩
偏食や過食をやめさせようとしているわけではない
飲酒
過剰飲酒
糖質オフ、プリン体ゼロ、弱アルコール
アルコールを摂取する習慣を妨げているわけではない
睡眠
不規則・夜更かし
直前の嗜好品摂取
カフェインレス、眠りの質の向上
睡眠前の習慣を変えさせるわけではない
運動
在宅中心生活（運動不足）
イオンの補給、足への負担軽減、フォームの改善
無理やり運動を強要するものではない
喫煙
喫煙習慣
加熱式たばこ、無煙たばこ（かぎたばこ）
喫煙という習慣を妨げているわけではない

（出所）大阪がん循環器予防センター（http://www.osaka-ganjun.jp/health/）、厚生労働省 e-ヘルスネット（https://www.e-healthnet.mhlw.go.jp/）、研究会に参画する企業からのヒアリング結果にもとづいて作成

図表8-5　中国と日本における健康目標の関係性

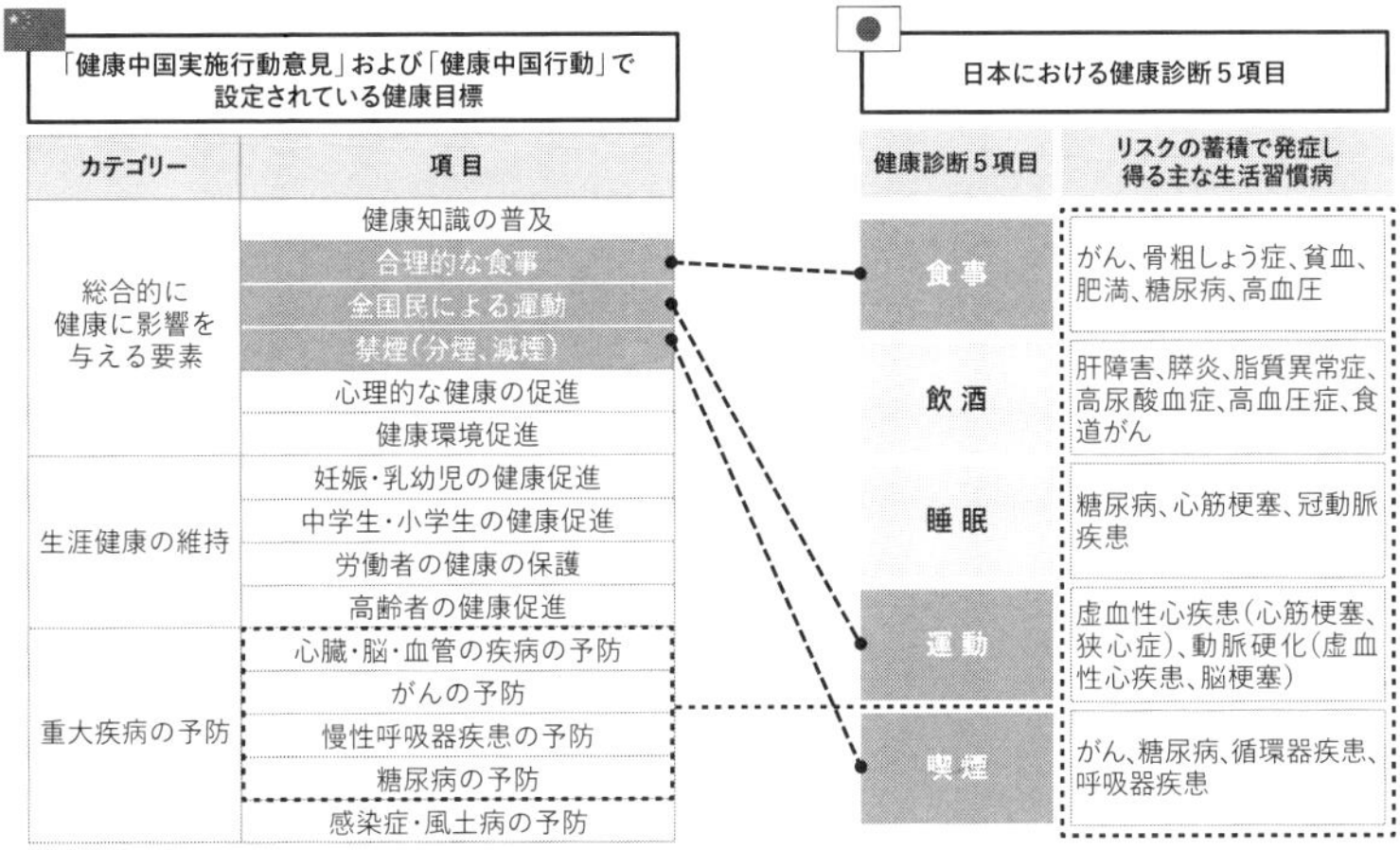

（出所）JETRO（2019）「『健康中国』達成へ行動計画を発表、生活習慣病などの予防重視」（https://www.jetro.go.jp/biznews/2019/08/78b5991242484aaf.html）、大阪がん循環器予防センター（http://www.osaka-ganjun.jp/health/）、厚生労働省 e-ヘルスネット（https://www.e-healthnet.mhlw.go.jp/）にもとづいて作成（いずれも2023年4月24日アクセス）

のではなく、飲酒する際に弱アルコール、またはアルコールフリーで過ごす時間を20%つくる。お酒好きには大変だが週1日休肝日を設け、深酒日を弱アルコールによって1日減らすといった感じだ。睡眠の質を高めるため、夕食時のコーヒーや紅茶をカフェインレスにする。運動も、近年手軽さが増した足への負担軽減やフォームの改善を促すスニーカーの使用をすすめる。喫煙は、一定量を無煙たばこや加熱式たばこを吸うようにする。

このようにハームリダクション・プロダクトを、すでに浸透している健康診断の項目を改善する具体的な取り組みとして紹介することで、行動変容へのバリアを引き下げることにしたのだ。

ちなみに図表8－5のように、中国政府が発表した「健康中国実施行動意見」および「健康中国行動」で設定されている健康目標の項目も日本とかなり似通っていることから、日本での取り組みは中国でも参考にしやすいはずだ。この事実は、ハームリダクション・ライフスタイルを内政だけではなく経済安全保障領域の外交政策に組み込むことができることを意味しているが、詳細は後述する。

ハームリダクション・ライフスタイルによる新たな市場創造の可能性

(1) ハームリダクション・プロダクトという新しい商品カテゴリーのルール化

ハームリダクション・プロダクトを人々に身近に感じさせるには、トクホ以外のさまざまな選択肢を増やす必要がある。なぜなら、トクホは健康の改善や症状の改善効果を示す実験データを消費者庁に提示して認可を得なければならないため、その取得には長い実験期間と多大なコストがかかってしまうからである。

トクホ商品を有するある大手企業の話では、1アイテムにつき最低でも1億円程度のコストを見込む必要があるとのことであった。結果、コスト負担が大きすぎるためトクホ市場は約3000億円規模で伸び悩んでいる。[8]

そのため、トクホとは異なる低コストで製品化が可能な新たな商品カテゴリーを生み出すことが有効と判断し、ハームリダクション・プロダクトという新しい商品カテゴリーのルール化を検討することとした。

ここでのポイントは、人々は往々にして食事や材料に自分好みの定番を持っており、さまざまな商品を無意識に継続購入しているという習慣に着目したことだ。味噌や醤油などはその典型である。こうした定番商品になっている製品に対しては、その製品と比して一定量の減塩や低カロリー化を施したプロダクトの開発と普及を促すために、ハームリダクション・プロダクトというラベルづけが有効と考えた。

実際に、ヒアリングしたメーカーからも、すでに浸透している定番商品よりも健康被害を生む要素を減少させたプロダクトは、トクホに比べて製造が相対的に容易であることから製品数を一気に増やすことが可能であるとの意見が相次いだ。成人病患者の削減は急務であることから、消費者の選択肢を一気に拡大し、消費者が容易にハームリダクション・プロダクトにアクセスできる市場環境づくりは重要である。

一方で本政策は、メーカーの努力によって迅速に市場化できる半面、メーカーの自己申告にすべて依存する構造になっている。実際には製品の成分変更が行われていない、または表示しているハームリダクションの割引率に至っていないといった偽装を防ぐ仕組みが必要だろう。偽装工作が単独の部署では行えず、もし発覚した際には「会社ぐるみ」として厳しく処分できるように、少なくとも内部監査部門による記録の提出を官庁に行わせる仕組みが必要だろう。そうなると受領した監査内容をチェックし、必要に応じて指導するハームリダクション・プロダクトの所管官庁が必要になる。

多摩大学ルール形成戦略研究所は、自由民主党の「ルール形成戦略議員連盟」と連携し、こうした自己申告の妥当性をチェックする仕組みの実装や、その機能のルール化も含めて議論を行っており現在も政策として発展させるための検討を続けている。

⑵健康経営へのハームリダクション・ライフスタイル・プロダクトの組み込み

ハームリダクション・ライフスタイルの定着は、採算悪化の深刻度が増している健康保険組合の財政問題にも寄与することから、民間企業にも有益である。企業では近年、健康経営という新しい経営トレンドが生まれており、日本政府も健康経営銘柄という認証制度を設けて健康経営を指標化する政策に取り組んでいる。この既存の政策である健康経営銘柄の認定項目に、従業員に対するハームリダクション・ライフスタイルへの取り組みを加えることは、有効なテコになるはずだ。

すでに健康経営の指標には「身体の健康づくりに向けた具体的対策」が含まれている。福利厚生サービスのポイントで買える製品やサービスについて、ハームリダクション・プロダクトのアイテム数を増やすことや、これらについてはポイント還元率を高めることも有効である。

さらに、ある会社では社員の食事の写真から摂取不足の栄養素をフィードバックするサービスの利用を促している。こうしたフィードバックのなかにハームリダクション・プロダクトが推奨されていけば、相乗効果が発揮できる。

米国では2016年時点で健康増進プログラムを実施している企業の4分の1が、個々人が掲げた健康目標の達成（例：体重、血圧、定期的な運動量）に対して報酬を付与している状況にあった。[9] これを参考に、日本においても健康経営に取り組んでいる企業が従業員に自主的な目標設定を促し、その達成に応じた報酬を与える仕組みを入れていくことは有効である。

その際に「血糖値を○○mg／dlまで下げよう」と目標値を設定してしまうと、もともと数値が高かった人が不利なルールとなってしまう。一方で、「生活におけるハームリダクション・プロダクトの摂取量、または消費額を20％以上にしよう」という目標設定であれば、もともとの健康状態にかかわらず目標の達成状況を評価することができるため、公平なルールづくりが可能となる。

先に紹介したように、健康経営銘柄の項目には「身体の健康づくりに向けた具体的対策」が記されている。米国企業の取り組みを参考に、人事評価制度の加点項目として社員に健康目標を設定させて達成率に応じて報酬を支払う仕組みの導入を促し、有効な目標設定例としてハームリダクション・プロダクトの摂取量（または消費額）を挙げることは、各社の制度設計にとって指針となるはずだ。

ハームリダクション・ライフスタイルの政策への落とし込み

ルール形成によって社会を変えていくうえで重要な視点は、国民の行動だけではなく、政策担当者の行動も変えなければならないという点だ。国民にとって優れた政策コンセプトであるという事実が、それを政策化する政策担当者（国会議員など）を動かす動機には必ずしもならないということだ。

こういったケースで活用可能なＢＸアプローチが、第４章第４節で触れた「変化球アプローチ」である。促したい行動と直接的には関連しない別の重要な目的と置き換え、促したい行動をその目的を達成するための手段と位置づけるアプローチだ。今回は「国民の健康長寿を目的とした健康政策として健康な行動を促す」のではなく、「米中日協調を狙った経済安全保障政策として健康な行動を促す」アプローチを取った。以降、詳細を説明する。

(1) 新たな市場創造の必要に迫られている経済安全保障領域

筆者らが着目したのは、米中新冷戦下において新たなルールを適用した市場創造が次々と行われている事実だ。

2019年から激化してきた米中覇権争いは、2022年10月に米国が導入した対中半導体輸出規制によって本格的な冷戦状態に突入した。安全保障政策に精通している米国の多くの専門家が、歴史を振り返ったときこの規制が米中新冷戦を決定づけた法案であったと認識するだろうとの見解を示すほど衝撃的な内容であった。

この対中輸出管理強化によって、あるスペックの半導体については米国人が中国で半導体産業に協力することも禁止されたことから、中国の半導体企業で働く米国国籍を持つ社員が帰国を余儀なくされた。

米国政府は、このような政策を導入しても他国が同様の政策を立案して米国と歩調を合わせなければ、対中制裁として意味が弱まるだけでなく米国企業だけが中国市場を失ってしまうことから、本書を執筆している2023年5月現在、日本やオランダなどに常に歩調を合わせた輸出規制が発動できる政策を国内で整備するよう働きかけを行っている。

一方の中国も、米国によって世界のサプライチェーンから分断されることを念頭に、自国内で自己完結させる経済体制の構築を目指しつつ、他国による中国依存をより戦略的に促すことも意図した

「双循環政策」を2020年に打ち出し、着々と推進している。そして2022年10月には習近平氏が共産党総書記に異例の3期目の就任を果たし、台湾統一に向けて武力の使用も辞さない姿勢を明確に示した。米国は台湾有事を「起きるか否かではなく、いつ起きるかの問題」であり、最短で2024年に侵攻される可能性も十分にあり有るとして警戒を高めるように世界に促している。

つまり、経済安全保障領域、特にハイテク領域においては、ルール形成によって米国陣営と中国陣営とで分断され、新たな市場構造への対応が迫られている。

(2)経済安全保障において協調すべき市場領域

半導体などのハイテク領域は、米中日の協調が困難であり分断を受け入れていかざるを得ない市場領域といえる。

このような分断は、台湾有事の発生可能性が高い2024年から習近平の3期目の期限を迎える2027年までの間、企業に戦略的な対応を迫るはずだ。米ソ冷戦が約45年続いたことを踏まえれば、2027年以降についても米中による技術覇権を目的とした長期の緊張状態は続き、最低でも30～40年は継続すると見るのが妥当だ。2050年または2060年まで冷戦状態が続くということは、つまり、2023年に入社した新入社員が退職するまで米中新冷戦下でビジネスを行う可能性もあり得ることを意味する。

ハイテク領域においては、米中は市場の分断、サプライチェーンの分断を国家の意思によって両国の同盟国・友好国を巻き込みながら実行していくことを前提に、日本企業は米中をまたがって市場を創造していく必要がある。グローバル化の時代において国家が国境線を下げて接続性を高めようとするなかで市場創造してきたのとは、まったく異なる力学が働くという認識が必要だ。

一方で、非ハイテク領域について米中は対立を前提としながらも、気候変動対策やパンデミック対策など両国の協力が必要となる社会課題に対しては連携する必要があり、そうした領域での連携が両国の過度な緊張の緩和につながるはずだ。

非ハイテク領域には健康が含まれる。つまり、対立の構図の裏で米中日の健康を追求することについては、協調のインセンティブが大きく存在しているのだ。

(3)健康ではなく米中日協調という目的への置き換え

中国は2020年時点で60歳以上の人口が2・5億人に達しているが、1人当たりの社会保障給付額は日本の10分の1にとどまっている。また、国家予算に占める社会保障費は12％と、日本の3分の1にすぎず、2030年には3・5億人に達することを踏まえると国家予算に占める社会保障費の増大は本来避けられない（図表8－6）。

加えて、中国は2014年時点で肥満人口が9000万人に達しており、糖尿病患者は2019年時点で世界最多の約1・2億人に達したとの報告も出されている（図表8－7）。

中国は一人っ子政策によって少子高齢化が加速しているが、子どもが親の面倒を見る文化が根づいていることから、日本でも深刻になり始めた現役世代の介護退職が遠くない将来に大きな社会課題になるはずだ。家族で面倒を見る文化は介護サービス産業の発展を妨げており、在宅ケアや訪問介護サービス網も日本と比較すると未発達のままだ。

中国がこのような構造的課題を抱えたままで経済成長を続けていくには、国民の健康寿命の長寿化

図表8-6　日本と中国の社会保障費用の比較

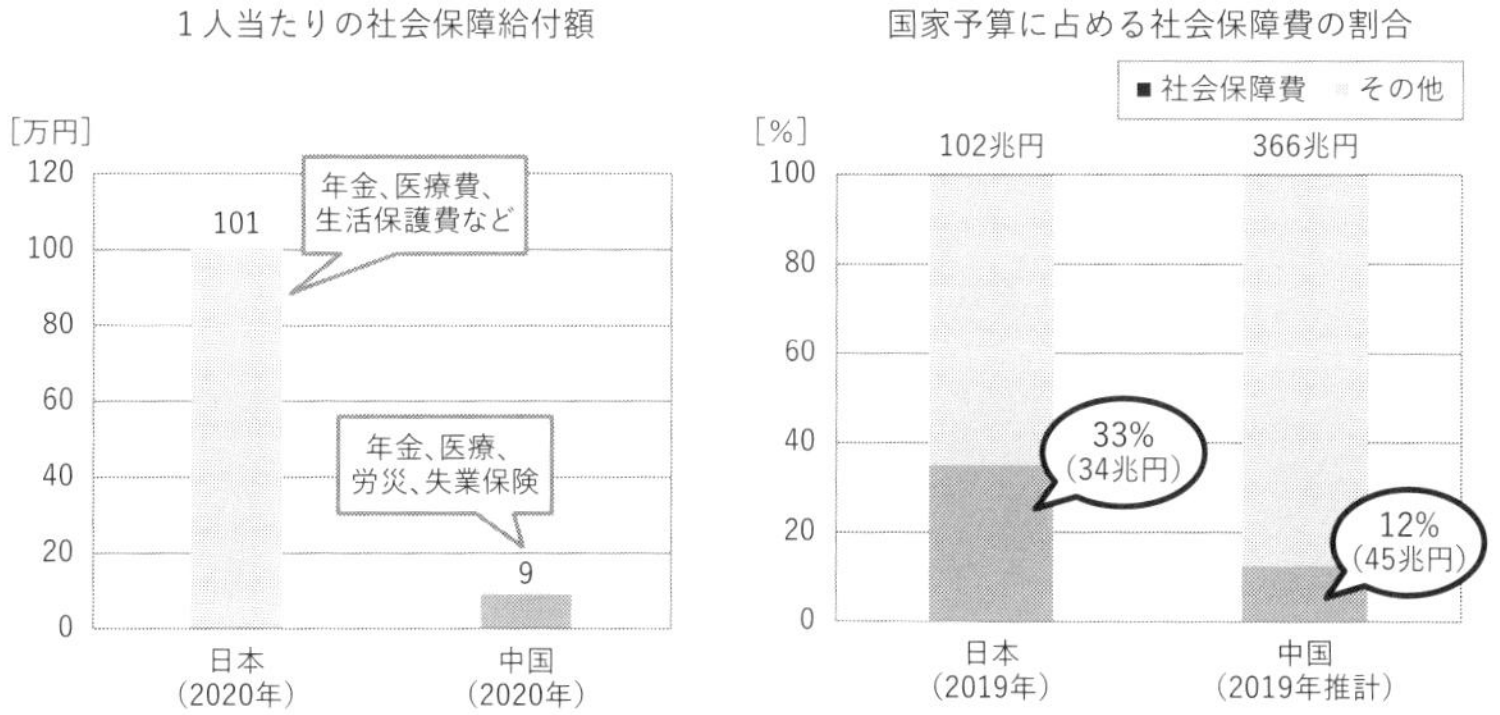

（出所）左：厚生労働省（2020）「社会保障の給付と負担の現状（2020年度予算ベース）」、総務省統計局「人口推計（令和２年10月確報値）」、日本経済新聞「中国の社会保障収支　今年予算で赤字」2020年６月13日付、世界銀行にもとづいて作成。右：財務省「令和２年度予算のポイント」、Bloomberg News. (2020). Unraveling the Mysteries of China's Multiple Budgets にもとづいて作成

図表8-7　世界の肥満人口と糖尿病患者数

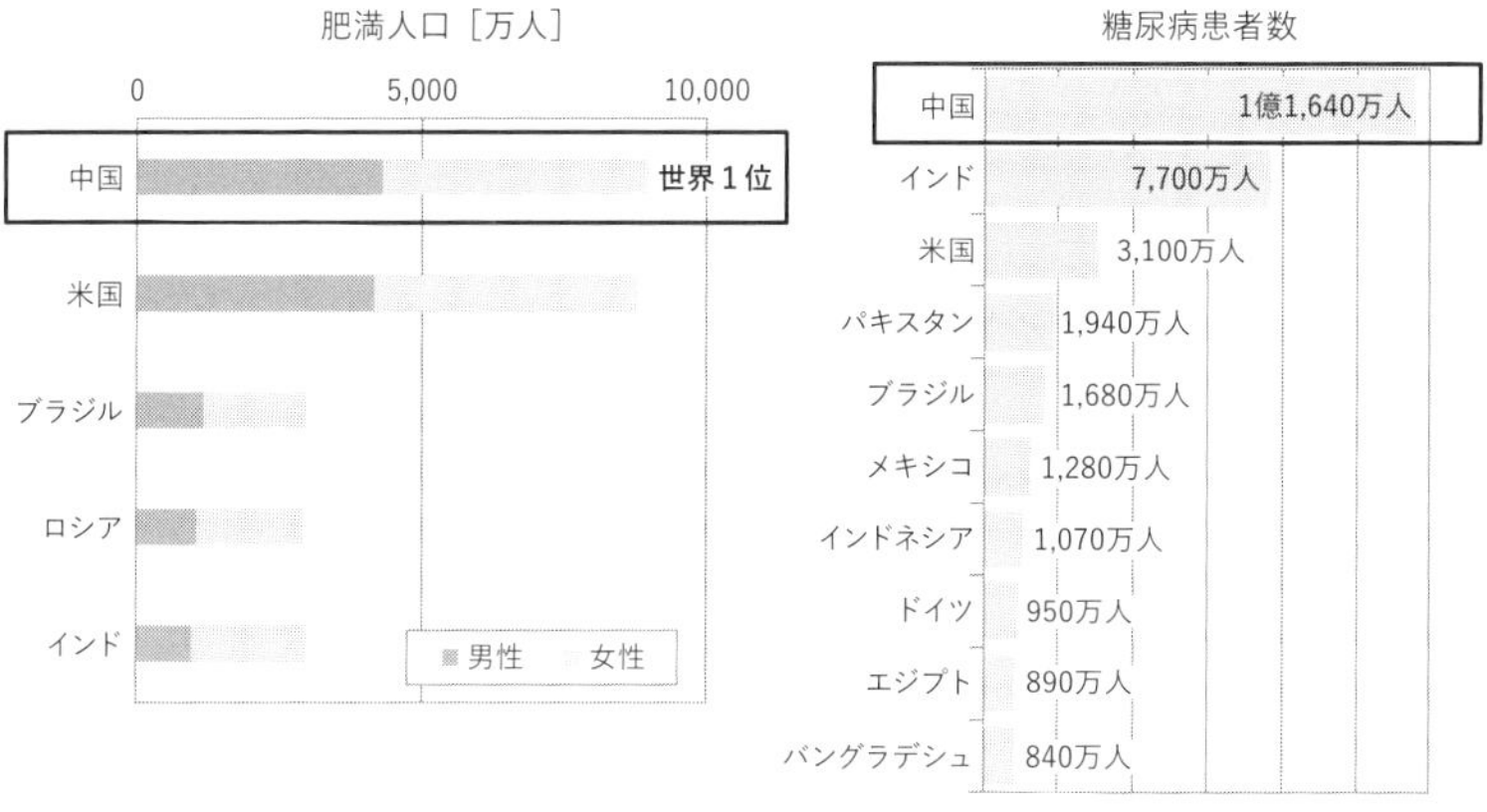

（出所）左：NCD Risk Factor Collaboration. (2016). Trends in adult body-mass index in 200 countries from 1975 to 2014: a pooled analysis of 1698 population-based measurement studies with 19.2 million participants にもとづいて作成。右：糖尿病ネットワーク（2019）「世界糖尿病デー　世界の糖尿病人口は４億6300万人に増加　糖尿病が大きな脅威に」にもとづいて作成

図表8-8　ハームリダクション・ライフスタイル政策に関する動画

YouTube

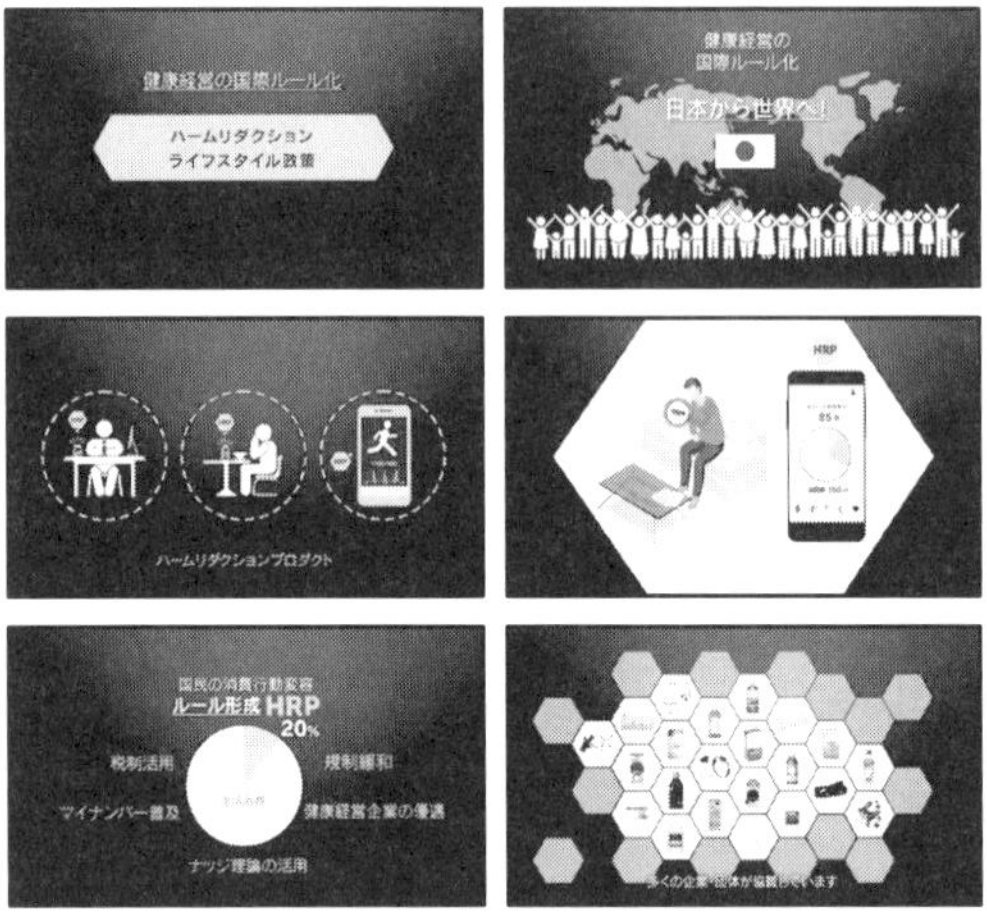

日本語のみ

フルバージョン（5分版）　ショートバージョン（2分版）

英語字幕つき

フルバージョン（5分版）　ショートバージョン（2分版）

を実現し、医療・介護サービスに依存しない少子高齢化社会を実現する必要がある。

「人類の長寿化」は長寿リスクという新たな社会不安をつくりだし、財源不足を抱える国々では経済安全保障の重要課題になる。寿命に占める健康寿命を最大化し、自助を可能にする基盤づくりは日本以外の国でも重要課題となるはずだ。つまり、ハームリダクション・ライフスタイルの浸透は、経済安全保障上の課題解決につながるのだ。

このような事情を踏まえ、経済安全保障政策の立案をリードしてきた自由民主党の「ルール形成戦略議員連盟」は、ハームリダクション・ライフスタイルが「米中新冷戦下でも中国と経済的な結びつきを維持し、過度に中国に依存せずに安全に関係を維持できる政策領域」と判断し、2020年11月、ハームリダクション・ライフスタイル政策を経済安全保障政策として議論していくことになった（図表8－8）。

ハームリダクション・プロダクト市場のグローバル化

特に中国において深刻化する医療費や社会保障費の高まりに当たっては、米中の対立が激化するハイテク領域ではなく、健康という非ハイテク領域において新市場の創造を目指す必要があることを先に示した。

このような市場創造に対してBXアプローチを組み込むことで、問題解決のために巨大な補助金の投入をせずに政策化できることから、米中両国にも取り組みを呼びかけて日本が巻き込んでいける可能性を高められる。具体的には、米中日でハームリダクション・プロダクトの国際認証ルールを設け、各国が製造するハームリダクション・プロダクトの関税を低減し、流通を促進させていく方法が考えられる。国際認証のルール化は民間企業が主導できる点からも、各国政府に強いる負担を軽減できる。

非ハイテク領域において、米中両国の財政負担をBXアプローチを駆使することで可能な限り削減し、財政負担というハードルが低減された政策を日本がデザインすることは、米中協調の現実をつくりだす観点から極めて重要である。

3　新たな評価軸を設定することで「当たり前」を変える

【セクションサマリ】

・日本はエネルギーセキュリティとカーボンニュートラルを目指しているが、再エネの供給と需要にギャップがある。

・再エネ事業者は固定価格買取制度によって電力会社に再エネを売却する方が有利である。ESG指数の評価対象に再エネ調達量が含まれていないため、法人需要家も割高な再エネを積極的に購入するインセンティブが弱い。その結果、再エネ供給量が増えないという悪循環に陥っており、ステークホルダー間に「できそう」（自己効力感）が不足している。
・筆者らは再エネ普及研究会を立ち上げ、G20の環境大臣会合アジェンダとしてBXアプローチにもとづく新しい会計・投資基準を提言した。
・企業がすべて再エネに切り替えた場合の営業利益（OPARSEC）の開示を国際会計基準に盛り込むという会計基準のデフォルトの一部に対する変更を提案した。
・日米中欧で国際会計基準とESG投資基準を変更することで、再エネ普及のインセンティブ構造を変え、米中協力を促すことができる。
・日本は証券取引所やESG指数で先例をつくり、BXアプローチによって民間の資金力による再エネ普及を加速させるイニシアチブを取るべきだ。

日本においてエネルギーセキュリティは、米中覇権争いの激化が始まった2019年以前の経済安全保障のすべてを意味していたと言っても過言でない。オイルショック以降、エネルギー自給率の向上、電源ミックスの多様化と調達地域の分散、それを実現するための良好な外交関係の模索、原発政策の推進など、投じなければならない政治資本は極めて大きかった。エネルギーセキュリティの向上と資源アクセスへの自由を確保し、加工貿易による経済成長を可能とする自由貿易の促進が日本の経済安全保障そのものであった。

その後、2011年の福島第一原子力発電所事故を受けて、それまで普及していなかった再エネによる発電量の増大に本格的に着手した。2021年には「改正地球温暖化対策推進法」によって2050年までに温室効果ガスの排出をゼロにするカーボンニュートラルの実現にコミットした。法改正を受けて多くの日本企業が本格的にカーボンニュートラルに取り組み始めたが、再エネの供給速度はなかなか上がっていかない状態が続いている。

その一方で再エネ事業者は、価格が高くても購入してくれる確実な需要が見込めなければ再エネ供給設備の先行投資ができないため、中長期の大胆な調達計画が立てられない状態に陥っている。

この問題を解決するために、多摩大学ルール形成戦略研究所では再エネ普及研究会を設立し、再エネ事業者と自動車業界の企業などが参加して普及促進案を議論した。その結果、この問題を解決する方法としてBXアプローチによる画期的なアイデアが生み出され、最終的には環境大臣にG20の環境大臣会合アジェンダとして提言を行うに至った。具体的には、デフォルト活用ナッジによって新たな会計・投資基準のインセンティブ構造を大きく変革する提言だ。ここではその政策を紹介する。

再エネ普及を妨げている構造的な課題

話が複雑になってしまうため、ここでは電力会社の送配電分離などの論点には一切触れずに再エネ普及の問題点だけを示して話を進める。

再エネの普及を加速させるには、需要家である企業が電力会社を通して調達するのではなく、再エネ事業者から直接購入する取引量を増やすことが有効である。現在生じている問題は、**需要家である**

図表8-9　再エネ導入にかかる構造的課題（ESG投資）

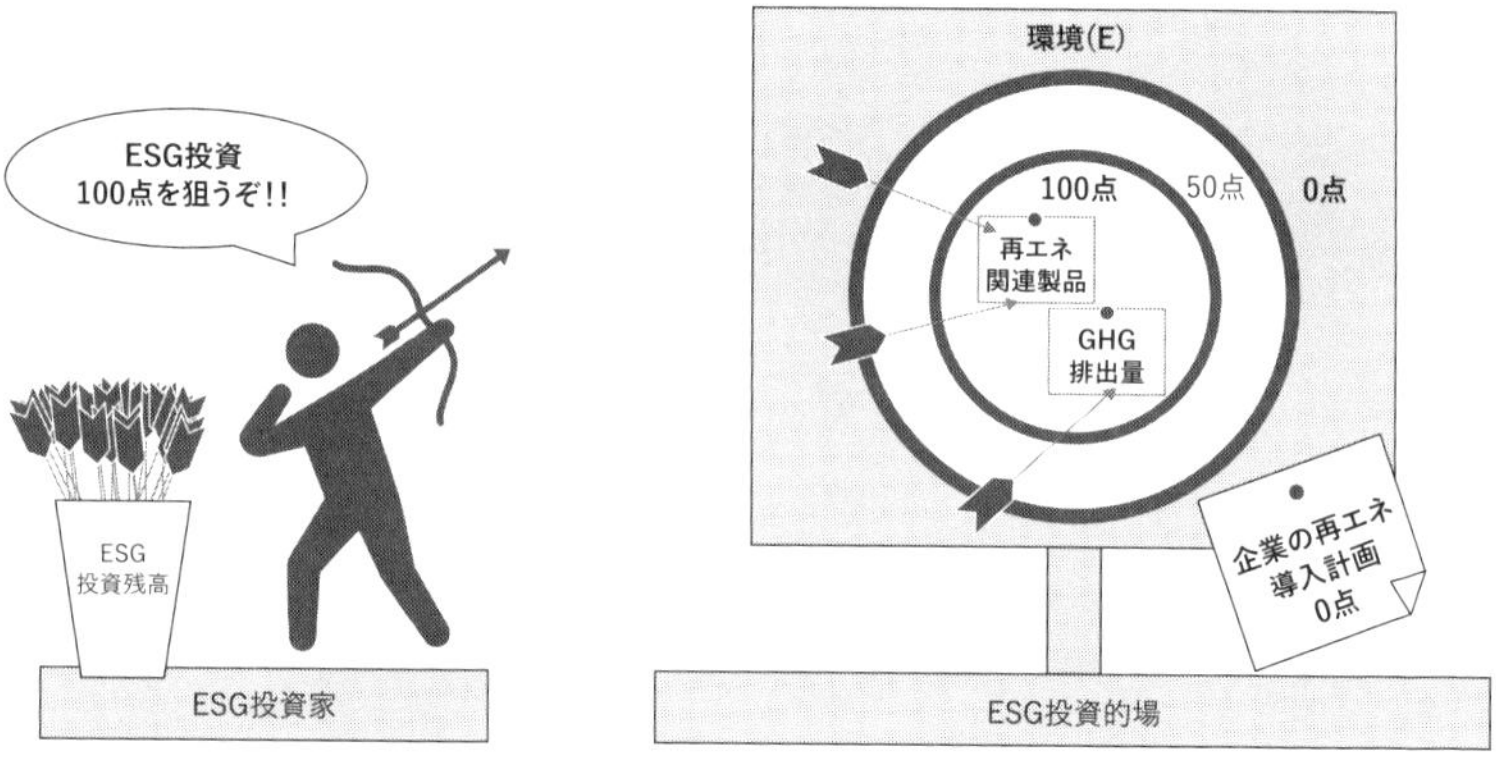

企業に対して直接販売するよりも固定価格買取制度にもとづいて電力会社に売却する方が再エネ事業は儲かるため、需要家が必要な場所で必要な量が供給されにくい状況にあるという点だ。

再エネ事業者は設備投資資金の調達に当たり、固定価格買取制度を前提に投資ファンドを組成して調達し、利回りを保証している形態が多い。

投資ファンドは固定買取価格よりも低い価格での販売を許さないスキームであることから、需要家が再エネ事業者と直接取引するには固定買取価格と同等もしくはそれより高値でなければならない。結果、電力会社の再エネの供給量が大きく増えることはなく、購買意欲のある需要家からすると自分たちが必要とする総量が確保できないという悩みを抱えることになるのだ。

一方で需要家である企業の株主に対しては、投資先のカーボンニュートラルへの取り組みを評価対象にして、その行動を変えるべく経営陣に働きかけをすべきという社会からの圧力が高まっている。ところが驚くことに、**ＥＳＧ指数には再エネの調達量を増加させる企業行動は含まれてお**

らず、CO_2の**削減量とCO_2を削減する製品の開発・販売を主な評価対象にしている**（図表8－9）。実際に年金積立金管理運用独立行政法人（GPIF）は、FTSEやMSCIといったESG指数にもとづいて50兆円近くの日本株を運用しているが、これらの指数に再エネの調達量を増加させる企業行動を評価する項目は含まれていない。[10]

重要なのは、CO_2の削減量が評価対象になっているからといって再エネの調達量が高まるわけではない点である。使用するエネルギー量の削減、いわゆる省エネ策を講じることによるCO_2削減の方が低コストかつスピーディーに実行できるため、多くの企業は再エネの調達量増大を優先的な施策に位置づけないのである。だが、温暖化問題の真の解決に向けては、再エネの調達量増大は避けられない課題といえる。

ESG指数がこのような状況にあるのだから、企業からすれば、割高な再エネの調達量を引き上げる代わりに利益が下がる計画なんて許されるわけがないと考えるのは自然な流れである。結果、**企業は大胆な再エネ調達計画を立案せず、再エネ事業者は固定買取価格を保証してくれる電力会社だけを当てにし、ESG投資家は日本の電力会社の再エネ供給量が増えないため仕方がないと諦めている**という構図に陥っている。これを行動経済学的に解釈すると、ステークホルダー間において「できそう」という自己効力感が欠如していることを意味する。

再エネ普及の構造的な問題を解決するための考え方

この構造的な問題を解決するには、ステークホルダー全員の再エネ導入に対する自己効力感を高めることが不可欠だ。そのためには、問題の捉え方を大きく変革し、問題の解決に向けて大胆な解決策

図表8-10　再エネ導入にかかる構造的課題（情報開示）

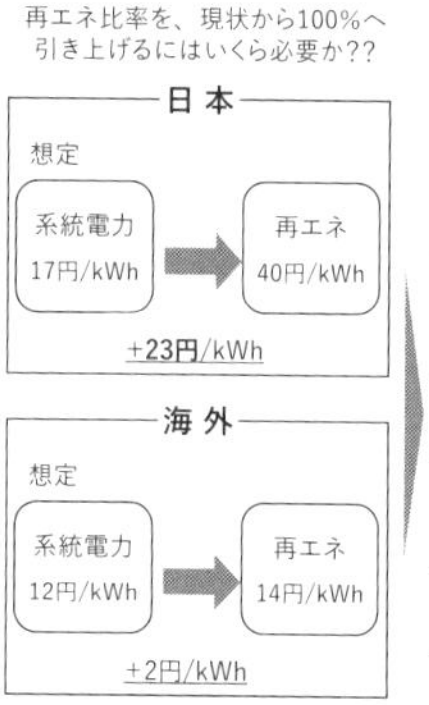

割高な手法でRE100を図っても…

［凡例］ 10%未満　10〜25%　25〜50%　50%以上

業界	企業	再エネ導入率（現状）	営業利益［億円］	営業利益率	営業利益に占める電力コストの割合 現状	営業利益に占める電力コストの割合 切り替え追加経費	切り替え追加経費［億円］
自動車（OEM）	トヨタ自動車	0.9%	19,944	7%	8%	**8%**	1,656
	本田技研工業	3.5%	8,336	5%	11%	**6%**	534
	日産自動車	4.2%	5,748	5%	11%	**10%**	555
自動車（Tr1）	アイシン	0%	2,538	6%	19%	**17%**	441
	デンソー	NA	1,082	4%	22%	**33%**	360
	ジェイテクト	0.1%	814	6%	26%	**23%**	186
化学	三菱電機	0.7%	3,557	10%	40%	**18%**	625
	東レ	0.1%	1,565	7%	36%	**24%**	380
エレクトロニクス	富士通	3.3%	1,825	4%	15%	**21%**	382
	キヤノン	4.2%	3,315	8%	9%	**9%**	310
	ニコン	>0.1%	562	8%	9%	**11%**	62
重工業	三菱重工業	0.6%	1,265	3%	16%	**18%**	223
	川崎重工業	0%	559	4%	15%	**20%**	109
小売り	イオン	0.2%	2,103	3%	62%	**85%**	1,791
	マルイグループ	>0.1%	352	15%	9%	**14%**	48

営業利益を20〜30%下げるだけで達成可能！

（出所）各社CDP回答（2018）、各社有価証券報告書（2017年度）、各社ウェブサイトにおける連結決算の報告対象（財務情報、消費電力データ）にもとづいて作成（デンソーについては両データとも対象範囲は本社のみ）

（注）海外系統電力価格は北米、南米、東南アジア、中国の価格の平均であり、地域差は考慮していない。また、欧州諸国におけるデータなどから、再エネ購入時のプレミアムとして2円/kWhの増額を推定している

に取り組む大義をつくりだすことが有効である。大胆な解決策は素朴な問いに立ち返ることによって見えてくることを、経験則から実感している。今回立ち返った素朴な問いは「日本企業が仮にすべてのエネルギーを再エネに変更した場合、どれだけ利益が減るのだろうか?」である。

筆者らは、多くの場面で「再エネにすべて代えるなんて非現実的だ」「日本の製造業の死を意味する」といったようなコメントを聞いてきた。だが、定量化して検証してみた事実は見当たらない。そこで、個別企業銘柄で計算してみることにしたのだ。その結果が図表8−10である。

ここでは日本よりも再エネの平均価格が安い海外は14円/kWh、日本国内は非常に割高な相場に揃えて40円/kWhで計算してみた。海外では10円/kWh以下で再エネを調達できる地域が多数存在していることから、

14円／kWhという金額は非常に割高である。日本は最も高い太陽光発電の価格で計算したことから、この計算結果は非常に保守的な数字である。

驚くことに、小売り以外の業界では概ね20～30％の営業利益が落ち込む程度のインパクトであることが判明した。しかも、これはもし仮に1年間ですべての電力を再エネに置き換えたらという前提で計算しているが、現実には徐々に導入量を増やさざるを得ないため、毎年の営業利益へのインパクトはもっと小さくなる。最低でも10年はかかるはずであるため、年単位のインパクトは10分の1となり、概ね2～3％の営業利益減で済むはずだ。

当然ながら営業利益は10年の間の成長によって増えることを踏まえれば、再エネへの切り替えに伴う営業利益の減少を回避することも十分期待できる。しかも、企業が固定買取価格と同等の価格で直接調達するようになれば、日本政府は税金を投じずに企業が必要とする再エネの普及を実現することができるのだ。

この数字には、研究会に参加した企業も驚きを禁じ得なかった。財務数値にもとづくこのようなシミュレーションを行った経験がなかったのである。多くの参加者が、再エネ100％という目標は非現実的な目標ではないという自信を持った。そして、利益減のインパクトがこの程度であることを投資家に説明すれば、投資家は再エネ調達計画を積極的に支援してくれるだろうという結論に至ったのである。つまり、財務数値にもとづくシミュレーションが自己効力感を高めるドライバーになることを、発見したのである。

新たな会計・投資基準によるインセンティブ構造の変革

世界規模で再エネの普及を加速させていく機運が高まっている状況を踏まえれば、このシミュレーションを日本だけでなく全世界の企業が実施して投資家との対話に利用することが望ましい。

例えば、「企業が利用しているエネルギー量をすべて再エネに置き換えた場合のシミュレーション実施後の営業利益」を有価証券報告書にて公表することを義務づければ、再エネ投資は加速するはずである。

この再エネ導入後営業利益を一案だがOPARSEC（Operating Profit After Reducing Sustainable Energy Cost）と命名し、国際会計基準にて開示を義務化するルールを日本が提案することは、カーボンニュートラルをリードする観点からも有効だろう。つまり、会計基準のデフォルトの一部を変更するということだ（第4章第3節参照）。

経済安全保障政策に組み込むことで再エネ普及を加速

この国際会計基準づくりに中国を巻き込み、日米中欧で取り組むことで、米中の協調領域を具体的につくりだすことも可能となる。中国は再エネ投資が日本よりも進んでいることから、自国を不利にするルール形成だとは思わない可能性が高い。米欧と気候変動で連携できる具体的なアジェンダとして受け入れやすいと判断される可能性は、十分にあり得る。

国際会計基準づくりと並行し、ルール形成の機運を高めるイニシアチブを日中で立ち上げるのも有効だろう。日本と中国の証券取引所にて、再エネ導入後営業利益の情報開示を義務づける自主ルールを形成し、国際会計基準の参考となる先例を日中でつくるのだ。

加えて、ESG指数において再エネ導入計画が評価対象となっていない状況も是正することが有効である。現時点で利用しているエネルギーのすべてを再エネに置き換える再エネ導入計画と、再エネ

図表8-11　構造的課題を打開する提言

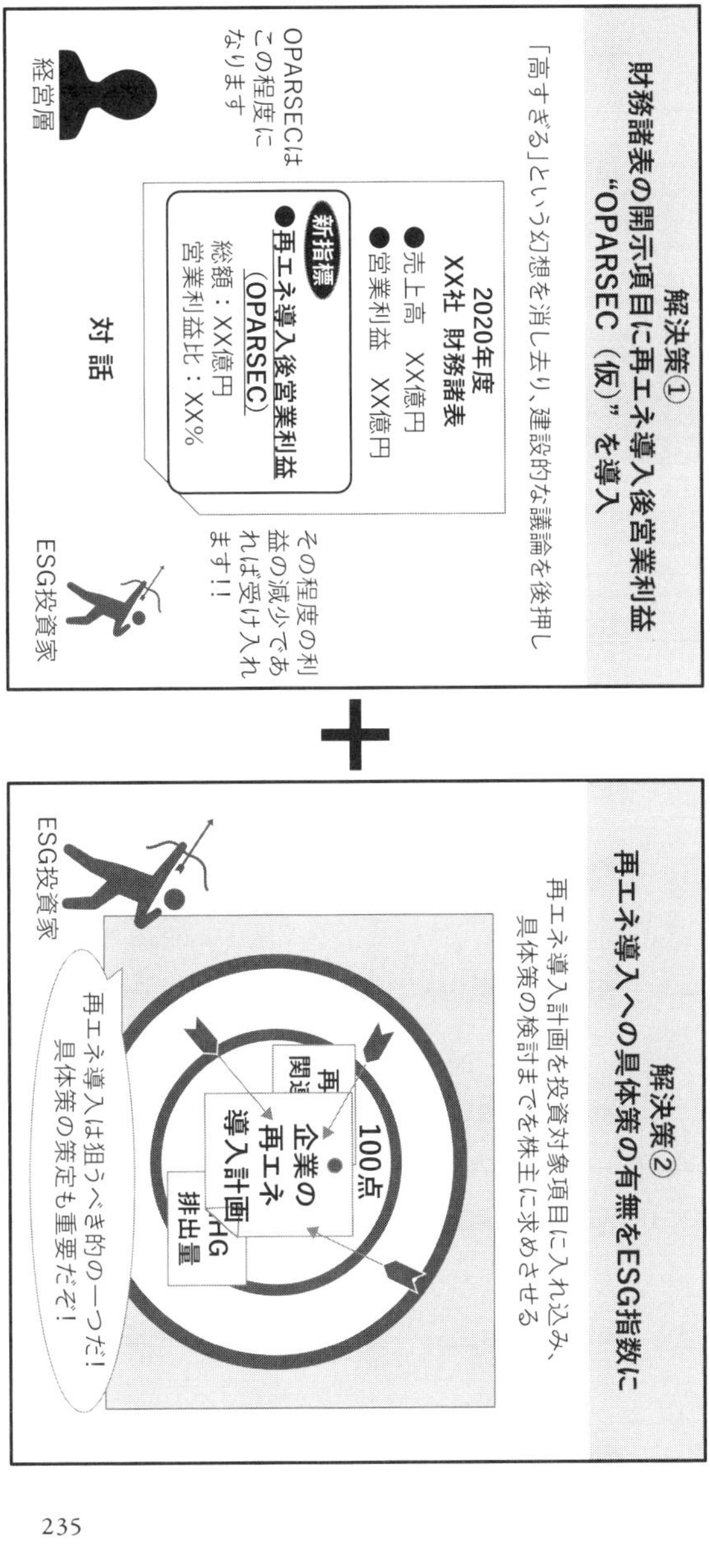
解決策①
財務諸表の開示項目に再エネ導入後営業利益“OPARSEC（仮）”を導入
「高すぎる」という幻想を消し去り、建設的な議論を後押し
2020年度
XX社 財務諸表
●売上高　XX億円
●営業利益　XX億円
新指標
●再エネ導入後営業利益（OPARSEC）
総額：XX億円
営業利益比：XX%
対話
OPARSECはこの程度になります
経営層
その程度の利益の減少であれば受け入れます!!
ESG投資家
解決策②
再エネ導入への具体策の有無をESG指数に
再エネ導入計画を投資対象項目に入れ込み、具体策の検討までを株主に求めさせる
100点
企業の再エネ導入計画
排出量
再エネ導入は狙うべき的の一つだ！具体策の策定も重要だぞ！
ESG投資家

導入後営業利益の情報を開示することを評価対象にするルール形成を日米中で主導するのである（図表８－11）。

国際会計基準とＥＳＧ投資基準を変革することによって企業の再エネ投資に対する姿勢と行動を抜本的に変革し、両基準の策定プロセスにおいて米中の協力を促すことは再エネ普及のインセンティブ構造を大きく変えることにつながるため、行動経済学の観点から極めて有効である。

今後も、ＢＸアプローチによって補助金に依存した固定価格買取制度からの脱却を世界全体で実現し、民間の資金力によって再エネ普及を加速させていくイニシアチブを日本の産業界と政府が連携して世界に働きかけていくことを検討すべきだ。

終章

ビジネスとアカデミアの2つの溝を埋める

1 ビジネスとアカデミアの間に横たわる大きな溝

【セクションサマリ】

・日本企業では、行動経済学や心理学などの行動科学の知見をビジネスの課題解決に活用するBXアプローチが普及しておらず、ビジネスとアカデミアの間に大きな溝が横たわっている。

・この溝を埋めるには、ビジネスとアカデミアどちらか単体の専門性ではなく、両者を掛け算できるスキルや人材が求められているが、そのような人材は非常に希少である。

日本企業のビジネスにおいて、BXアプローチは広く普及していない。言い換えれば、消費者、従業員、投資家などの人を動かして社会を変えることに関する経営課題を解こうとする際に、行動経済学や心理学などの行動科学的な知見を当たり前のように活用する文化が醸成されていない。科学の知見は、優秀な頭脳を持つ研究者が多大な時間と労力を割いて蓄積してきたものである。例えば「どのように消費者にインセンティブを与えるべきか」「どのように従業員のウェルビーイングを醸成すべきか」などの経営上の悩みに直面した際に、アカデミアの知見を無視し、自分たちだけでゼロベースで試行錯誤する（「先人の肩」に乗らない）ことは、生産性を低下させるという意味において人類の損失と言っても過言ではないだろう。

なぜ、ビジネスの現場で行動科学に関するアカデミアの知見が活用されないのか。ビジネスとアカデミアの間にどのような大きな溝（構造的な課題）が横たわっているのか。筆者らは、大きく2つの溝があると考える。

理解の溝――専門性の不足

第一に、**理解の溝**である。これまでに行動科学分野のアカデミアでは、膨大な研究知見が積み上げられてきた。これらを理解するには高度な専門性が必要となる。重要な知見であるほど日本語ではなく英語で発表されるため、読解することが難しいという問題も存在する。

行動科学的な知見を活かしてビジネスの現場で有効な施策を立案するためには、ベストセラー本や一般書を読めばわかる概略レベルでの理解に加え、学術論文だけに記載されている細かくも重要な文脈に関する情報を理解することも不可欠である。しかし、これを専門家ではない一般の人が理解することは難しく、また日々の業務のなかで理解するために割くことができる時間は不足している。このように日本企業においては、積み上げられてきた先行研究を理解し、現場レベルで理解可能な内容に翻訳できる人材が不足しているため、活用が進まないのである。

もっともこの「理解の溝」については、専門家であるアカデミアの研究者を雇えばある程度解決し得る。

応用の溝――3つのスキル不足

より深刻なのは、２つ目に挙げる**応用の溝**である。行動科学の知見をビジネスの課題解決に用いる場合、行動科学的な理論を個別のビジネスケースに合わせアレンジする専門性が求められる。具体的には、**①ビジネスが抱える構造的課題を理解し、行動変容の対象とする行動を見極めるスキル、②構造的課題を解くために必要な学問分野と具体的な先行研究を見極めるスキル、③アカデミアの知見を杓子定規に当てはめるのではなく、課題固有の文脈を踏まえ創造的に解決策を導くスキル**が求められる。

①については、ある新しいサービスの売上を増やしたい場面でいうと、顧客向けのコミュニケーション（宣伝など）を変えることが不可欠なのか、サービスの商品性を変えることが重要なのか、それともサービスを販売する営業担当者のマインド変革が必要なのかを見極めるようなスキルである。

ＢＸアプローチでは、「行動変容の対象とする行動は何か」を見定めることが肝要である。そのために、ビジネス全体と各プレーヤー（アクター）が置かれた状況を理解し、適切に変えたい行動を定める必要がある。

ビジネスが抱える構造的課題を理解したうえで変えたい行動を見定めるこのスキルは、ビジネススキルとアカデミックスキルの掛け算によって達成されるものであり、大学の研究者のように純粋にアカデミックスキルのトレーニングだけを受けている人材では担えない。

②については、ナッジが必要なのか、インセンティブ設計の見直しが必要なのか、それとも性格や価値観を考慮したパーソナライゼーションが必要なのかを見極めるようなスキルである。

アカデミックな研究者は一つの学問分野のプロフェッショナルであることが通例である。しかし、ビジネスの課題解決にアカデミックなナレッジを活かすBXアプローチを採用するには、行動経済学や心理学など全般に関する幅広い知識を持ったうえで、例えば「行動経済学分野のメンタル・アカウンティングの考え方が役立ちそうだ」「教育心理学分野における自己決定理論の考え方が役立ちそうだ」「社会心理学分野におけるステレオタイプ内容モデルの考え方が役立ちそうだ」のように、目の前の課題の解決に役立つ詳細な学問分野を特定できるスキルが必要である。

すなわち、俯瞰的なアカデミック・ナレッジを持ち、ビジネス上の課題を解決するうえで有効な学問分野の知見を水先案内人として適材適所で見極め、必要に応じて特定の分野の知見を細かく掘り下げたり、特定の分野の専門家と連携したりができる人材が求められる。これも、純粋なアカデミックスキルとは異なる。

③については後続する項目で詳細に述べるが、例えば「損失回避性」などのアカデミックな法則を単純に当てはめただけでビジネス上の課題が解決されることはほぼない。行動経済学や心理学などの知見をあくまで「起点」として、文脈を踏まえてビジネス上の施策を創造的に考案するようなスキルである。

必要なのは掛け算できるスキルや人材

前記の①～③のいずれにおいても、ビジネスとアカデミアの「応用の溝」を乗り越えるうえでは、**どちらか単体の専門性ではなく、両者を掛け算できるスキルや人材が求められている**。アカデミックに対する理解が不足している企業の担当者と、ビジネスに対する理解が不足している大学の研究室が単純にコラボレーション（産学連携）するだけでは、応用の溝を乗り越えることは難しいのである。

実際に、世界最大の小売企業である米ウォルマートで行動科学チームを率いた経験を持つJason Hreha氏は次のように述べている。[1]

アカデミアでは1個の研究テーマを追究する専門性が求められるのに対して、行動科学をビジネスに適用する際には、課題解決に必要な知見を同定し応用に向けてアレンジする俯瞰的な専門性が求められ、両者は異なっている。

また、アカデミアでは「○○法則」のように因果関係を厳密に同定するために細かく刻んだ学術的な知見を杓子定規に適用することが求められるが、このようなアプローチは実社会では効果が小さく、しばしば失敗につながる。そのため、創造的な飛躍が必要である。

加えて、組織の制約を踏まえて人を動かす政治的なスキルや、単に考えるだけでなく施策として実装・実行できるような実践的なスキルも求められる。行動科学のアカデミックなバックグラウンドを持つ人のうち、これらの属性をすべて持っている人の割合は非常に少ない。これらの属性のいずれかが欠けている人は採用しても活躍が難しく、入社した組織にとっては重荷となることが多い。

2 人材の育成とツールの整備が不可欠

【セクションサマリ】

・ビジネスとアカデミアの溝を埋めるために、人材育成とツール整備の双方が重要である。
・特にツール整備では、科学的な根拠にもとづいた実践的なツールの開発が不可欠であり、本書で紹介したARMSモデルもその一助たらんとしてつくられている。

ビジネスとアカデミアに横たわる大きな溝を埋めるためには、**人材の育成とツールの整備の双方が不可欠**であると筆者らは考えている。

まず人材育成の観点では、従来のような企業と大学の研究室の散発的な産学連携ではなく、**企業のなかにビジネスとアカデミアを橋渡しできる専門性を持った人材を育成する仕組みや仕掛けを導入する必要がある**と考える。

このような考えにもとづいて、筆者らは経営コンサルタントとして、クライアント企業のなかにビジネスとアカデミアを橋渡しできる行動科学に関する専門性を持ち、ＢＸアプローチを担える（ＢＸの旗振り役となる）人材育成を支援してきた。

そのうえで、Hreha氏も議論[2]する通り、企業内で有効に機能する行動科学チームは上級管理職に報告する独立した組織（いわば社内の内部コンサルティング会社としての役割を果たす組織）か、製品やサービスを開発する各チームに組み込まれた分散型の組織のどちらかであるため、人材育成の先にはこのような形態を有するチームの組成を目指すべきと考える。

次に、ツール整備の観点では、**巷に溢れている「わかりやすい」実践型ツールではなく、「アカデミックな正しさが担保された」実践型ツールの開発が必須**であると考える。

具体的な批判は本書の目的ではないため避けるが、アカデミアではすでに否定されている古い知見をもとに組み立てられている、極度にキャッチーに単純化してつくられているなど、アカデミックな知見を誤用した「わかりやすい」実践型ツールが出回っている。しかし、**頑健な科学的な知見をもとにつくられたビジネスの現場で「使いやすい」ツールが整備されることで、はじめてビジネスとアカデミアの溝にブリッジがかけられる**のである。

筆者らは、ビジネスとアカデミアの溝を埋めるための実践的な行動経済学２・０のツールを開発してきた。その一つが、第3章で紹介した人を動かす心のツボに関する科学的なマップとして作成されたＡＲＭＳモデルである。

ＡＲＭＳモデルは学術的に裏づけられた企業経営のための実践的なツールであり、「どの理論も行動変容に関連する要素を部分的にしか扱わない」「行動変容に関連する要素が抽象的に記述されているためビジネスの現場で使いづらい」などの過去の行動変容理論の問題点を克服したうえで、過去の行動変容理論に共通して表れる頑健な要素を抽出しているのである（第3章第1節参照）。

3 行動経済学・心理学に関するアカデミアの知見をビジネスで使う際に求められる姿勢

【セクションサマリ】

・行動経済学の効果に対する疑念が高まるなか、ビジネスとアカデミアの橋渡しをするうえで以下の4つの姿勢を持つことが重要である。
①一つの研究結果だけを信じず、メタ分析や再現実験などの複数の研究知見を参考にする姿勢
②ナッジだけに頼らず、人の心・行動に関する行動科学の知見を幅広く活用する姿勢
③行動科学の法則を紋切型に当てはめず、ビジネスケースに合わせて創造的にアレンジする姿勢
④行動科学の法則が誰にでも等しく効果があると期待せず、人による違いを前提とする姿勢

最後に、本書を手に取った読者がビジネスとアカデミアの橋渡しをするうえで明日から実践できる重要なポイントを説明したい。

補論「ナッジや行動経済学に渦巻く疑念」では、①著名な研究者の捏造疑惑、②実験結果の再現失敗、③実社会における効果の小ささの3点から、行動経済学、さらにいえば行動科学の効果に対して

疑義が呈されるようになっている状況を紹介した。これらの「死の宣告」を踏まえた際に、私たちは行動経済学２・０をビジネスの現場でいかに「使う」べきか。①**一つの研究結果だけを信じない**、②**ナッジですべて解決しようとしない**、③**法則を紋切型に当ては めず創造的にアレンジする**、④**人による違いを前提とする**という４つの姿勢が肝要だと筆者らは考える。以下、それぞれについて説明する。

一つの研究結果だけを信じない

第一に、**一つの研究や実証の結果を過信せず、複数の研究知見を踏まえてメタ的に施策を考える姿勢**が必要である。

具体的には、一つの実証の結果のみにもとづいて施策を考える姿勢は不十分である。複数の実証的な研究知見を統合した結果として、トータルでどの程度の介入効果があるかを推定した**メタ分析**の研究知見を参照する必要がある。そのうえで、複数の研究を通じて頑健に支持されており、それなりの効果の大きさが期待できる法則や知見をベースに施策を立案する姿勢が求められる。

加えて、依拠しようとしている行動科学的な法則や知見が本当に再現可能なものであるか、**再現実験**の研究知見を確認する姿勢が求められる。ノーベル経済学賞を受賞したカーネマンが執筆したベストセラー『ファスト&スロー』内で紹介された複数の研究知見が現在では再現できないことが、明らかとなっている。**一般向け書籍で紹介されている法則や知見をもとにビジネス・政策上の施策を考える姿勢は危険**といえるだろう。

メタ分析研究は“meta analysis”、再現実験研究は“replication”などのキーワードで検索可能である。

ただし、英語で書かれた最新の論文情報を追うことが難しい場合は、適宜専門家に助けを求めることが有効だろう。

ナッジですべて解決しようとしない

第二に、**行動経済学のわかりやすい法則である「ナッジ」だけに依拠せず、人の心・行動に関する行動科学の知見を幅広く使う姿勢**が求められる。

わかりやすいナッジをとりあえず適用して施策を立てるアプローチでは、大きな行動変容効果は期待できない。第2章第3節で紹介した通り、ナッジの行動変容効果は1・4%にすぎないと主張する研究[3]が存在する。また、関心・こだわりが弱い行動を促したい場面にはナッジが効きやすいが、関心・こだわりが強い行動を変えたい場面では効きにくいことを第4章第3節で説明した。

大きな行動変容効果を求める場合には、ナッジをとりあえず使ってみるというレベルを超えて、人を動かすために必要な科学的知見を適材適所で活用したうえで施策を設計する姿勢が求められる。

例えば、ウーバーは、行動経済学者や心理学者などを含む行動科学の専門的知見を持つチームを社内に組成し、行動科学全体の知見を適材適所で応用できる状態を整えている。

ウーバーは、EXPRESS POOLにおいて待ち時間中のキャンセル率低減を目指した。その際、単なる「ナッジ」の適用にとどまらず心理学における過去の研究から、idleness aversion（待つこと自体よりも、何もすることがないまま時間を過ごす苦痛が大きい）、operational transparency（待ち時間の決定プロセスが透明であれば待つことを我慢できる）、goal gradient effect（タクシー到着というゴールが近づくにつれより我慢できるようになる）というキャンセル行為と関連する3つの心のタセを特定した。その心のクセを活用する形でアプリを改修することで、結果的にキャンセル率を11％減らすことに成功している。[4]

法則を紋切型に当てはめず創造的にアレンジする

第三に、**複雑な問題に対して、行動科学が提供する法則が簡単で紋切型の解決策を約束してくれると期待しない姿勢**が不可欠である。

行動科学は魔法ではない。強力な施策を導出するためには、**ビジネスが抱える構造的課題を理解したうえで必要な学問分野の先行研究を見極め、行動科学的な理論や法則を個別のビジネスケースに合わせて創造的にアレンジする姿勢**が求められる。

利得よりも損失に敏感に反応する損失回避性という法則を例に説明しよう。「〇〇するとお得」という表現を「〇〇しないと損」という表現に置き換えるなど、同法則を単純に（個別の文脈を無視して）適用してうまくいくケースはまれである。第4章第3節では、高額な省エネ家電の消費促進を目指した経産省の実証事業において、単純なナッジの適用があまり効かなかった事例を紹介した。

他方で、大手生命保険会社である住友生命保険が海外企業から導入したVitalityのプログラム設計[5]は、行動科学的な理論や法則を個別のビジネスケースに合わせて創造的にアレンジした好例である。同プログラムは、ジョギングなどの加入者の健康行動を促すことを狙っている。その際に、加入時から高い割引率を設定し、加入者がジョギングなどの健康行動を行わないと徐々に割引率が低下する仕組みとなっている。

Vitalityは、健康行動を行えば割引が与えられるという利得よりも、健康行動を行わないと割引が奪われるという損失により敏感に反応する損失回避性をプログラム設計に創造的に取り込んでいるといえるだろう。実際に、損失回避性は、単なる損という情報の強調ではなく、実際に一度与えられたものが奪われかねない際に強く働くことが研究からも示されているのである。[6]

先ほど紹介したウォルマートの行動科学チームの元トップ、Hreha氏も「行動経済学の死」という記事で似た議論[7]を展開している。

曰く、科学的な行動の理解はあくまでスタート地点であり、行動を阻むボトルネックを状況の固有性を踏まえて特定したうえで創造的に施策を考えない限り、施策の効果は弱いままである。ナッジなどの行動科学的な「○○法則」は施策を考えるためのブレーンストーミングの出発点としては素晴らしいが、それがゴールにはなり得ない。行動科学の法則を適用することによって施策を考える際の創造性が失われるならば、それは恥ずべきことである。

人による違いを前提とする

第四に、**行動科学の提供する法則が誰にでも等しく効果があるという考えを捨て、人に応じて異なった働き方をすることを前提とする姿勢**が大切である。

暗黙の前提として私たちの多くは、もしそれが本当に重要な法則であるならば、文脈や人の属性を超えて誰にでも行動変容効果があると考えてしまう。このような一律的なアプローチが実は私たちの住む世界にあまり合っていないことを示す証拠は、日増しに大きくなりつつある。行動科学が実社会に意味のあるインパクトをもたらすには、「**異質性革命**」が必要だとする声が研究者の間で上がっている。[8]なお、異質性とは人による効果の違いを指す。

例えば、最も有名なナッジ事例の一つとして、米国の元大統領であるバラク・オバマ氏から「環境保護行動を効果的に動機づける方法のモデル」として称賛されたオーパワーの事例が挙げられるが、実際には同事例でナッジの効き方に異質性（人による違い）があったことが明らかとなっている。同事例では、家庭のエネルギー消費を削減するために社会規範ナッジを適用した。すなわち、自分のエネルギー使用量を近隣住民の使用量と比較可能な情報を提供することで、行動変容を促した。

オーパワーの介入の効果を評価した最初の研究では、社会規範ナッジによって世帯の電力消費量が平均２％減少することが明らかとなった。しかし、介入の規模が拡大されるにつれ、その平均的な効果は最初の評価で示唆されたよりもはるかに小さく、実用的な観点からはごくわずかであることが明らかになった。

後の研究[9]によって、次のような異質性が背景にあったことが示されている。初期に介入対象となったコミュニティは、省エネに対する考え方が進歩的で、かつ比較的所得が豊かである傾向があったため家が大きく、非効率を解消する機会（例：温水プール）が多く、ナッジが効きやすかった。

プログラムがより広範な地域の数百万世帯に拡大するにつれ、対象者の多くは低所得者であり、環境保護に強い意識を持つ傾向がなく、生活に必須ではない余計な電力をあまり使っていない人たちとなった。そのため、ナッジの効果がなくなってしまったのである。あるいは、低所得世帯は、社会規範ナッジよりも金銭的なインセンティブにより強く影響を受けるのかもしれない。

行動科学の法則は誰にでも当てはまるという考えを捨て、行動変容を狙う対象をペルソナやセグメントによって分け、それぞれの対象にとって効果的な施策を考えるという異質性（人による違い）を直視する姿勢が肝要なのである。

おわりに

実は、「はじめに」に行動経済学2・0の仕掛けを埋め込んでいた。本書をここまでお読みいただいた読者は、きっとその仕掛けを実感できると思う。

「企業経営」という、ともすれば読者の皆様にとって遠く感じられる話だけではなく、読者の皆様にとって身近な（「今・ここ・私」に関連する）関心事も本書と紐づけたのだ。人生、つまり「リスクを回避すること」「対人関係のなかで自分の価値を発揮すること」「恋愛関係や夫婦関係を円滑に進めたり、子どもの可能性を豊かに引き出したりすること」（生存的・社会的・繁殖的欲求を満たすこと）に本書が直接役立つと位置づけたのである。

また、『BXストラテジー　実践行動経済学2・0』という本書のタイトルそのものが、「ナッジ」として機能することを狙った仕掛けといえる。読者が持っている3秒でイメージできる内容（連想的記憶）をハッキングする狙いから、「行動科学」という学術的に正確な語ではなく、「ナッジ」の概念を開く一般に知らしめ、ノーベル経済学賞を受賞したリチャード・セイラー教授の著書のタイトルである「実践行動経済学」という語を冠したのである（第3章第2節参照）。

「はじめに」でも触れた通り、本書やBXアプローチの大きな目的は「ビジネスとアカデミアの橋渡し」である。そのなかで、本書は以下のような共同作業の結果として成立した。

ARMSモデルをはじめ本書で紹介した行動経済学2・0のツールやフレームワークは、伊原克将が主にビジネスの観点を、伊藤言が主にアカデミックな観点を持ち寄り、互いの議論を通じて構築した。本書の全体のコンセプトは、主に伊原が構想し、伊藤との議論を通じて本書の構成を最終化した。第1章は伊原と伊藤の共同執筆であった。第2章、第3章、第4章、第5章、第7章、補論、そして終章については伊藤が主に執筆し、伊原との議論を通じて最終化した。第6章は中垣将也が主に執筆し、第8章は伊原と國分俊史が共同執筆した。

本書が、企業経営の改善のみならず、読者の私生活でのウェルビーイングの向上を含めてより良い社会をつくることにつながると信じてやまない。

【注】

4 Uber, How Uber Leverages Applied Behavioral Science at Scale, https://eng.uber.com/applied-behavioral-science-at-scale/（2021年2月22日アクセス）

5 住友生命保険「Vitality」、https://vitality.sumitomolife.co.jp/（2022年9月10日アクセス）

6 Volpp, J., Troxel, N., Fassbender, J., et al (2008). Financial incentive-based approaches for weight loss: A randomized trial. *Journal of the American Medical Association*, 300, 2631–2637.

7 https://www.linkedin.com/pulse/death-behavioral-economics-jason-hreha/

8 Bryan, C. J., Tipton, E., & Yeager, D. S. (2021). Behavioural science is unlikely to change the world without a heterogeneity revolution. *Nature Human Behaviour*, 5(8), 980–989.

9 Allcott, H. (2015). Site selection bias in program evaluation. *Quarterly Journal of Economics,* 130(3), 1117–1165.

第8章

1 厚生労働省（2022）「健康づくり施策の動向」https://www.mhlw.go.jp/content/11907000/000967713.pdf（2023年4月28日アクセス）

2 NHKサクサク経済Q&A「レジ袋の有料化　効果あった？」（2021年6月30日放送）

3 國分俊史・福田峰之・角南篤編著（2016）『世界市場で勝つルールメイキング戦略――技術で勝る日本企業がなぜ負けるのか』朝日新聞出版

4 DIMSDRIVE（2017）「『ゴミの分別』に関するアンケート」、https://www.dims.ne.jp/timelyresearch/2017/170314/（2023年4月28日アクセス）

5 日本気象協会（2017）「全国各地のクールビズ事情を調査　クールビズ実施率は約6割！　最も実施率が低いのは東北地方、高いのは関東・甲信地方 tenki.jpラボvol.12 クールビズに関するアンケート調査」、https://www.jwa.or.jp/news/2017/05/4473/（2023年4月28日アクセス）

6 デジタル庁（2023）「業種別マイナンバーカード取得状況等調査（ネット調査）の結果」、https://www.digital.go.jp/councils/mynumbercard-promotion/91632a04-00bc-42c6-9de4-e681824acb3f/（2023年4月28日アクセス）

7 厚生労働省（2021）「コロナ下での『新・健康生活』のススメ」、https://www.mhlw.go.jp/content/000844376.pdf（2023年4月24日アクセス）

8 富士経済（2023）「機能性表示食品、特定保健用食品などの国内市場を調査」

9 Johns Hopkins Bloomberg School of Public Health. (2015). Designing Incentives for Wellness; Gibson, T. B., Maclean, J. R., Carls, G. S., Moore, B. J., Ehrlich, E. D., Fener, V., Goldberg, J., Mechanic, E., & Baigel, C. (2017). Engagement in health and wellness: An online incentive-based program. *Preventive medicine reports*, 7, 86–90.

10 年金積立金管理運用独立行政法人（2022）「国内株式を対象としたESG指数を採用しました」、https://www.gpif.go.jp/esg-stw/20220330_esg_adopt_jp.pdf（2023年4月26日アクセス）

終章

1 https://medium.com/@jhreha/so-you-want-to-start-a-behavioral-science-team-df6819f61d1

2 同上

3 DellaVigna, S., & Linos, E. (2022). RCTs to scale: Comprehensive evidence from two nudge units. *Econometrica*, 90(1), 81–116.

10 石田秀朗（2009）「大卒採用における内定者フォローに関する研究」『奈良産業大学紀要』25巻、49–58ページ

第7章

1 Amel-Zadeh, A., & Serafeim, G. (2018). Why and how investors use ESG information: Evidence from a global survey. *Financial Analysts Journal*, 74(3), 87–103.

2 Arnold, M. C., Bassen, A., & Frank, R. (2012). Integrating sustainability reports into financial statements: An experimental study. SSRN Electronic Journal. https://doi.org/10.2139/ssrn.2030891

3 Espahbodi, L., Espahbodi, R., Juma, N., & Westbrook, A. (2019). Sustainability priorities, corporate strategy, and investor behavior. *Review of Financial Economics*, 37(1), 149–167.

4 Hafenstein, A., & Bassen, A. (2016). Influences for using sustainability information in the investment decision-making of non-professional investors. *Journal of Sustainable Finance & Investment*, 6(3), 186–210.

5 Crifo, P., Forget, V. D., & Teyssier, S. (2015). The price of environmental, social and governance practice disclosure: An experiment with professional private equity investors. *Journal of Corporate Finance*, 30, 168–194.

6 Lee, H. J., & Rhee, T. H. (2023). How does corporate ESG management affect consumers' brand choice? *Sustainability*, 15(8), 6795.

7 上掲注5と同じ

8 Sen, S., & Bhattacharya, C. B. (2001). Does doing good always lead to doing better? Consumer reactions to corporate social responsibility. *Journal of Marketing Research*, 38(2), 225–243.

9 EYストラテジー・アンド・コンサルティング編（2021）『カーボンZERO 気候変動経営』日本経済新聞出版

10 Graham, J., Haidt, J., & Nosek, B. A. (2009). Liberals and conservatives rely on different sets of moral foundations. *Journal of Personality and Social Psychology*, 96(5), 1029–1046.

11 Schein, C., & Gray, K. (2018). The Theory of Dyadic Morality: Reinventing Moral Judgment by Redefining Harm. *Personality and Social Psychology Review*, 22(1), 32–70.

12 https://prtimes.jp/main/html/rd/p/000000057.000021813.html

13 https://www.youtube.com/watch?v=ANOgCY6NlGs

45 Simons-Morton, B. G., Bingham, C. R., Ouimet, M. C., Pradhan, A. K., Chen, R., Barretto, A., & Shope, J. T. (2013) The effect on teenage risky driving of feedback from a safety monitoring system: a randomized controlled trial. *Journal of adolescent health*, 53(1), 21–26.

第6章

1 Deci, E. L., & Ryan, R. M. (2008). Facilitating optimal motivation and psychological well-being across life's domains. *Canadian Psychology/Psychologie canadienne*, 49, 14–23.

2 Trépanier, S.-G., Forest, J., Fernet, C., & Austin, S. (2015). On the psychological and motivational processes linking job characteristics to employee functioning: Insights from self-determination theory. *Work & Stress*, 29, 286–305.

3 Devloo, T., Anseel, F., De Beuckelaer, A., & Salanova, M. (2015). Keep the fire burning: Reciprocal gains of basic need satisfaction, intrinsic motivation and innovative work behaviour. *European Journal of Work and Organizational Psychology*, 24, 491–504.

4 Gagné, M., & Deci, E. L. (2005). Self-determination theory and work motivation. *Journal of Organizational Behavior*, 26, 331–362.

5 Manganelli, L., Thibault-Landry, A., Forest, J., & Carpentier, J. (2018). Self-determination theory can help you generate performance and well-being in the workplace: A review of the literature. *Advances in Developing Human Resources*, 20(2), 227–240.

6 Ramlall, S. (2004). A review of employee motivation theories and their implications for employee retention within organizations. *Journal of American academy of business*, 5(1/2), 52–63.

7 ラーニングエージェンシー（2022）「調査レポート　―内定者意識調査―コロナ世代の内定者743人にアンケート」、https://www.learningagency.co.jp/download/all/news_20220304.pdf（2023年4月28日アクセス）

8 Staufenbiel, T., & König, C. J. (2010). A model for the effects of job insecurity on performance, turnover intention, and absenteeism. *Journal of Occupational and Organizational Psychology*, 83(1), 101–117.

9 ディスコ キャリタスリサーチ（2017）「調査データで見る『内定者フォロー』」、https://www.disc.co.jp/wp/wp-content/uploads/2017/05/naitei201705.pdf（2023年4月28日アクセス）

費行動から見えてきたもの」https://forbesjapan.com/articles/detail/36056（2021年2月22日アクセス）
31 Nisbett, G., & Dunn, S. S. (2019). Reputation matters: parasocial attachment, narrative engagement, and the 2018 Taylor Swift political endorsement. *Atlantic Journal of Communication*, 29(4), 1–13.
32 Mukai, A., Taketani, M., Kawahara, A., & Kawaguchi, A. (2016). Relationships between fan attitudes and fan behaviors. *Research bulletin of Takamatsu University and Takamatsu Junior College*, 64–65, 233–257.
33 https://www.tokiomarine-nichido.co.jp/company/release/pdf/221226_01.pdf
34 Elias, W. (2021). The Effectiveness of Different Incentive Programs to Encourage Safe Driving. *Sustainability*, 13(6), 3398.
35 同上
36 Nisa, C. F., Bélanger, J. J., & Schumpe, B. M. (2019). Parts greater than their sum: randomized controlled trial testing partitioned incentives to increase cancer screening. *Annals of the New York Academy of Sciences*, 1449(1), 46–55.
37 Vafainia, S., Breugelmans, E., & Bijmolt, T. (2019). Calling Customers to Take Action: The Impact of Incentive and Customer Characteristics on Direct Mailing Effectiveness. *Journal of Interactive Marketing*, 45, 62–80.
38 Nunes, J. C., & Drèze, X. (2006). Your loyalty program is betraying you. *Harvard business review*, 84(4), 124–31.
39 Smith, A., & Sparks, L. (2009). "It's nice to get a wee treat if you've had a bad week": Consumer motivations in retail loyalty scheme points redemption. *Journal of Business Research*. 62. 542–547.
40 中川宏道（2015）「ポイントと値引きはどちらが得か？：ポイントに関するメンタル・アカウンティング理論の検証」『行動経済学』8巻、16–29ページ
41 Thaler, R. (1985). Mental accounting and consumer choice. *Marketing Science*, 4(3), 15–25.
42 上掲注41と同じ
43 上掲注41と同じ
44 Patel, M. S., Asch, D. A., Rosin, R., Small, D. S., Bellamy, S. L., Eberbach, K., Walters, K. J., Haff, N., Lee, S. M., Wesby, L., Hoffer, K., Shuttleworth, D., Taylor, D. H., Hilbert, V., Zhu, J., Yang, L., Wang, X., & Volpp, K. G. (2016). Individual versus team-based financial incentives to increase physical activity: a randomized, controlled trial. *Journal of general internal medicine*, 31(7), 746–754.

18 Griskevicius, V., Tybur, J. M., & Van den Bergh, B. (2010). Going green to be seen: Status, reputation, and conspicuous conservation. *Journal of Personality and Social Psychology*, 98(3), 392–404.
19 Eastman, J. K., & Iyer, R. (2021). Understanding the ecologically conscious behaviors of status motivated millennials. *Journal of Consumer Marketing*, 38(5), 578–591.
20 Yoeli, E., Hoffman, M., Rand, D. G., & Nowak, M. A. (2013). Powering up with indirect reciprocity in a large-scale field experiment. *Proceedings of the National Academy of Sciences of the United States of America*, 110(Supplement 2), 10424–10429.
21 伊藤言他（2019）「産業・政策決定の領域で必要とされる心理学：行動変容（behavior change）に関する基礎と応用をつなぐアプローチ」日本心理学会第83回大会シンポジウム
22 UPDATER「令和3年度 CO_2 排出削減対策強化誘導型技術開発・実証事業（SaaS 型 P2P 取引プラットフォーム機能を実装した電力トレーサビリティシステムの開発・実証）委託業務　成果報告書」
23 Blue California. (2021). 2021 Survey Report Blue Shield of California NextGen Climate Survey, https://s3.amazonaws.com/cms.ipressroom.com/347/files/20213/BlueShieldCA_NextGenSurveyReport_FINAL.pdf（2022年9月22日アクセス）
24 Steg, L., Bolderdijk, J. W., Keizer, K., & Perlaviciute, G. (2014). An Integrated Framework for Encouraging Pro-environmental Behaviour: The role of values, situational factors and goals. *Journal of Environmental Psychology*, 38, 104–115.
25 https://www.nli-research.co.jp/report/detail/id=71964?site=nli
26 Naderi, I., & Van Steenburg, E. (2018). Mefirst, then the environment: Young Millennials as green consumers. *Young Consumers*, 19, 280–295.
27 Sangroya, D., & Nayak, J. K. (2017). Factors influencing buying behaviour of green energy consumer. *Journal of Cleaner Production*, 151, 393–405.
28 https://www.washingtonpost.com/politics/2023/06/07/senators-eye-carbon-border-tax-combat-climate-change-counter-china/
29 AdverTimes.（2020）「1人あたり消費額は約10倍！ 人々が熱狂する“推し”とは？」https://www.advertimes.com/20200803/article320253/（2021年2月22日アクセス）
30 Forbes Japan（2020）「『#推ししか勝たん』で経済が動く！　オタク女子の消

【注】

第5章

1　東京都ホームページ「環境に配慮した行動」、https://www.metro.tokyo.lg.jp/tosei/hodohappyo/press/2020/11/19/01_09.html（2021年2月22日アクセス）

2　https://www.nli-research.co.jp/report/detail/id=71964?site=nli

3　日本総合研究所ウェブサイト（2020）「若者の意識調査（報告）― ESG および SDGs、キャリア等に対する意識―」、https://www.jri.co.jp/MediaLibrary/file/column/opinion/detail/200813report2_kojima.pdf（2021年2月22日アクセス）

4　Bergquist, M., Thiel, M., Goldberg, M. H., & van der Linden, S. (2023). Field interventions for climate change mitigation behaviors: A second-order meta-analysis. *Proceedings of the National Academy of Sciences of the United States of America*, 120(13), e2214851120.

5　Gifford, R. (2011). The dragons of inaction: psychological barriers that limit climate change mitigation and adaptation. *American Psychologist*, 66(4), 290–302.

6　https://www.sunrefre.jp/faucet/contents/eco_single.html

7　Ito, K., Ida, T., & Tanaka, M. (2018). Moral suasion and economic incentives: Field experimental evidence from energy demand. *American Economic Journal: Economic Policy*, 10(1), 240–267.

8　van Valkengoed, A. M., Steg, L. (2019). Meta-analyses of factors motivating climate change adaptation behaviour. *Nature Climate Change*, 9, 158–163.

9　Bradt, J. (2019). Comparing the effects of behaviorally informed interventions on flood insurance demand: an experimental analysis of ‘boosts’ and ‘nudges’ *Behavioural Public Policy*, 6(3), 1–31.

10　Hsee, C. K., Zhang, J., Lu, Z. Y., & Xu, F. (2013). Unit Asking: A Method to Boost Donations and Beyond. *Psychological Science*, 24(9), 1801–1808.

11　上掲注4と同じ

12　https://www.tesla.com/ja_jp/blog/mission-tesla

13　https://www.tesla.com/ja_jp/model3

14　https://www.youtube.com/watch?v=IKFBuwZBvKU

15　https://news.yahoo.co.jp/articles/9f91d4ed7adf955aa5d8b6af1e9080dab8e86dcc

16　Huang, X., Stolte, C., Smeets, P., Roes, K. C., & Rooda, J. E. (2007). Nonlinear model predictive control for batch crystallization processes. *Science*, 315(5811), 498–501.

17　Ramakrishnan, A., & Creutzig, F. (2021). Status consciousness in energy consumption: a systematic review. *Environmental Research Letters*, 16(5), 053010.

7 Doyen S, Klein O, Pichon C-L, Cleeremans, A. (2012). Behavioral Priming: It's All in the Mind, but Whose Mind? *PLoS ONE*, 7(1), e29081.

8 Yechiam, E. (2019). Acceptable losses: The debatable origins of loss aversion. *Psychological Research*, 83(7), 1327–1339.

9 Ruggeri, K., Alí, S., Berge, M. L., Bertoldo, G., Bjørndal, L. D., Cortijos-Bernabeu, A., et al. (2020). Replicating patterns of prospect theory for decision under risk. *Nature Human Behaviour*, 4(6), 622–633.

10 Mrkva, K., Van Boven, L., & Johnson-Graham, L. (2020). Moderating loss aversion: Loss aversion has moderators, but reports of its death are greatly exaggerated. *Journal of Consumer Psychology*, 30(4), 782–792.

11 Hsee, C. K. (1998). Less is better: When low-value options are valued more highly than high-value options. *Journal of Behavioral Decision Making*, 11, 107–121.

12 Klein, R. A., Vianello, M., Hasselman, F., Adams, B. G., Adams Jr., R. B., Alper, S., et al. (2018). Many Labs 2: Investigating variation in replicability across samples and settings. *Advances in Methods and Practices in Psychological Science*, 1(4), 443–490.

13 Mertens, S., Herberz, M., Hahnel, U. J. J., & Brosch, T. (2022). The effectiveness of nudging: A meta-analysis of choice architecture interventions across behavioral domains. *Proceedings of the National Academy of Sciences of the United States of America*, 119(1), e2107346118.

14 McEwan, D., Beauchamp, M. R., Kouvousis, C., Ray, C. M., Wyrough, A., & Rhodes, R. E. (2019). Examining the active ingredients of physical activity interventions underpinned by theory versus no stated theory: a meta-analysis. *Health Psychology Review*, 13(1), 1–17.

15 Lovakov, A., & Agadullina, E. R. (2021). Empirically derived guidelines for effect size interpretation in social psychology. *European Journal of Social Psychology*, 51, 485–504.

16 DellaVigna, S., & Linos, E. (2022). RCTs to scale: Comprehensive evidence from two nudge units. *Econometrica*, 90(1), 81–116.

17 Bergquist, M., Thiel, M., Goldberg, M. H., & van der Linden, S. (2023). Field interventions for climate change mitigation behaviors: A second-order meta-analysis. *Proceedings of the National Academy of Sciences of the United States of America*, 120(13), e2214851120.

47 https://newswitch.jp/p/28877

48 テレビ東京「夢遺産　リーダーの夢の先」（2020年1月30日放送）

49 https://xtrend.nikkei.com/atcl/contents/pointofview/00006/00001/

50 Griskevicius, V., Tybur, J. M., & Van den Bergh, B. (2010). Going green to be seen: status, reputation, and conspicuous conservation. *Journal of Personality and Social Psychology*, 98(3), 392–404.

51 Kennedy, E. H., & Horne, C. (2019). Do green behaviors earn social status? *Socius: Sociological Research for a Dynamic World*, 5, 1–9.

52 Sexton, S. E., & Sexton, A. L. (2014). Conspicuous conservation: The Prius halo and willingness to pay for environmental bona fides. *Journal of Environmental Economics and Management*, 67(3), 303–317.

53 Paul-Ebhohimhen, V., & Avenell, A. (2008). Systematic review of the use of financial incentives in treatments for obesity and overweight. *Obesity Reviews*, 9(4), 355–367.

54 Gneezy, U., Meier, S., & Rey-Biel, P. (2011). When and why incentives (don't) work to modify behavior. *Journal of Economic Perspectives*, 25(4), 191–210.

補論

1 http://datacolada.org/98

2 http://datacolada.org/storage_strong/DanBlogComment_Aug_16_2021_final.pdf

3 上掲注1と同じ

4 Wu, Y., Yang, Y., & Uzzi, B. (2023). A discipline-wide investigation of the replicability of Psychology papers over the past two decades. *Proceedings of the National Academy of Sciences of the United States of America*, 120(6), e2208863120.

5 Camerer, C. F., Dreber, A., Holzmeister, F., Ho, T.-H., Huber, J., Johannesson, M., Kirchler, M., Nave, G., Nosek, B. A., Pfeiffer, T., Altmejd, A., Buttrick, N., Chan, T., Chen,Y.-P., Forsell,E., Gampa,A., Heikensten,E., Hummer,L., Imai,T., et al. (2018). Evaluating the replicability of social science experiments in Nature and Science between 2010 and 2015. *Nature Human Behaviour*, 2(9), 637–644.

6 Kristal, A. S., Whillans, A. V., Bazerman, M. H., Gino, F., Shu, L. L., Mazar, N., & Ariely, D. (2020). Signing at the beginning versus at the end does not decrease dishonesty. *Proceedings of the National Academy of Sciences of the United States of America*, 117(13), 7103–7107.

33 Basil, M. D. (2019). Theory in Social Marketing. In D. Z. Basil, G. Diaz-Meneses & M. D. Basil (Eds.), *Social Marketing in Action: Cases from Around the World* (pp. 59–78). Cham: Springer International Publishing.

34 Miller, D., & Ross, M. (1975). Self-serving biases in the attribution of causality: Fact or fiction? *Psychological Bulletin*, 82, 213–225.

35 上掲注28と同じ

36 Hummel, D., & Maedche, A. (2019). How effective is nudging? A quantitative review on the effect sizes and limits of empirical nudging studies. *Journal of Behavioral and Experimental Economics*, 80, 47–58.

37 DellaVigna, S., & Linos, E. (2022). RCTs to Scale: Comprehensive Evidence From Two Nudge Units. *Econometrica*, 90, 81–116.

38 Cadario, R., & Chandon, P. (2020). Which healthy eating nudges work best? A meta-analysis of field experiments. *Marketing Science*, 39(3), 465–486.

39 Mertens, S., Herberz, M., Hahnel, U. J. J., & Brosch, T. (2022). The effectiveness of nudging: A meta-analysis of choice architecture interventions across behavioral domains. *Proceedings of the National Academy of Sciences of the United States of America*, 119(1), e2107346118.

40 上掲注36と同じ

41 めざましテレビ「7月からコンビニ3社でレジ袋が有料化　注目高まるエコバッグも新型コロナ感染リスクに不安の声…対策法は？」(2020年6月5日放送)、NHK サクサク経済 Q&A「レジ袋の有料化　効果あった？」(2021年6月30日放送)

42 Jain, M. (2019). A study on consumer behavior-decision making under high and low involvement situations. *International Journal of Research and Analytical Reviews*, 6(1), 1–5.

43 Strong, C., & Ansons, T. (2019). Moving from nudge to holistic behaviour change. *Journal of Behavioral Economics for Policy*, 3(S), 17–18.

44 ザッツコーポレーション (2021)「令和2年度省エネルギー促進に向けた広報事業（ナッジを活用した需要喚起型の一般向け情報発信事業）」

45 二渡了・井村秀文 (1993)「地球環境問題をめぐる市民の意識と行動」『地球環境シンポジウム講演集』1巻、61–67ページ

46 Palomo-Vélez, G., Buczny, J., & Van Vugt, M. (2020). Encouraging Pro-Environmental Behaviors Through Children-Based Appeals: A Kin Selection Perspective. *Sustainability*, 12(2), 748.

Chabris, C. F., Chapman, G. B., Choi, J. J., Dai, H., Fox, C. R., Goren, A., Hilchey, M. D., et al. (2021). A megastudy of text-based nudges encouraging patients to get vaccinated at an upcoming doctor's appointment. *Proceedings of the National Academy of Sciences of the United States of America*, 118(20), e2101165118.

23 Zauberman, G., Kim, B. K., Malkoc, S. A. & Bettman, J. R. (2009). Discounting time and time discounting: Subjective time perception and intertemporal preferences. *Journal of Marketing Research*, 46(4), 543–556.

24 Thaler, R. H., & Benartzi, S. (2004). Save More Tomorrow: Using Behavioral Economics to Increase Employee Saving. *Journal of Political Economy*, 112(S1), S164–S187.

25 Milkman, K. L., Beshears, J., Choi, J. J., Laibson, D., & Madrian, B. C. (2011). Using implementation intentions prompts to enhance influenza vaccination rates. *Proceedings of the National Academy of Sciences of the United States of America*, 108(26), 10415–10420.

26 Banerjee, A., Chandrasekhar, A. G., Dalpath, S., Duflo, E., Floretta, J., Jackson, M. O., et al. (2021). Selecting the Most Effective Nudge: Evidence from a Large-Scale Experiment on Immunization. National Bureau of Economic Research Working Paper Series, No. 28726.

27 Dimant, E., & Shalvi, S. (2022). Meta-nudging honesty: Past, present, and future of the research frontier. *Current Opinion in Psychology*, 47, 101426.

28 Dolan, P., Hallsworth, M., Halpern, D., King, D., Metcalfe, R., & Vlaev, I. (2012). Influencing behaviour: The mindspace way. *Journal of Economic Psychology*, 33(1), 264–277.

29 Dijksterhuis, A., & Bargh, J. A. (2001). The perception-behavior expressway: Automatic effects of social perception on social behavior. *Advances in Experimental Social Psychology*, 33, 1–40.

30 Doyen S, Klein O, Pichon C-L, Cleeremans, A. (2012). Behavioral Priming: It's All in the Mind, but Whose Mind? *PLoS ONE*, 7(1), e29081.

31 Department for Communities and Local Government. (2014). Fire Kills Campaign Annual Report 2012/2013, 2013/2014.

32 Curtis, V., Garbrah-Aidoo, N., & Scott, B. (2007). Masters of marketing: Bringing private sector skills to public health partnerships. *American Journal of Public Health*, 97, 634–641.

302(5649), 1338–1339.
8 Rozin, P., Scott, S., Dingley, M., Urbanek, J. K., Jiang, H., & Kaltenbach, M. (2011). Nudge to nobesity I: Minor changes in accessibility decrease food intake. *Judgment and Decision Making*, 6(4), 323–332.
9 Dayan, E., & Bar-Hillel, M. (2011). Nudge to nobesity II: Menu positions influence food orders. *Judgment and Decision Making*, 6(4), 333–342.
10 三菱UFJリサーチ＆コンサルティング（2021）「横浜市戸塚区との共同実証事業 『ナッジ』の活用で固定資産税の口座振替申込者が倍増」、https://www.murc.jp/publicity/news_release/news_release_210325/（2022年2月28日アクセス）
11 Irish Revenue. (2013). Survey of Small and Medium Sized Business Customers, http://www.revenue.ie/en/about/publications/business-survey-2013.pdf
12 環境省第5回日本版ナッジ・ユニット連絡会議（2018）「資料4（2）健康・医療分野：東京都八王子市の取組（がん検診受診率改善）」
13 Volpp, J., Troxel, N., Fassbender, J., et al (2008). Financial incentive-based approaches for weight loss: A randomized trial. *Journal of the American Medical Association*, 300, 2631–2637.
14 https://vitality.sumitomolife.co.jp/about/insurance/
15 Kahneman, D., & Tversky, A. (1979). Prospect theory: An analysis of decision under risk. *Econometrica*, 47, 263–291.
16 上掲注6と同じ
17 Thaler, R. H. (1999). Mental accounting matters. *Journal of Behavioral Decision Making*, 12(3), 183–206.
18 Beatty, T. K. M., Blow, L., Crossley, T. F., & O'Dea, C. (2014). Cash by any other name? Evidence on labeling from the UK Winter Fuel Payment. *Journal of Public Economics*, 118, 86–96.
19 Behavioural Insights Team. (2012). Applying behavioural insights to reduce fraud, error and debt (pp.22–24).
20 Baca-Motes, K., Brown, A., Gneezy, A., Keenan, E. A., & Nelson, L. D. (2013). Commitment and behavior change: Evidence from the field. *Journal of Consumer Research*, 39(5), 1070–1084.
21 上掲注6と同じ
22 Milkman, K. L., Patel, M. S., Gandhi, L., Graci, H. N., Gromet, D. M., Ho, H., Kay, J. S., Lee, T. W., Akinola, M., Beshears, J., Bogard, J. E., Buttenheim, A.,

50 Latimer, A. E., Williams-Piehota, P., Katulak, N. A., Cox, A., Mowad, L., Higgins, E. T., & Salovey, P. (2008). Promoting fruit and vegetable intake through messages tailored to individual differences in regulatory focus. *Annals of behavioral medicine*: a publication of the Society of Behavioral Medicine, 35(3), 363–369.

51 Ludolph, R., & Schulz, P. (2015). Does regulatory fit lead to more effective health communication? A systematic review. *Social Science & Medicine*, 128C.

52 Strong, E. K., Jr. (1925). Theories of selling. *Journal of Applied Psychology*, 9(1), 75–86.

53 Prochaska, J. O., & Velicer, W. F. (1997). The transtheoretical model of health behavior change. *American journal of health promotion*, 12(1), 38–48.

54 Richert, J., Schüz, N., & Schüz, B. (2013). Stages of health behavior change and mindsets: A latent class approach. *Health Psychology*, 32(3), 273–282.

55 Jain, M. (2019). A study on consumer behavior-decision making under high and low involvement situations. *International Journal of Research and Analytical Reviews*, 6(1), 1–5.

第4章

1 Vukasović, T., & Bratko, D. (2015). Heritability of personality: A meta-analysis of behavior genetic studies. *Psychological Bulletin*, 141(4), 769–785.

2 Hatemi, P. K., & McDermott, R. (2009). Give me attitudes. *Annual Review of Political Science*, 19, 331–350.

3 Hatemi, P. K., Funk, C. L., Medland, S. E., Maes, H. M., Silberg, J. L., Martin, N. G., & Eaves, L. J. (2009). Genetic and environmental transmission of political attitudes over a life time. *The Journal of Politics*, 71(3), 1141–1156.

4 Plomin, R., DeFries, J. C., Knopik, V. S., & Neiderhiser, J. M. (2016). Top 10 replicated findings from behavioral genetics. *Perspectives on Psychological Science*, 11(1), 3–23.

5 リチャード・セイラー、キャス・サンスティーン著、遠藤真美訳（2009）『実践行動経済学』日経 BP

6 Behavioural Insights Team. (2014). EAST: Four simple ways to apply behavioural insights, https://www.bi.team/publications/east-four-simple-ways-to-apply-behavioural-insights/

7 Johnson, E. J., & Goldstein, D. (2003). Medicine. Do defaults save lives? *Science*,

40 充足型か回避型かは、実際には連続的に変化する量の問題（1次元の両極の特徴）だが、わかりやすさのため、2タイプいるという質の問題として説明する。
41 Schwartz, S. H., Cieciuch, J., Vecchione, M., Davidov, E., Fischer, R., Beierlein, C., et al. (2012). Refining the theory of basic individual values. *Journal of Personality and Social Psychology*, 103(4), 663–688.
42 Crowe, E., & Higgins, E. T. (1997). Regulatory focus and strategic inclinations: Promotion and prevention in decision-making. *Organizational Behavior and Human Decision Processes*, 69(2), 117–132.
43 Gray, J. A. (1987). *The psychology of fear and stress*. Cambridge University Press.
44 Figueredo, A. J., Vásquez, G., Brumbach, B. H., Schneider, S. M., Sefcek, J. A., Tal, I. R., et al. (2006). Consilience and life history theory: From genes to brain to reproductive strategy. *Developmental Review*, 26, 243–275
45 山岸俊男（1998）『信頼の構造――こころと社会の進化ゲーム』東京大学出版会.
46 主に下記の研究知見を筆者らが再整理した結果を示している。
Neel, R., Kenrick, D. T., White, A. E., & Neuberg, S. L. (2016). Individual differences in fundamental social motives. *Journal of Personality and Social Psychology*, 110(6), 887–907.
Krems, J. A., Kenrick, D. T., & Neel, R. (2017). Individual Perceptions of Self-Actualization: What Functional Motives Are Linked to Fulfilling One's Full Potential? *Personality and Social Psychology Bulletin*, 43(9), 1337–1352.
47 Aunger, R., Foster, D., & Curtis, V. (2021). Psychometric Analysis of a Postulated Set of Evolved Human Motives. *Frontiers in Psychology*, 12, 680229.
48 Janoff-Bulman, R., & Carnes, N. C. (2013). Surveying the Moral Landscape: Moral Motives and Group-Based Moralities. *Personality and Social Psychology Review*, 17(3), 219–236. ただし、近年は次の研究のように、充足・回避的な価値観と政治的価値観の複雑な関係を示唆する研究もあるため、注意が必要。
Brandt, M. J., & Bakker, B. N. (2022). The complicated but solvable threat-politics relationship. *Trends in cognitive sciences*, 26(5), 368–370.
49 Matz, S. C., Kosinski, M., Nave, G., & Stillwell, D. J. (2017). Psychological targeting as an effective approach to digital mass persuasion. *Proceedings of the National Academy of Sciences of the United States of America*, 114(48), 12714–12719.

Work. *Frontiers in Psychology*, 9, 1157.

25 Bandura, A. (1997). *Self-efficacy: The Exercise of Control*. New York: W. H. Freeman.

26 Sheeran, P. (2002). Intention-behavior relations: A conceptual and empirical review. *European Review of Social Psychology*, 12(1), 1–36.

27 Dixon, D., & Johnston, M. (2020). MAP: A mnemonic for mapping BCTs to three routes to behaviour change. *British Journal of Health Psychology*, 25(4), 1086–1101.

28 Gollwitzer, P. M., & Sheeran, P. (2006). Implementation intentions and goal achievement: A meta-analysis of effects and processes. In M. P. Zanna (Ed.), *Advances in experimental social psychology* (Vol. 38, pp. 69–119). Elsevier Academic Press.

29 Bieleke, M., Keller L., & Gollwitzer P. M. (2021). If-then planning. *European Review of Social Psychology*, 32(1), 88–122.

30 上掲注7と同じ

31 上掲注7と同じ

32 福冨雅夫・安藤悠人・三谷羊平（2020）「高齢層における年齢と時間選好の関係」『行動経済学』13, 94–104.

33 Mrkva, K., Van Boven, L., & Johnson-Graham, L. (2020). Moderating loss aversion: Loss aversion has moderators, but reports of its death are greatly exaggerated. *Journal of Consumer Psychology*, 30(4), 782–792.

34 Scheibe, S., English, T., Tsai, J. L., & Carstensen, L. L. (2013). Striving to feel good: Ideal affect, actual affect and their correspondence across adulthood. *Psychology and Aging*, 28, 160–171.

35 McCrae, R. R., & Costa Jr., P. T. (2008). The Five-Factor Theory of Personality. In O. P. John, R. W. Robins, & L. A. Pervin (Eds.), *Handbook of Personality: Theory and Research* (3rd ed., pp. 159–181). New York: Guilford Press.

36 Vukasović, T., & Bratko, D. (2015). Heritability of personality: A meta-analysis of behavior genetic studies. *Psychological Bulletin*, 141(4), 769–785.

37 Kouchaki, M., & Gino, F. (2016). Memories of unethical actions become obfuscated over time. *British Journal of Psychology*, 107(4), 788–803.

38 上掲注7と同じ

39 一例として、Schwartz, S. H. (2012). An overview of the Schwartz theory of basic values. *Psychology and Culture*, 2, 1–20.

Rank of Income, Not Income, Affects Life Satisfaction. *Psychological Science*, 21(4), 471–475.

11 Giardini, F., & Conte, R. (2012). Gossip for social control in natural and artificial societies. *Simulation*, 88(1), 18–32.

12 Axelrod, R., & Hamilton, W. D. (1981). The evolution of cooperation. *Science*, 211(4489), 1390–1396.

13 北村英哉・大坪庸介（2012）『進化と感情から解き明かす　社会心理学』有斐閣

14 上掲注7と同じ

15 Hamilton, W. D. (1964). The genetical evolution of social behaviour. I. *Journal of Theoretical Biology*, 7(1), 1–16.

16 Beadle, G. W. (1958). *Natural History of Man and His Destiny*. New York: Alfred A. Knopf.

17 Nam, K.-B., Simeoni, M., Sharp, S. P., & Hatchwell, B. J. (2010). Kinship affects investment by helpers in a cooperatively breeding bird. *Proceedings of the Royal Society B: Biological Sciences*, 277(1699), 3299–3306.

18 Madsen, E. A., Tunney, R. J., Fieldman, G., Plotkin, H. C., Dunbar, R. I. M., Richardson, J. M., & McFarland, D. (2007). Kinship and altruism: A cross-cultural experimental study. *British Journal of Psychology*, 98(2), 339–359.

19 Bishop, D. I., Meyer, B. C., Schmidt, T. M., Gray, B. R. (2009). Differential Investment Behavior between Grandparents and Grandchildren: The Role of Paternity Uncertainty. *Evolutionary Psychology*, 7(1), 66–77.

20 金井壽宏（1999）『日経文庫　経営組織』日本経済新聞出版

21 Krems, J. A., Kenrick, D. T., & Neel, R. (2017). Individual Perceptions of Self-Actualization: What Functional Motives Are Linked to Fulfilling One's Full Potential? *Personality and Social Psychology Bulletin*, 43(9), 1337–1352.

22 Ryan, R. M., & Deci, E. L. (2000). Intrinsic and extrinsic motivations: Classic definitions and new directions. *Contemporary Educational Psychology*, 25(1), 54–67.

23 Deci, E. L.,& Ryan, R. M. (1991). A motivational approach to self: Integration in personality. In R. A. Dienstbier (Ed.), Perspectives on motivation (pp.237–288). Lincoln: University of Nebraska Press.

24 Martela, F., & Riekki, T. J. J. (2018). Autonomy, Competence, Relatedness, and Beneficence: A Multicultural Comparison of the Four Pathways to Meaningful

analysis. *Proceedings of the National Academy of Sciences of the United States of America*, 120(13), e2214851120.

8 DellaVigna, S., & Linos, E. (2022). RCTs to scale: Comprehensive evidence from two nudge units. *Econometrica*, 90(1), 81–116.

9 Cohen, J. (1988). *Statistical power analysis for the behavioral sciences* (2nd ed.). Lawrence Erlbaum Associates.

10 https://www.npa.go.jp/bureau/traffic/insyu/info.html

11 Caponnetto, P., Campagna, D., Cibella, F., Morjaria, J. B., Caruso, M., Russo, C., et al. (2013). EffiCiency and Safety of an eLectronic cigAreTte (ECLAT) as tobacco cigarettes substitute: a prospective 12-month randomized control design study. *PLoS One*, 8(6), e66317.

第3章

1 West, R., & Michie, S. (2020). A brief introduction to the COM-B Model of behaviour and the PRIME Theory of motivation. Qeios.

2 Venkatesh, V., Morris, M. G., Davis, G. B., & Davis, F. D. (2003). User acceptance of information technology: Toward a unified view. *MIS Quarterly*, 27(3), 425–478.

3 National safety council. (2020). Transportation mode comparison in Injury facts 2010 edition (p.345).

4 Gigerenzer, G. (2006). Out of the frying pan into the fire: behavioral reactions to terrorist attacks. *Risk Analysis*, 26(2), 347–351.

5 Mineka, S., & Zinbarg, R. (1996). Conditioning and ethological models of anxiety disorders: Stress-in-Dynamic-Context Anxiety models. In D. A. Hope (Ed.), *Nebraska Symposium on Motivation, 1995: Perspectives on anxiety, panic, and fear* (pp. 135–210). University of Nebraska Press.

6 同上

7 Neel, R., Kenrick, D. T., White, A. E., & Neuberg, S. L. (2016). Individual differences in fundamental social motives. *Journal of Personality and Social Psychology*, 110(6), 887–907.

8 同上

9 Tay, L., & Diener, E. (2011). Needs and subjective well-being around the world. *Journal of Personality and Social Psychology*, 101(2), 354–365.

10 Boyce, C. J., Brown, G. D. A., & Moore, S. C. (2010). Money and Happiness:

101394.

11 https://www.washingtonpost.com/politics/2023/06/07/senators-eye carbon-border-tax-combat-climate-change-counter-china/

12 Brandt, M. J., & Crawford, J. T. (2020). Worldview conflict and prejudice. In B. Gawronski (Ed.), *Advances in experimental social psychology* (Vol. 61, pp. 1–66). Elsevier Academic Press.

13 Uber, How Uber Leverages Applied Behavioral Science at Scale, https://eng.uber.com/applied-behavioral-science-at-scale/（2021年2月22日アクセス）

14 https://www.psychologicalscience.org/observer/applying-psychology-to-public-policy

第2章

1 長谷川寿一・長谷川眞理子・大槻久（2022）『進化と人間行動 第2版』東京大学出版会

2 ニッセイ基礎研究所（2022）「サステナビリティに関する意識と消費行動－意識はシニアで高く、行動はZ世代の一部で積極的、経済的ゆとりや人生の充足感も影響」、https://www.nli-research.co.jp/report/detail/id=71964?site=nli（2023年5月26日アクセス）

3 Daly, M., & Wilson, M. (1988). *Homicide*. Aldine de Gruyter（長谷川眞理子・長谷川寿一訳〔1999〕『人が人を殺すとき――進化でその謎をとく』新思索社）.

4 Mertens, S., Herberz, M., Hahnel, U. J. J., & Brosch, T. (2022). The effectiveness of nudging: A meta-analysis of choice architecture interventions across behavioral domains. *Proceedings of the National Academy of Sciences of the United States of America*, 119(1), e2107346118.

5 McEwan, D., Beauchamp, M. R., Kouvousis, C., Ray, C. M., Wyrough, A., & Rhodes, R. E. (2019). Examining the active ingredients of physical activity interventions underpinned by theory versus no stated theory: a meta-analysis. *Health Psychol Review*, 13(1), 1–17.

6 Lovakov, A., & Agadullina, E. R. (2021). Empirically derived guidelines for effect size interpretation in social psychology. *European Journal of Social Psychology*, 51, 485–504.

7 Bergquist, M., Thiel, M., Goldberg, M. H., & van der Linden, S. (2023). Field interventions for climate change mitigation behaviors: A second-order meta-

【注】

はじめに

1 https://www.ey.com/ja_jp/consulting/bx-strategy
2 リチャード・セイラー、キャス・サンスティーン著、遠藤真美訳（2009）『実践行動経済学』日経 BP

第 1 章

1 Vukasović, T., & Bratko, D. (2015). Heritability of personality: A meta-analysis of behavior genetic studies. *Psychological Bulletin*, 141(4), 769–785.
2 Hatemi, P. K., & McDermott, R. (2009). Give me attitudes. *Annual Review of Political Science*, 19, 331–350.
3 Hatemi, P. K., Funk, C. L., Medland, S. E., Maes, H. M., Silberg, J. L., Martin, N. G., & Eaves, L. J. (2009). Genetic and environmental transmission of political attitudes over a life time. *The Journal of Politics*, 71(3), 1141–1156.
4 Quick, B. L., Shen, L., & Dillard, J. P. (2013). Reactance theory and persuasion. In J. P. Dillard & L. Shen (Eds.), *The SAGE handbook of persuasion: Developments in theory and practice* (pp. 167–183). Sage Publications.
5 Harmon-Jones, E., & Mills, J. (2019). An introduction to cognitive dissonance theory and an overview of current perspectives on the theory. In E. Harmon-Jones (Ed.), *Cognitive dissonance: Reexamining a pivotal theory in psychology* (pp. 3–24). American Psychological Association.
6 https://www.pewresearch.org/short-reads/2020/11/13/america-is-exceptional-in-the-nature-of-its-political-divide/
7 https://www.asahi.com/articles/ASN333DK7N2TUPQJ001.html
8 Graham, J., Haidt, J., & Nosek, B. A. (2009). Liberals and conservatives rely on different sets of moral foundations. *Journal of Personality and Social Psychology*, 96(5), 1029–1046.
9 Matz, S. C., Kosinski, M., Nave, G., & Stillwell, D. J. (2017). Psychological targeting as an effective approach to digital mass persuasion. *Proceedings of the National Academy of Sciences of the United States of America*, 114(48), 12714–12719.
10 Hurst, K., & Stern, M. J. (2020). Messaging for environmental action: The role of moral framing and message source. *Journal of Environmental Psychology*, 68,

中垣将也（なかがき・まさや、第6章担当）
EYストラテジー・アンド・コンサルティング株式会社　Strategic Impact, BX Strategy Team シニアコンサルタント。東京大学 文学部人文学科（社会心理学）卒業。新卒でEYストラテジー・アンド・コンサルティングに入社し現職。入社当初からBX Strategy Teamに加入し、官民の戦略・構想プロジェクトに多数従事。

EYストラテジー・アンド・コンサルティング
EYストラテジー・アンド・コンサルティング株式会社は、戦略的なトランザクション支援を提供する「ストラテジー・アンド・トランザクション」と、変化の激しいデジタル時代にビジネスの変革を推進する「コンサルティング」の2つのサービスラインを担うメンバーファーム。業種別の深い知見を有するセクターチームとともに両サービスラインがコラボレーションすることで、より高品質なサービスの提供を目指すとともに、社会に長期的価値を創出する。

【執筆者紹介】

國分俊史（こくぶん・としふみ、編著者、第8章担当）
EYストラテジー・アンド・コンサルティング株式会社　チーフ・エコノミック・セキュリティ・オフィサー／Strategic Impact リードパートナー。多摩大学大学院教授、ルール形成戦略研究所所長、パシフィックフォーラムシニアフェローとして自由民主党の経済安全保障対策本部のアドバイザーを務める。社会課題および経済安全保障を起点としたルール形成戦略の第一人者としてルール形成戦略研究所を創設し、政策立案や企業戦略の支援に従事。IT 企業経営企画室、米国系戦略ファームプリンシパル、米国系会計ファームヴァイスプレジデントパートナーを経て EY に参画。公安調査庁の経済安全保障関連調査アドバイザー、その他政府の委員を多数歴任。『経営戦略と経済安保リスク』『エコノミック・ステイトクラフト　経済安全保障の戦い』『技術覇権　米中激突の深層（共著）』『カーボンZERO 気候変動経営（監修）』（以上、日本経済新聞出版）、『世界市場で勝つルールメイキング戦略（共著）』（朝日新聞出版）ほか著書多数。

伊原克将（いはら・かつまさ、編著者、第1、第8章担当）
EYストラテジー・アンド・コンサルティング株式会社　Strategic Impact, BX Strategy Team シニアマネージャー。多摩大学大学院　客員教授。早稲田大学大学院 環境・エネルギー研究科 博士課程（工学）修了。大手印刷会社、米国会計系コンサルティングファームを経て現職。国内初となる「行動科学×経営コンサルティング」を特色とする BX Strategy を創設。官民の戦略・構想プロジェクトを多数手掛ける。その他に、気候変動分野における行動経済学・ナッジ政策の提言等の国の政策手法の検証や制度設計に関わる多数のプロジェクトに従事。主な著書に『カーボン ZERO 気候変動経営（共著）』（日本経済新聞出版）がある。

伊藤　言（いとう・げん、編著者、第1～5章、第7章、終章、補論担当）
EYストラテジー・アンド・コンサルティング株式会社　Strategic Impact, BX Strategy Team マネージャー。多摩大学大学院 教授（客員）、一橋大学大学院 講師（非常勤）を兼任。東京大学大学院 人文社会系研究科 博士課程（心理学）単位取得満期退学。独立行政法人の研究機関の研究員、心理学系シンクタンクを経て現職。国内初となる「行動科学（心理学や行動経済学など）×経営コンサルティング」を特色とする BX Strategy を創設。官民の戦略・構想プロジェクトを多数手掛ける。「行動科学を起点としてより良い社会をつくる」をミッションとし、アカデミアとビジネスのギャップを埋める活動に取り組んでいる。主な著書に『カーボン ZERO 気候変動経営（共著）』（日本経済新聞出版）がある。

BXストラテジー　実践行動経済学 2.0
人を動かす心のツボ

2023年10月18日　1版1刷

編著者　國分俊史
伊原克将
伊藤 言
EYストラテジー・アンド・コンサルティング
©EY Strategy and Consulting Co., Ltd., 2023

発行者　國分正哉
発　行　株式会社日経BP
日本経済新聞出版
発　売　株式会社日経BPマーケティング
〒105-8308　東京都港区虎ノ門4-3-12
装　丁　野網雄太
DTP　CAPS
印刷・製本　三松堂印刷

本書籍に関するお問い合わせ、ご連絡は下記にて承ります。
https://nkbp.jp/booksQA

Printed in Japan　ISBN978-4-296-11575-4